Eike Linnich • Christian Teubner

Meister-Küche

Das neue Bildkochbuch
für alle, die besser kochen
und backen wollen

KOCHEN KÖNNEN WIE EIN PROFI

Mit dem vorliegenden Buch haben wir versucht, gute Küche auch für Laien praktikabel zu machen, also »Kochen können wie ein Profi«. Gute oder gar feine Küche setzt zweierlei voraus: frische Produkte in bester Qualität und ein solides Grundwissen für die Bearbeitung und Zubereitung. Sind beide Voraussetzungen erfüllt, fängt der Spaß beim Kochen eigentlich erst an.

Gute Küche hat heute wieder ihren Stellenwert. Qualität ist gefragt und nicht die Größe der Portion, schon gar nicht die Schnelligkeit der Zubereitung ist ein Kriterium. Dieses Buch soll Ihnen helfen, gut zu kochen, nach allen Regeln zeitgemäßer Ernährung: also »Kochkunst unserer Tage«. Wir möchten Ihnen beste Qualität bieten, aber machbare Qualität, wie sie in jeder modernen Küche praktiziert werden kann. Dementsprechend haben wir auch die Grundrezepte ausgewählt, die die Basis für das problemlose Nachvollziehen weiterer Rezepte dieses Buches sind. Aber noch mehr möchten wir Ihnen die Möglichkeit bieten, ausgestattet mit dem Grundwissen, eigene Kreationen zu entwickeln, mit Freude zu kochen, Neues zu entdecken und zu genießen.

Mit unserem bewährten System, Arbeitsabläufe oder wichtige Phasen in farbigen Bildfolgen zu erklären, können Sie Rezepte systematisch nachkochen. Die Bilder, unterstützt durch textliche Erläuterungen, vermitteln den richtigen Umgang mit den Produkten und Geräten. Jeder Handgriff sitzt dann auf Anhieb.

Die Kochkunst fängt beim Einkauf an, d.h. nach bester französischer Tradition »Cuisine du marché«, die Küche des Marktes. Wenn Qualität und Frische der Produkte eine Grundvoraussetzung guter Küche sind, dann muß folgerichtig das Angebot des Marktes entscheiden, was gekocht werden kann. Wer danach handelt, sagt dem eingefahrenen Küchenfahrplan adieu, benötigt dann aber Phantasie, die schon beim Einkauf das Kochen zur Freude macht. Allerdings wollen frische und gute Produkte gesucht werden und manchmal sind sie etwas kostspieliger. Trotzdem, gute Küche muß nicht teuer sein. Die Rezeptauswahl dieses Buches beweist, daß man auch mit ganz alltäglichen Zutaten arbeiten kann, was nicht ausschließen soll, für ein kleines Fest den Heilbutt gegen den kostbareren Steinbutt auszutauschen.

Die Jahreszeiten nutzen. Man sollte meinen, daß diese bei dem stetig wachsenden Angebot gar nicht mehr so wichtig sind. Dank modernster Verkehrsmittel gibt es heute fast jedes Produkt zu jeder Zeit. Aber nicht nur der Preis, auch die Frische und Natürlichkeit der meisten Lebensmittel, besonders von Gemüse und Obst, aber auch von Fisch und Geflügel, sprechen dagegen. Sie schmecken zur richtigen Zeit einfach am besten und sind billiger.

Das Handwerkszeug soll professionell sein. Sie brauchen deshalb keine neue Küche. Aber eine Grundausstattung solider, praktischer und bewährter Geräte, eben Profiwerkzeug, sollten Sie sich nach und nach anschaffen. Das fängt bei den Messern an und endet, so man es sich etwas leichter machen will, bei einer guten Küchenmaschine. Wir haben uns schon vor Jahren für die Kleine Bosch-Küchenmaschine entschieden, was für uns Grund genug war, dieses Buch in enger Zusammenarbeit mit Bosch zu realisieren.
Alle Rezepte sind grundsätzlich für vier Personen berechnet. Andernfalls ist es zu Beginn des Rezeptes angegeben.

Was man in der Küche braucht. Nicht die Anzahl der Geräte und Formen garantiert ein gutes Gelingen; auch hier ist die Qualität entscheidend, dementsprechend eine gezielte Auswahl der notwendigen Küchenutensilien.

Zum Schneiden und Schälen benötigt man einige erstklassige Messer, die stets gut geschärft sein müssen. Wichtig ist ein Messer mit vorstehender, stabiler Klinge, zum Schneiden, Zerkleinern und Hacken und eines mit dünner, biegsamer Klinge, das sich zum Filetieren und Entbeinen eignet. Dazu kommen Sägemesser und einige kleine Spitzmesser (auch ein Sparschäler) zum Putzen, Schälen und Bearbeiten von Gemüse und Obst aller Art.

Zum Messen und Wiegen sind eine gute Küchenwaage und ein Meßbecher am zuverlässigsten. Für kleinste Mengen von Flüssigkeit dient die Glasmensur. Fleischthermometer und Kurzzeitwecker sind ebenfalls nützliche Helfer.

Zum Sieben und Passieren stellen ein Satz Drahtsiebe und ein Durchschlag das Minimum dar. Wichtig sind je ein Holzrahmensieb mit Metall- und Kunststoffbespannung zum Sieben von Mehl, Durchstreichen von Farcen, feinen Pürees, Obst oder Cremes. Zum Seihen von klaren Brühen und Säften bewährt sich ein enggewebtes Leinentuch.

Zum Rühren und Mischen sind Schüsseln mit abgerundetem Boden aus Metall und Kunststoff praktisch. Zum Rühren im Wasserbad eignet sich am besten eine Edelstahlschüssel, da sie die Temperatur gut leitet. Holzlöffel und Gummispatel sind hilfreich beim Mischen, letzterer auch beim Säubern von Schüsseln mit klebrigem Inhalt.

Zum Wenden und Bestreichen. Bratenwender aus Holz und Metall sollten einen abgewinkelten Griff haben. Paletten verschiedenster Größen erleichtern das Aufstreichen von Teigen, Cremes und Glasuren.

Zum Formen und Garnieren ist ein kugelgelagertes Rollholz nötig, eventuell ein Teigroller aus Pyrex, der gleichmäßiges Ausrollen garantiert. Zum Ausrollen gehört auch ein ausreichend großes Holzbrett. Am besten ist eine Marmorplatte, die den Teig kühl hält. Teigrädchen, glatt und gewellt, Garnierkamm und Spritzbeutel mit Stern- und Lochtüllen in verschiedenen Größen, dienen vorwiegend dem Garnieren und Verzieren. Auch Brandteig und Baisermasse lassen sich leicht mit Hilfe des Spritzbeutels formen. Tortenringe in verschiedenen Größen, dazu Tortenunterlagen aus Aluminium oder Pappe, Pergament- oder Backtrennpapier sind unent-

behrlich, ebenso Formen und Bleche für Kuchen aller Art. Figürliche Ausstecher werden für Plätzchen in allen möglichen Formen angeboten. Für Soufflé ist feuerfeste Keramik am schönsten, sie muß aber unbedingt einen geraden Rand haben, damit das Soufflé gleichmäßig aufgehen kann.

Beim Kochen und Braten sparen Töpfe und Pfannen auserstklassigem, schwerem Material wie Gußeisen und Edelstahl Zeit und Energie. Sie sind pflegeleicht und so robust, daß sie auch mal ruppigen Umgang ohne Schaden überstehen.

Für dies und das gibt es allerlei nützliche Kleingeräte wie Kirschenentsteiner und Zesteur, Knoblauchpresse und Eierschneider, die unterschiedlichsten Folien und Pfeffermühlen. Wir brauchen auch Kellen und Siebkellen sowie Pinsel zum Einfetten und Bestreichen. Und frischgebackener Kuchen kühlt am besten auf einem Drahtgitter aus.

Wo die Technik hilft, steht die Bosch-Küchenmaschine einsatzbereit an ihrem Platz. Sie ist in 6 Ausstattungs- und Farbvarianten zu haben, die sich ganz nach Wunsch Stück für Stück erweitern lassen. Der Motorblock hat mit nach unten geschwenktem Arm auch in der kleinsten Küche Platz, und die Zusatzgeräte lassen sich leicht in Schublade oder Schrank verstauen, am sinnvollsten in Griffweite des »Maschinchens«.

Beim Einsatz hat uns am meisten imponiert, wie profihaft das Rührwerk funktioniert. Die Schläger laufen hautnah am Rand der Schüssel entlang und drehen sich außerdem wie Kreisel, so daß der ganze Inhalt gleichmäßig durchgerührt wird. Entsprechend erstklassig sind die Ergebnisse beim Kneten, Rühren und Schlagen. Hefeteig wurde so geschmeidig und glatt wie nie zuvor, die Sahne stand noch nach Stunden und feinporiger Eischnee erreichte ein unglaubliches Volumen.

Die Kleine Bosch und ihr Zubehör
Die ovale Entriegelungstaste, oben auf dem Gerätesockel, ermöglicht das Verstellen des schwenkbaren Antriebsteils in 5 Positionen, zur Aufnahme der verschiedenen Arbeitszubehörteile. Drehen wir den Einschalter kurz nach links, auf die Marke vor der Nullstellung, wird der Antrieb in die Stellung gebracht, in der sich Knethaken, Schlag- oder Rührbesen in die zuvor in die Bodenplatte eingesetzte Rührschüssel schwenken lassen. Zur Grundausstattung gehört die braune Rührschüssel mit dem paktischen Griffrand, ein Knethaken mit Teigabweiser, der Schlagbesen für Schaumspeisen und der Rührbesen zur Verarbeitung leichter Massen.

Das Sonderzubehör
Hat man die Kleine Bosch nicht bereits in der Komplettausstattung gekauft, so sind die sehr empfehlenswerten Sonderzubehörteile, die den Einsatzbereich der Küchenmaschine noch vielseitiger machen, beim Fachhandel jederzeit nachkaufbar.

Der Mixbecher für Pürees und Mixgetränke wird mit Messereinsatz, Deckel mit Einfülltrichter und einem Meßbecher, der als Verschlußstopfen dient, geliefert.

Zum Durchlaufschnitzler mit Bohnenschacht gibt es Schneidscheiben für dicke und dünne Schnitte, für grobe und feine Raspel, 1 Kartoffelreibscheibe und außerdem einen Stopfer.

Rührschüsseln können bei zusätzlichem Bedarf nachbestellt werden, auch eine Schüssel aus Edelstahl ist erhältlich, sehr zu empfehlen für Speisen, die zuerst heiß und danach kalt gerührt werden sollen. Die Schüsseln fassen bis 1 kg Trockenmasse. Kleinstmengen jedoch sollte man darin nicht verarbeiten.

Die Zitruspresse schafft eine große Saftausbeute. Darunter ist genügend Platz für einen mittelgroßen Glaskrug, der den Saft auffängt.

1 **Mit dem Schneebesen** rührt der Fachmann eine Masse mit wechselnden Bewegungen, um eine optimale Konsistenz zu erreichen. Es wird vertikal geschlagen und mit kreisenden Bewegungen gerührt, um die Masse vom Rand zu lösen und auch mitzuschlagen. Eine manuelle Schwerstarbeit, die ein optimales Ergebnis garantiert.

2 **Das manuelle Rührgerät** erleichtert die Arbeit des Schlagens nur unwesentlich. Denn es genügt nicht, die Schläger in der Schüsselmitte rotieren zu lassen. Wir müssen sie auch an die Seite führen und, um die Schichten am Rand zu erreichen, das Schlagen zwischendurch unterbrechen, das Gerät weglegen und mit dem Teigschaber arbeiten.

Zwei Getreidemühlen stehen zur Wahl. Ein Modell mit Kegelmahlwerk und ein Modell mit Steinmahlwerk. Für Müslifans und Hobby-Brotbäcker eine interessante Angebotsbereicherung.

Der Fleischwolf ist aus solidem Metall und genügt selbst höchsten Ansprüchen. Eine Lochscheibe mit 4,5 mm ∅ ist dabei. Ein Lochscheibensatz mit 3 bzw. 5 mm Löchern kann zusätzlich gekauft werden.

Die Einfüllschale ist praktisch, der Stopfer dazu notwendig und handlich. Sehr zu loben ist der hohe Einfüllschacht, ein Beitrag zur Kindersicherung! Als Sonderzubehör zum Fleischwolf gibt es einen Reibevorsatz mit Streuschutzkapsel und einen verstellbaren Vorsatz für Spritzgebäck.

4 **Die Kleine Bosch** garantiert ein professionelles Ergebnis, denn sie schlägt und rührt nach der manuellen Technik. Der rotierende große Besen läuft in wechselnder Schräglage entlang dem Rand der Schüssel und erfaßt somit die gesamte Masse.

3 **Das elektrische Handrührgerät** dreht nur horizontal, und die Schläger sind so klein, daß das Gerät zusätzlich am Schüsselrand entlang, also im Kreis bewegt werden muß. Es ist dieselbe Technik wie beim manuellen Rührgerät mit seinen zwei Besen, aber durch den elektrischen Antrieb eben leichter und einfacher zu handhaben.

CEP D'OR
1982
BEAUJOLAIS
PRODUCE
LE PIAT D'
BEAUJOLA
APPELLATION BEAUJOLAIS
MIS EN BOUTEILLES PAR PIAT
NEGOCIANTS-ELEVEURS A LA
FRANCE

SAUCEN UND FONDS

Nicht, daß wir die Nouvelle cuisine, die neue französische Küche, über den grünen Klee loben wollen. Heutzutage müssen wir uns nicht mehr dahinter verstecken. Aber die französische hat die neue deutsche Küche inspiriert. Nun haben auch wir die Küche des Marktes entdeckt. Der tagesfrischen Zutaten nämlich, die erst den vollen Genuß auf die Teller bringen. Vorausgesetzt, man weiß sie richtig zuzubereiten. So: Köstlich, frisch und leicht. Das gilt für alle Gerichte, also auch für Saucen, die aus Fonds aufgebaut werden und für Suppen, deren Grundlage delikate Brühen sind. Wir stellen Ihnen diese wichtigen Saucen und Fonds vor, damit Sie an Ihrem Herd kreativ werden können. Damit Sie aus Fleisch, Fisch, Geflügel und Wild Köstlichkeiten zaubern können und darüber die Zeiten der dicken Mehlschwitzen vergessen, die hierzulande heute noch in Hektolitern auf Braten und Kartoffeln landen. Für die neue Küche sind sie passé. Nur auf die gute Velouté, jene Grundsauce mit zarter Mehlbindung, mögen auch wir nicht verzichten. Denn sie ist — auf der Basis einer vorzüglichen Brühe gekocht — Grundlage für die Sauce Béchamel, die Sauce Mornay und für samtige Fischsaucen. Wir sagen Ihnen, wie man sie richtig kocht und möchten Ihnen noch den klugen Ausspruch des französischen Feinschmeckers Gogné mit auf den Weg an den Herd geben, der von 1856 stammt: »Viel Sauce, schlechter Koch. Wenig Sauce, guter Koch.« Vorausgesetzt, die Sauce ist gut!

SAUCEN UND FONDS

BRÜHE, BOUILLON, CONSOMMÉ. »Brühe« ist ein treffendes, aber häßliches Wort für eine köstliche Flüssigkeit, an die verschiedene Zutaten wie Fleisch, Gemüse und Gewürze alle Geschmacksstoffe und alle Kraft abgegeben haben. »Klare Suppe« ist auch richtig, doch wesentlich schöner klingt das französische »Bouillon«. Die »Consommé« ist eine kräftige, ganz klare Fleischbrühe; für eine »doppelte Kraftbrühe« (Consommé double) wird eine Kraftbrühe zusätzlich mit Beefsteakhack geklärt. Siehe Seite 12.

Geschmack und Fülle einer Brühe werden von den Zutaten bestimmt. Rind und Wild machen sie kräftig, Huhn gibt ihr lieblichen Geschmack, Kalb macht sie variabel. Das Bouquet garni ist ein Kräuterbündel aus Thymian, Petersilie, Lorbeerblatt und Wurzelwerk. Es aromatisiert die Brühe. Man kann auch mehr Gemüse verwenden, doch zuviel läßt den Geschmack süßlich werden und dunkles Grün zerstört die Farbe. Helles Gemüse ergibt einen frischen Geschmack, angeröstet macht es Brühen gehaltvoller.

Gallertstoffe bewirken bei Brühen eine leichte Bindung. Reich daran sind Häute, Sehnen, Knorpel und auch Gelenkknochen. Vom Rind eignen sich am besten Beinscheiben und Rippen. Kalb enthält reichlich Gelatine und die Brühe von einem Huhn mit Kopf und Füßen geliert ebensogut. Von den Fischen eignen sich Forelle, Kabeljau, Seeteufel, Seezungen und Steinbutt. Gräten, Flossen, Häute und Köpfe ohne Kiemen ergeben zwar eine etwas trübe, aber vorzügliche Brühe, die nur für ein Gelee geklärt werden muß.

> WICHTIG: Fleischbrühe kann ersticken und sauer werden, wenn sie zugedeckt stehen bleibt. Am besten offen im kalten Wasserbad rasch auf Zimmertemperatur abkühlen lassen, bevor man sie gut verschlossen im Kühlschrank verwahrt oder für später einfriert. Erst bei Gebrauch würzen und abschmecken.

Ein Musterbeispiel für die richtige Zubereitung zeigen wir an einer Grundbrühe. In gleicher Weise entstehen Brühen aus Kalbsknochen, Karkassen (Knochengerüsten) von Rind, Wild und Geflügel. Schinkenknochen und Schwarten eignen sich gut für herzhafte Brühen.

Für eine neutrale Kalbsknochenbrühe braucht man: 1,5 kg Kalbsknochen, 500 g Geflügelklein, 500 g Kalbsknorpel oder -haxe, 100 g geschälte Möhre, 50 g weißen Porree, 50 g geschälten Knollensellerie. Hühnerbrühe bereitet man nach untenstehendem Rezept. Statt Ochsenbein und Kalbsknochen Geflügelklein und -knochen verwenden.

KLARE GRUNDBRÜHE

1 Suppenhuhn
500 g Ochsenbein
500 g Kalbsknochen
2,5-3 l Wasser
200 g geschälte Möhren
200 g Sellerie mit hellem Kraut
1 Petersilienwurzel mit Kraut
200 g Porree mit hellem Grün
3 Stengel Thymian
1 Knoblauchzehe, 1 Lorbeerblatt
2 Zwiebeln mit heller Schale
2 Gewürznelken

Die Brühe wie in der Bildfolge gezeigt zubereiten. Je nach Verwendungsart kann man sie zusätzlich klären (Seite 12).

1 **Das Fleisch in den Topf schichten.** Das Huhn in Stücke zerlegen. Fleisch, Knochen und Innereien vom Huhn abspülen und auf einem Gitter einschichten, damit sie nicht ansetzen.

2 **Mit Wasser bedeckt aufkochen.** Kaltes Wasser dazugießen, so daß es 3 cm über Fleisch und Knochen steht. Zugedeckt über schwacher Hitze in etwa einer Stunde zum Kochen bringen.

3 **Die Brühe abschäumen.** Wenn der Siedepunkt erreicht ist und die Brühe schwach sprudelt, den grauen Schaum mit einem Löffel behutsam an den Rand schieben und abschöpfen.

4 **Kaltes Wasser dazugießen** und die Brühe ab und zu abschäumen, bis nur noch feiner weißer Schaum entsteht, der keine Trübstoffe mehr enthält und der sich später wieder auflöst.

5 **Bouquet garni bündeln.** Das Gemüse mit jungem Kraut, Thymian, Knoblauch und Lorbeerblatt zusammenlegen, mit Bindegarn verschnüren und eine Schlaufe zum Anfassen knoten.

6 **Würzende Zutaten hineingeben:** Das Bouquet garni in die Brühe legen, ebenso die Zwiebeln — die Schale färbt schön golden — mit Nelken besteckt. Die Brühe knapp bedeckt etwa 5 Stunden schwach sprudeln lassen. Fleisch zum Essen schon nach einer Stunde herausnehmen, von Haut, Sehnen und Knochen lösen und diese zurück in die Brühe geben, um sie weiter auszukochen.

7 **Die Fleischbrühe durchseihen.** Sieb oder Durchschlag mit einem Nesseltuch auslegen, die Brühe hineingießen und die Rückstände ruhig ablaufen lassen, nicht durchpressen.

8 **Heiße Brühe entfetten.** Saugfähiges Kreppapier auf die Oberfläche legen und behutsam zum Rand wegziehen, damit es nur Fett und so wenig wie möglich von der Brühe aufnimmt.

9 **Brühe kalt entfetten.** Das ist die beste Methode, weil das Fett fest ist und sich leicht abheben läßt. Die Brühe wird so völlig fettfrei. Das Fett zum Schmoren und Dünsten verwerten.

SAUCEN UND FONDS

KRÄFTIGE RINDERBRÜHE

700 g Ochsenbein
700 g Querrippe
500 g Markknochen
etwa 4 l Wasser
200 g Möhren, 200 g Sellerie
3 Zwiebeln, 4 EL Öl
100 g Porree
2 Stengel Selleriekraut
1 Petersilienwurzel mit Grün
2 Stengel Thymian, 1 Lorbeerblatt

Fleisch und Knochen in einen Topf geben, mit kaltem Wasser übergießen und knapp zugedeckt bei mäßiger Hitze zum Kochen bringen. Wie die Grundbrühe (Seite 10 und 11) abschäumen. Inzwischen Möhren, Sellerie und Zwiebeln schälen, fein würfeln und in Öl anrösten, bis sie hell gebräunt und glasig sind. Bouquet garni aus Porree, Selleriekraut, Petersilienwurzel, Thymian und Lorbeerblatt mit dem Röstgemüse zur Brühe geben. Diese knapp bedeckt 5 Stunden leise sieden lassen. Fleisch zum Essen nach 2 Stunden entnehmen, auslösen, Rückstände zurück in die Brühe geben. Fertige Brühe durch ein feines Tuch gießen, erst bei Gebrauch würzen.

Röstgemüse in die Rinderbrühe geben. Das Gemüse hat beim Anbraten Aromastoffe entwickelt, die gut zu dieser kräftigen Brühe passen. Nach dem Abschäumen das Gemüse mit dem Bouquet garni beifügen.

BRÜHE KLÄREN

3 Eiweiß
80 g gewürfelte Möhre
80 g gewürfelter Sellerie
2 EL Öl
1 l Brühe von Fleisch, Fisch, Wild oder Geflügel

Brühe wird geklärt, wenn sie als Kraftbrühe mit Einlagen serviert werden soll. Oder wenn man glitzernden Jus daraus macht, der so gut zu kaltem Fleisch schmeckt oder der Terrinen und Mousse mit einer wohlschmeckenden und schützenden Hülle umgibt.

1 **Eiweiß zu Schnee schlagen.** Eiweiß in die Rührschüssel geben, mit dem Schlagbesen zu weißem, noch weichem Schnee schlagen. Möhren- und Selleriewürfel in Öl glasig dünsten.

2 **Gemüse zum Eischnee geben,** wenn es nur noch lauwarm ist. Mit dem Schneebesen unter den Eischnee mischen, daß eine gebundene, lockere Masse entsteht. Nicht stehen lassen.

3 **Eiweiß zur Brühe geben,** die lauwarm sein muß. Sofort bei starker Hitze mit Spatel oder Pfannenheber rühren und am Boden schaben, damit das Eiweiß nicht ansetzt. Gut durchkochen.

4 **So lange rühren,** bis das Eiweiß deutlich an Volumen verliert, eine feste Masse wird und auf der Oberfläche schwimmt. Topf von der Hitze nehmen und Eiweiß vollends gerinnen lassen.

5 **Die geklärte Brühe sieben.** Der Eischnee hat alle trübenden Teilchen aufgenommen. Die Brühe nun heiß durch Filterpapier oder ein Tuch gießen. Langsam ablaufen lassen.

FISCHBRÜHE

1 kg Gräten, Haut, Flossen und Köpfe von Seezunge, Steinbutt, Kabeljau und/oder Forelle
40 g Butter
100 g Möhre in Scheiben
100 g Zwiebelwürfel (etwa 2 Zwiebeln)
200 g weißer Porree in Ringen
etwa 2,5 l Wasser
50 g Fenchelknolle in Streifen oder etwas Fenchelkraut
4 Stengel Petersilie
2 Stengel Thymian, 1 Lorbeerblatt

Die Kiemen der Fische machen die Brühe bitter. Man zieht sie daher seitlich an den Köpfen heraus und schneidet sie mit einer Schere ab. Die Brühe wird gekocht wie bei den Bildern beschrieben. Anschließend kann man sie nach Belieben klären. — Soll die Fischbrühe zu Suppen und Saucen verwendet werden, muß man sie reduzieren. Schwach köcheln lassen, wenn der Fond klar sein soll, immer wieder abschäumen. Für Suppen kocht man die Flüssigkeit auf 1/2 l, für Saucen auf 1/4 l ein. Zur Sauce wird sie mit Mehlbutter gebunden. Sie muß dann noch 10 Minuten leise kochen. Mit Eigelb und Sahne legieren.

BRÜHEN UND FONDS AUF VORRAT

Auf den ersten Blick mögen die Mengen für die Brühen und Fonds auf diesen Seiten reichlich erscheinen. Doch sie lohnen sich auch im kleinen Haushalt, denn die Zubereitung ist bei größeren Mengen nicht aufwendiger als bei geringen. Was nicht in den nächsten Tagen verbraucht wird, ist eingefroren für etwa 12 Monate sicher aufgehoben. Brühen und Fonds nach dem Kochen zuerst offen gut auskühlen lassen. Dann zugedeckt in den Kühlschrank stellen und das Fett entfernen, wenn es fest geworden ist. Gefrierbeutel in Gefrierdosen stellen, füllen und ganz fest zubinden, so daß möglichst wenig Luft die Brühe umgibt. Wenn Fonds und Brühen im Beutel fest gefroren sind, können sie aus den Dosen herausgenommen werden, die dann wieder zur Verfügung stehen. Auch Aluschalen eignen sich gut zum Einfrieren von Tagesportionen.

1 **Gemüse andünsten.** Butter in einem großen Topf bei mäßiger Hitze schmelzen, Gemüse dazufüllen und glasig dünsten. Fischabfälle kalt abbrausen und ebenfalls in den Topf legen.

2 **Wasser dazugießen,** daß alle Zutaten gut bedeckt sind. Bouquet garni aus Fenchel, Petersilie, Thymian und Lorbeerblatt beifügen, alles etwa 20 Minuten ruhig kochen lassen.

3 **Brühe abschäumen.** Während des Kochens den grauen Schaum mit einem Löffel abheben, dann die Brühe durch ein Tuch seihen. Weitere 10 Minuten kochen, nochmals abschäumen.

SAUCEN UND FONDS

1 **Im Ofen andünsten.** Den Topf auf dem Grillrost in den Ofen schieben. 200° C einschalten und die Zutaten etwa 15 Minuten hell andünsten, bis sich Fett am Boden sammelt.

2 **Wasser dazugießen,** bis es alle Zutaten gut bedeckt. Zugedeckt gut 30 Minuten erhitzen, bis die Brühe leise zu sprudeln beginnt. Dann die Hitze auf 125° C reduzieren.

3 **Die goldene Brühe ist fertig.** Nach 5 Stunden ohne Umrühren sind alle Geschmacksstoffe in einer kraftvoller. Brühe konzentriert, ohne sie zu trüben. Sie schimmert klar und rein.

HELLE UND DUNKLE FONDS sind selbstgemachte »Halbfabrikate«. Man verwendet sie vorwiegend zum Aufbauen von Saucen für Kurzgebratenes und auch zur Herstellung von Gelees und Jus. Sie werden aus Fleisch und Knochen vom Rind, Lamm und Schwein gekocht. Stark reduziert und mit ihrem Fett bedeckt bleiben sie im Kühlschrank wochenlang frisch. Besser aufgehoben sind entfettete Fonds im Gefriergerät. Praktisch sind Fondwürfel, in einer Eisschale gefroren und in der Gefrierdose verwahrt. Bei Bedarf kann man sie einzeln entnehmen.

Beim Einkochen werden Fonds immer konzentrierter. Und je mehr Gelatine sie enthalten, um so früher erstarren sie kalt zu Gelee, wie der helle und braune Jus in den Kasserollen auf dieser Seite. Sie sind aus den hier gezeigten Brühen entstanden, die durch ein Tuch gefiltert und anschließend eingekocht wurden, bis nur noch ein Liter davon übrig war.

HELLER FOND

500 g Beinscheibe vom Kalb
500 g Brustknorpel vom Kalb
500 g Hühnerflügel oder -klein
300 g Stangen- oder Knollensellerie
200 g Porree mit hellem Grün
200 g Möhren
2 Zwiebeln mit sauberer Schale
etwa 2,5 l Wasser

Beinscheiben, Knorpel und Hühnerklein in einen ofenfesten Topf geben. Gemüse putzen, waschen, grob zerschneiden und in die Zwischenräume stecken. Wie bei den Bildern beschrieben, im Ofen zu klarer Brühe ausziehen lassen. Durch ein Nesseltuch in einen sauberen Topf gießen, kalt entfetten und über schwacher Hitze leise siedend reduzieren, bis die gewünschte Konzentration erreicht ist. Leicht bedeckt auskühlen lassen. Den Fond in Gefrierdosen füllen und einige Tage im Kühlschrank frisch halten. Am besten einfrieren und im Lauf der nächsten Monate verbrauchen. Erst bei der Verwendung würzen.

BRAUNER WILDFOND

2 Wildknochen
500 g Beinscheibe vom Rind
6 EL Öl
100 g Möhre
50 g Knollensellerie
1 Zwiebel
1 gehäufter EL Tomatenmark
etwa 2,5 l Wasser
100 g weißer Porree
5 Stengel Petersilie
1 Zweig Thymian
1 Lorbeerblatt
40 g Schalotten
2 Knoblauchzehen
8 Wacholderbeeren

Wildknochen und Beinscheibe in etwa 5 cm große Stücke sägen lassen. Öl in einem großen Bräter oder der Bratpfanne des Backofens wie bei den Bildern beschrieben anbraten. Dabei Möhre, Sellerie und Zwiebel geschält und gewürfelt sowie das Tomatenmark daruntermischen. Weiter anbraten und ablöschen. Den Fond im Bräter zudecken und bei 125° C im Ofen 4 Stunden ausziehen lassen. Oder im Topf auf dem Herd leicht bedeckt leise sieden lassen. Anschließend durch ein Tuch seihen, kalt entfetten und leise sprudelnd kochen, bis die gewünschte Konzentration erreicht ist. In Vorratsdosen füllen, offen kalt werden lassen und verschließen. Wenige Tage im Kühlschrank aufbewahren oder für später einfrieren.
Sehr gut kann man zum Beispiel eine Sauce Bordelaise aus braunem Fond von Rind oder Wild zubereiten. Dafür Rotwein und Fond getrennt auf etwa ein Drittel einkochen und zusammen auf etwa die Hälfte reduzieren. Mit Salz, Pfeffer und etwas Zitronensaft abschmecken. Sauce Bordelaise bevorzugt zu kostbaren Steaks von Wild und Rind genießen.

1 **Knochen und Fleisch anbraten.** Den Backofen auf 250° C einschalten. Öl in das tiefe Bratenblech geben und erhitzen. Knochen und Fleisch hineingeben, wenden und 20 Minuten braten.

2 **Gemüse dazugeben.** Möhre, Sellerie und Zwiebel würfeln. Gemüse und Tomatenmark aus Tube oder Dose zu den Knochen geben. Weitere 20 Minuten bräunen und dabei öfter wenden.

3 **Mit Wasser ablöschen.** Genug kaltes Wasser dazugießen, damit sich der Bratensatz löst. Den Ofen ausschalten und nach 10 Minuten den Inhalt der Pfanne in einen Topf umfüllen.

4 **Mit Wasser auffüllen,** damit alle Zutaten schwimmen und gut mit Wasser bedeckt sind. Den Fond nun auf dem Herd bei knapp aufgelegtem Deckel langsam zum Kochen bringen.

5 **Den Fond abschäumen,** wenn die Brühe leise sprudelt. Den Schaum mit einem Löffel an den Rand schieben und abheben. Immer wieder abschöpfen, bis der Schaum hell und rein ist.

6 **Bouquet garni und Gewürze** zugeben. Porree, Petersilie, Thymian und Lorbeerblatt als Kräuterbündel in die Brühe legen, dazu Schalotten, Knoblauch und Wacholderbeeren.

FRISCHE TOMATENSAUCE

Rezept für etwa 1/2 Liter:

1 kg Tomaten (525 g Fruchtfleisch)
1 abgezogene Zwiebel
50 g geschälte Möhre
30 g Butter
1/4 l Fleischbrühe
100 g heller Porree
8 Petersilienstiele
2 Stengel frisches Basilikum
1 kleines Lorbeerblatt
Salz und Pfeffer
etwas Zucker

Die Tomatensauce wie in der Bildfolge beschrieben zubereiten. Eventuell noch mit etwas Butter abschmecken, wenn man den Geschmack ein bißchen milder und voller liebt. Oder statt Butter mit knusprig gerösteten Räucherspeck- und Zwiebelwürfeln zubereiten, wenn die Sauce herzhaft würzig werden soll. Dann Basilikum weglassen und dafür etwas Thymian und eine Knoblauchzehe mitkochen. Eine sehr milde Sauce mit feinem Tomatenaroma entsteht, wenn wir Sahne oder Crème fraîche hineinrühren oder mit einigen Löffeln Velouté vollenden.

Eine feine, sehr schnelle Tomatensauce wird wie folgt zubereitet: Die enthäuteten, geviertelten und entkernten Tomaten im Mixer pürieren. Dann in einem Topf mit 1 TL Worcestersauce, 1 Glas herbem Weißwein und 1 TL Oregano vermischen und eventuell mit einer kleinen zerdrückten Knoblauchzehe würzen. Aufkochen und etwas eindicken lassen.

1 **Die Tomaten abziehen.** Dafür kurz in kochendes Wasser tauchen und kalt abspülen, damit die Haut sich löst. Die Früchte am Stielansatz mit spitzem Messer einstechen und enthäuten.

2 **Die Tomaten entkernen.** Die Früchte vierteln, das Innere herausschneiden und entfernen. Das Fruchtfleisch in einem Sieb abtropfen lassen. Zwiebel und Möhre würfeln.

3 **Das Gemüse andünsten.** Butter in einem Topf über mäßiger Hitze aufschäumen lassen. Möhre und Zwiebel dazugeben, öfter umrühren, in 12 bis 15 Minuten glasig und gelb dünsten.

4 **Tomaten dazugeben,** mit 1/4 l Fleischbrühe auffüllen, Bouquet garni aus Porree, Petersilie, Lorbeerblatt und Basilikum mit in den Topf legen. 25 Minuten leise sieden lassen.

5 **Die Sauce pürieren.** Etwas abgekühlt und ohne Bouquet garni in den Mixer geben, auf niedriger Stufe beginnend immer schneller pürieren, bis die Sauce glatt und gebunden ist.

6 **Sauce in gesäuberten Topf geben** und über milder Hitze erwärmen, damit sie nicht ansetzt. Mit Salz, Pfeffer und Zucker abschmecken, vielleicht auch mit etwas Butter.

SAUCE HOLLANDAISE

Rezept für etwa 30 cl:

3 Eigelb

1 EL Wasser

1 TL Salz

1/4 TL weißer Pfeffer

250 g zerlassene Butter

1 EL Zitronensaft

Hollandaise ist eine Sauce, die behutsam zubereitet werden muß, damit sie nicht zu heiß wird und gerinnt. Man schlägt sie über dem Wasserbad. Der Topf mit heißem Wasser, in das die Schüssel nicht hineintauchen darf, soll dabei auf einer schwach beheizten Hitzequelle stehen, damit das Wasser nicht sprudelt und nur Dampf die Schüssel umspielt. Rechtzeitig vorher die Butter in einer Kasserolle zerlassen, abschäumen, etwas abkühlen und ruhen lassen. Dann vorsichtig in ein anderes Gefäß umgießen, so daß die Molke zurückbleibt. Sauce Hollandaise wie bei den Bildern beschrieben zubereiten und mit Zitronensaft abschmecken. Bis zum Servieren in ein etwa 40° C warmes Wasserbad umsetzen und zudecken. Vor dem Anrichten kurz aufschlagen.

1 **Eigelb verrühren,** dabei Wasser, Salz und Pfeffer hinzufügen; am besten in einer Schüssel aus Edelstahl, weil sie ein guter Wärmeleiter ist. Über heißes, nicht kochendes Wasser setzen.

2 **Cremig rühren.** Mit dem Schneebesen auch an Boden und Seiten der Schüssel tüchtig rühren. Kein Handrührgerät benutzen, man kann damit die Konsistenz nicht gut empfinden.

3 **Weiter kräftig schlagen,** bis der Schaum sehr hell und fein ist. Die Creme ist fertig aufgeschlagen, wenn sie plötzlich mehr Widerstand bietet und schön gebunden ist.

4 **Geklärte Butter zufügen.** Die Eigelbcreme weiter mit dem Schneebesen bearbeiten. Butter löffelweise hineingießen und immer völlig verrühren, bevor die nächste Portion dazukommt.

Hollandaise ist eine feine Sauce, die gut zu Fleisch, Fisch und Gemüse paßt, weil sie neutral im Geschmack ist und so manche Speise erst vollkommen macht, ohne ihren Eigengeschmack zu übertönen. Wir lieben sie deshalb zu Gemüse wie Spargel und Artischocken, zu gargezogenen Edelfischen und als bindendes Element für zarte Meeresfrüchte, die ebensowenig große Hitze vertragen, weil sie sonst hart und trocken werden. Sauce Hollandaise ist die Basis für weitere Saucen, die hier folgen.

Sauce Béarnaise wie eine Hollandaise zubereiten. Nur statt Wasser einen Sud verwenden, der aus 15 cl Weißwein, 4 EL Weißweinessig, Würfeln von 2 Schalotten, je 15 g Kerbel und Estragon gekocht wird, bis nur noch 2 EL der Flüssigkeit übrig sind. Sauce Béarnaise mit je einem Teelöffel frisch gehackten Kerbel- und Estragonblättchen sowie einer Spur Cayennepfeffer abschmecken. Zu saftigen Steaks von Kalb und Rind genießen.

Sauce Choron wird aus einer Sauce Béarnaise, wenn man zum Schluß etwa 2 Eßlöffel Tomatenmark hineinrührt und die zarten Kräuter nach Belieben wegläßt. Diese rosa Variante schmeckt gut zu Artischocken und verlorenen Eiern.

Sauce maltaise wie Hollandaise aufschlagen, dabei Wasser durch Zitronensaft ersetzen und die Sauce zum Schluß mit etwas dunkelrotem Saft einer Blutorange abschmecken.

SAUCEN UND FONDS

SAUCEN MIT MEHLBINDUNG sind die Basis für die verschiedensten Saucen-Variationen. Zu Unrecht werden sie von der Neuen Küche als Dickmacher verdammt. Wichtig ist, daß sie gut durchgekocht werden, in ihrer Zusammensetzung stimmen und daß die geschmacksbestimmende Zutat, die Brühe, von bester Qualität ist.

WEISSE GRUNDSAUCE VELOUTÉ

Rezept für etwa 60 cl:
20 g Butter
20 g feine Zwiebelwürfel
25 g Mehl
3/4 l kalte, entfettete Brühe von Kalb, Geflügel, Fisch oder Gemüse
1/4 l Sahne
1 TL Salz
1 Msp. weißer Pfeffer

Für eine gute Sauce braucht man Zeit. Dies beginnt bei der Mehlschwitze, die in der Fachsprache »Roux« heißt. Sie wird wie folgt zubereitet:
Bei mittlerer Hitze die Butter aufschäumen lassen, dann das Mehl dazugeben. Nun muß kräftig gerührt werden, damit Butter und Mehl sich völlig verbinden. Das Mehl darf jedoch nicht bräunen. Nach 5 Minuten Rühren mit der kalten Brühe aufgießen. Bei einer Velouté werden zuerst noch feingehackte Zwiebeln in der Butter glasig gedünstet, wie in der Bildfolge gezeigt.
Die wichtigsten Abwandlungen der weißen Grundsauce werden auf der nächsten Seite beschrieben.

1 **Die Zwiebeln andünsten.** Butter in einer Kasserolle über mäßiger Hitze aufschäumen lassen. Zwiebelwürfel dazugeben und so lange rühren, bis sie gelb und glasig geworden sind.

2 **Mehl anschwitzen.** Die angedünsteten Zwiebeln mit Mehl bestauben, unter ständigem Rühren 10-15 Minuten schwitzen, dabei aber keinesfalls bräunen.

3 **Mit Brühe ablöschen.** Kalte Brühe nach und nach zugießen, dabei bis zum Aufkochen mit dem Schneebesen am Topfboden kreisen, damit keine Klümpchen entstehen.

4 **Die Sauce abschäumen,** während sie 30 Minuten bei schwacher Hitze leise köchelt. Ab und zu umrühren und Schaum abschöpfen. Sahne um die Hälfte reduzieren und darunterrühren.

5 **Sauce passieren.** Nach 15 Minuten Kochzeit durch ein Tuch gießen, die Zipfel zusammenfassen und den Tuchbeutel drehen, daß die Sauce durchgepreßt wird. Abschmecken.

6 **Die weiße Grundsauce ist fertig.** In Frankreich heißt sie »Velouté«, wörtlich »samtartig«. Und so soll sie sein: Eine sanfte Sauce, die cremig und weich vom Löffel fließt.

Sauce Béchamel wird wie die weiße Grundsauce, doch mit 1/4 l Kalbsbrühe und 1/2 l Milch gekocht, dann mit etwas Pfeffer und Muskatnuß abgeschmeckt. Sie ist die Basis für Krebssauce (Nantua) und für Hummersauce (cardinal). Dazu wird sie vor dem Servieren abseits vom Herd mit 50 g Krebs- oder Hummerbutter, die es in guter Qualität zu kaufen gibt, aufgeschlagen.

Fischsauce Bercy. Für diese feine Sauce eine Velouté mit Fischbrühe zubereiten. 20 g feine Schalottenwürfel in 20 g Butter glasig dünsten, mit gut 1/8 l trockenem Weißwein um 1/3 der Menge einkochen. Roux zubereiten, Fischbrühe hineinrühren und wie weiße Grundsauce fertig kochen. Zum Schluß mit Pfeffer abschmecken und mit 1 TL fein gehackter Petersilie vermischen.

Zwiebelsauce schmeckt vorzüglich zu Siedfleisch von frischem oder gepökeltem Rind. Dafür 200 g Zwiebelscheiben mit kochendem Wasser übergießen, im Sieb kalt abspülen und gut abtropfen lassen. Anschließend in 30 g Butter weich dünsten, nicht bräunen. Die Zwiebelringe im Mixer pürieren, nach der Brühe (Bild 3) zur Velouté geben. Wie beschrieben weiter zubereiten und zum Schluß durch ein Tuch passieren, wenn die Sauce ganz fein werden soll.

Sauce Mornay ist eine klassische Sauce, die besonders gut zu Gemüse paßt und die sich hervorragend zum Überbacken eignet. Sauce Mornay entsteht aus einer Béchamelsauce, in der man 50 g geriebenen Greyerzer oder Emmentaler unter Rühren schmilzt. Dazu gibt man ein mit etwas Sahne verquirltes Eigelb und 20 g Butter und schmeckt mit etwas Muskatnuß und Pfeffer ab.

Meerrettichsauce. Die fertige Grundsauce mit viel frisch geriebenem Meerrettich mischen. Zum Schluß mit etwas Essig oder Zitronensaft und einer Prise Zucker abschmecken.

Braune Saucen, zum Beispiel für Wildgerichte oder Rinderbraten, sind in ihrer Grundzusammensetzung der weißen Grundsauce gleich. Doch werden dafür Fett und Mehl hell bis mittelbraun geröstet. Die weitere Zubereitung erfolgt wie bei der Velouté.

Curry-Sauce Sie schmeckt gut zu gekochtem Fisch, Huhn und Lamm. Wie weiße Grundsauce zubereiten, dabei abseits vom Herd 25 g Curry in die Mehlschwitze rühren und mit der Originalbrühe (Fisch- oder Fleischbrühe) auffüllen. Wie eine Velouté fertig kochen und durch ein feines Sieb oder Tuch passieren.

Überbackener Broccoli, nach dem Garen mit Sauce Mornay überzogen und etwa 2-3 Minuten bei 220 °C überbacken.

VORSPEISEN UND SALATE

Welche Freude fürs Auge, welch ein Eßvergnügen sind gelungene Vorspeisen. Zum Beispiel eine zartrosa, sahnig-cremige Lachsterrine mit grünen Kräutern. Oder ein appetitanregender Salat, wie wir ihn hier zeigen. Aus Feuille de chaîne, dem neuen Eichblattsalat. Herbstlaubfarben! Dazu die roten Tomatenwürfel, die frisch in Butter gebratene Leber, die Orangenfilets. Mattglänzend überzogen von der besten Vinaigrette, die man zubereiten kann. Oder die eher rustikale, ungemein wohlschmeckende dänische Leverpostej. Oder Scampi — à la minute gegart — die in ihrer Frische den Zähnen noch saftigen Widerstand leisten. Und dazu diese samtige Sauce! Oder Schnecken in Riesling und Rührei mit Kaviar. Welch ein Repertoire! Und wie groß wird es erst, wenn man Salate und Rohkost mit einbezieht. Die Rezepte dazu sind legion. Phantasie und die Kenntnis von der richtigen Mischung guter Salatsaucen vorausgesetzt, kann täglich eine neue eigene Kreation auf dem Tisch stehen. Auch Salat, der gut und gern Zwischenmahlzeit, sommerliches Mittagessen oder Abendessen sein kann, wenn er neben dem topfrischen Gemüse oder Obst noch einen guten Anteil an sättigendem Eiweiß hat. In Form von Fisch, Käse, Geflügel, Wild, Fleisch oder Nüssen zum Beispiel. Wichtigste Forderung an die Salatsauce: Sie soll nur aus besten Essig- und Ölsorten und gartenfrischen Kräutern zubereitet werden. Neben den guten Weinessigsorten gibt es Himbeer-, Birnen-, Apfel-, Sherry- oder Weinbrandessig. Neben unserem gängigen neutralen Salatöl kann man u. a. zwischen vorzüglichem kaltgepreßtem Olivenöl, aromatischem Walnußöl, Traubenkern- und Distelöl wählen. Oder dem Salat mit einem Eßlöffel würzigem Haselnußöl Pfiff geben. Halten Sie's mit den alten Römern. Sie forderten einen Philosophen, der das Salz, einen Geizhals, der den Essig, einen Verschwender, der das Öl beigibt und einen Künstler, der den Salat mischt. Das kann der Salatfan alles in einer Person sein.

VORSPEISEN UND SALATE

KALTE VORSPEISEN sind nicht nur erfrischend, sondern auch praktisch, weil sie rechtzeitig zubereitet werden können. So manche Zutat für kalte Vorspeisen können wir aus Resten zaubern oder schon tischfertig kaufen. Dazu einige Beispiele: Räucheraal mit Rührei auf Schwarzbrot, kalter Braten mit Knoblauch-Mayonnaise und Senfgurke, Räucherlachs mit Toast und Sahne-Meerrettich, Krabben mit Mayonnaise in Avocados, Salami mit Oliven, Roastbeefröllchen mit Remoulade, Artischockenböden mit Gemüsesalat, hartgekochte Eier mit Anchovis und Beefsteak Tatar auf Brot mit Kaviar. Nur wenig aufwendiger sind die ganz feinen Vorspeisen, die auf diesen Seiten gezeigt werden und die bei festlichen Anlässen ein guter Auftakt sind.

Melone süßsauer schmeckt mit mildem luftgetrocknetem Fleisch oder ebenso mildem Schinken. Die Scheiben so dünn wie möglich schneiden lassen, sie schmecken dann viel besser. Dazu Toast und Butter servieren.

ARTISCHOCKEN
mit Knoblauchsauce

4 große, feste Artischocken
8 Scheiben Zitrone
Salz, 1 EL Essig
100 g mehlig kochende Kartoffeln
3 abgezogene Knoblauchzehen
1/8 l Olivenöl
Saft einer Zitrone
etwas Fleischbrühe

Die Artischocken längs auf ein Brett legen und am Stiel festhalten, die obersten Blattspitzen mit einem scharfen Messer um etwa 3 cm, die seitlichen Blätter mit einer Schere um etwa 1 cm kürzen und den Stiel unter dem letzten Blätterkranz abschneiden oder -brechen. Boden und Spitzen sofort mit Zitronenscheiben belegen und festbinden, damit das weiße Fleisch der Früchte nicht braun wird. In einem großen Topf, in dem die Artischocken nebeneinander Platz haben, etwa 5 cm hoch Wasser über starker Hitze zum Kochen bringen. 3 EL Salz und Essig beifügen und die Artischocken hineinlegen. Ungefähr 40 Minuten kochen, bis sich die Blätter leicht vom Boden lösen. Dann auf den Blattspitzen stehend abtropfen und abkühlen lassen. Die kleinen Blätter aus der Mitte auszupfen und das Heu darunter auch mit den Fingern vom Boden lösen und entfernen.
Für die Sauce die Kartoffeln schälen, garen und mit einer Gabel fein zermusen. Knoblauch mit 1/2 TL Salz bestreuen und mit einer breiten Messerklinge fein zerquetschen. Mit den Kartoffeln zu einer glatten Paste verrühren, das Öl löffelweise unterrühren. Zitronensaft dazugeben und soviel Fleischbrühe beifügen, daß eine etwas dickliche Sauce entsteht. Portionsweise anrichten, dazu die kalten Artischocken. Zuerst die Blätter mit dem fleischigen Teil in die Sauce tauchen, zum Mund führen und mit den Zähnen abstreifen. Danach den Boden mit Messer und Gabel essen.
Artischocken auch heiß mit Sauce Hollandaise servieren. Bei Tisch für die abgelegten Blätter pro Gedeck einen tiefen Teller bereitstellen.

MELONE
süßsauer

1 Honigmelone
Saft von einer Zitrone
1/8 l Rotweinessig
100 g Zucker
100 g Bündner Fleisch oder Parmaschinken in papierdünnen Scheiben

Die Melonen vierteln und entkernen, das Fruchtfleisch von der Schale schneiden und würfeln, mit Zitronensaft mischen, im Kühlschrank durchziehen lassen. Essig und Zucker in etwa 5 Minuten zu einem dicklichen Sirup einkochen. Melonenwürfel in den Schalen anrichten und mit dem heißen Sirup übergießen. Fleisch oder Schinken dazu garnieren, den Teller mit Petersiliensträußchen schmücken.

VORSPEISENTELLER
mit Fisch

1/4 Eisbergsalat
50 g rote Paprikaschote
40 g weiße Zwiebel
4 Artischockenherzen aus der Dose
150 g geräuchertes Forellenfilet
100 g Thunfisch aus der Dose
100 g Räucherlachs in Scheiben
100 g Krabbenfleisch
1 hartgekochtes Ei
1/2 Kästchen Kresse
2 Frühlingszwiebeln
1/8 l Sauce Vinaigrette (Seite 33)

Salat in kleine Stücke zupfen, Paprikaschote in Streifen und geschälte Zwiebel in Ringe schneiden. Artischockenherzen längs halbieren, Forellen in schmale Streifen schneiden. Thunfisch grob zerpflücken, Räucherlachs in Streifen schneiden und aufrollen. Alle vorbereiteten Zutaten hübsch auf einem Teller anordnen, dazu Krabben, Ei geachtelt und die Kresse. Frühlingszwiebeln putzen, fein würfeln, in eine Vinaigrette rühren und extra anrichten. Dazu frisches Stangenweißbrot mit Butter servieren.

KRABBENSÜLZE
mit Knoblauchsauce

6 Blatt Gelatine, 10 cl Weißwein
40 cl geklärter Fischfond
1 EL Essig, Salz, weißer Pfeffer
300 g gekochtes Gemüse
300 g Krabbenfleisch
2 geschälte Knoblauchzehen
150 g Crème fraîche
1 EL feingehackte Petersilie
30 g roter Keta-Kaviar

Gelatine in kaltem Wasser einweichen, ausdrücken, in kochendheißem Wein auflösen. Zum Fond gießen, mit Essig, Salz und Pfeffer abschmecken. Portionsförmchen kühlen, mit Gelee ausgießen und wieder kühlen, bis das Gelee fest ist. Gemüse wie Erbsen, Möhren, Blumenkohl und Paprika mit den Krabben einschichten, mit restlichem Gelee bedecken und im Kühlschrank erstarren lassen. Vor dem Stürzen Form kurz in warmes Wasser tauchen. Knoblauch mit 1/2 TL Salz bestreuen und zerquetschen. Mit Crème fraîche und Petersilie verrühren, Kaviar beim Anrichten hineingeben.

ERDBEERCOCKTAIL
mit Hähnchenbrust

150 g Crème fraîche
2 EL Zitronensaft, Salz
1 EL Weinbrand, 1 TL Zucker
1 Msp. gemahlener Ingwer
1/4 TL weißer Pfeffer
200 g gekochte Hähnchenbrust
200 g gekochte Spargelköpfe
4 Scheiben Ananas
300 g Erdbeeren, 1 weiche Avocado
1/2 Kopfsalat
1 EL gehackte Petersilie

Crème fraîche mit 1 EL Zitronensaft, 1/4 TL Salz, Weinbrand und Gewürzen verrühren und abschmecken. Hähnchenbrust ohne Haut schräg in schöne Scheiben schneiden. Spargel abtropfen lassen, Ananas in kleine Segmente teilen und Erdbeeren halbieren. Die Avocado längs halbieren, entsteinen, enthäuten, würfeln und mit restlichem Zitronensaft schwenken, damit sie nicht braun wird. Teller mit Salatblättern auslegen und die vorbereiteten Zutaten darauf anordnen. Mit der Sauce überziehen, mit Petersilie bestreuen.

VORSPEISEN UND SALATE

FISCHTERRINEN sind in der neuen deutschen Küche kulinarische Edelsteine. Sie zergehen auf der Zunge, sind saftig und zart im Aroma. Mit einer Lachsterrine möchten wir auch auf andere Terrinen mit weniger teuren Fischen wie Forelle, Hecht, Heilbutt, Scholle und Zander Appetit machen. Wenn die Fische frisch sind und absolut kalt verarbeitet werden, gelingen delikate Terrinen, die man, je nach Phantasie, auch mit Meeresfrüchten, Räucherfisch oder knackigem Gemüse füllen kann. Aus der gleichen Farce bereitet man zarte Fischklößchen — mit Petersilienkartoffeln und Fischvelouté ein Hochgenuß.

Die Form einfetten. Verwendet man eine beliebige Kastenform, nach dem Einfetten vorsichtshalber mit Folie auslegen. Die Hälfte der Farce hineingeben, Form mehrmals aufstoßen, damit alle Luftblasen verschwinden. Dann wie bei Bild 7 und 8 gezeigt, weiterarbeiten.
Zum Garen im Wasserbad ein genügend großes Gefäß verwenden. Das Wasser muß bei 80° C knapp unter dem Siedepunkt bleiben. Nach 45 Minuten Garzeit die Terrine aus dem Wasserbad nehmen, 10 Minuten ruhen lassen und dann stürzen. Mit Folie bedeckt abkühlen lassen. Bis zum Servieren gut durchkühlen.

LACHSTERRINE

1 kleine Zwiebel
25 g Butter, dazu etwas Butter für die Form
700 g Lachsfilet
80 g Weißbrot ohne Rinde
1 Ei, gut 1 TL Salz
1 Msp. feiner weißer Pfeffer
1 Msp. frisch geriebene Muskatnuß
35 cl Sahne
Eine Form von 1,5 l Inhalt

Zwiebel schälen, würfeln und in Butter glasig dünsten. Lachsfilet enthäuten und entgräten, dabei Pinzette und ein scharfes, spitzes Messer benutzen, damit möglichst wenig wertvolles Fischfleisch verlorengeht. Die schönsten Stücke passend für die Form in lange Streifen schneiden, die restlichen würfeln und in eine Schüssel geben. Dann weiterverfahren wie in der Bildfolge beschrieben. Nach dem Pürieren die Farce unbedingt über Eiswasser so lange rühren, bis sie Seidenglanz bekommt. Dann zur Probe ein Klößchen davon in Salzwasser garziehen lassen und prüfen, ob es elastisch und zart ist. Wird es zu fest, noch weitere 5 bis 10 cl Sahne in die Farce rühren.

1 **Zwiebel farblos anschwitzen.** Butter in einer Pfanne über schwacher Hitze zerlassen. Sehr klein gewürfelte Zwiebel darin unter ständigem Rühren glasig dünsten — nicht bräunen.

2 **Lachs parieren und würfeln.** Das Filet zuerst sehr sorgfältig enthäuten und entgräten. Die schönsten Stücke für die Einlage beiseite legen, den Rest in kleine Würfel schneiden.

3 **Sahne dazugießen,** wenn alle Zutaten für die Farce in der Schüssel sind: Lachswürfel, gedünstete Zwiebel, Weißbrot, Ei, Gewürze. Zugedeckt im Kühlschrank sehr kalt werden lassen.

4 **Farce pürieren.** Alle Zutaten zuerst mit einem Löffel leicht verrühren. Dann in kleinen Portionen im Mixer möglichst schnell fein pürieren, damit die Farce nicht warm wird.

5 **Farce auf Eis rühren** bis sie glatt ist und seidig glänzt. Am besten in einer Edelstahlschüssel, die die Kälte gut leitet. Ein Probeklößchen garen und die Konsistenz prüfen.

Die Lachsterrine wurde vor dem Aufschneiden mit feingeschnittenen Dillspitzen bestreut. Dazu schmeckt leicht gesalzene Schlagsahne mit etwas Forellenkaviar. Besonders delikat, auch zu anderen Fischterrinen, ist kristallklares Gelee aus geklärtem Fischfond mit einem trockenen Wein.

6 **Form füllen,** eventuell auch eine sehr saubere Kastenform, zuerst mit etwas weicher Butter einfetten. Die Hälfte der Farce hineingeben, lückenlos und glatt verstreichen.

7 **Filet einlegen,** vorher wenig salzen und pfeffern. Ganz fest in die Mitte betten, so daß an den Seiten genug Farce bleibt. Sonst bricht die Terrine beim Stürzen.

8 **Terrine garen.** In einen großen Bräter mit hohem Rand die zugedeckte Terrine stellen. Wasser bis zu 3/4 einfüllen und auf 80° C erhitzen. Terrine darin im Ofen 45 Minuten garen.

VORSPEISEN UND SALATE

DÄNISCHE LEBERPASTETE
Leverpostej

Dänische Leberpastete ist eine Landterrine, die in ihrer Heimat zu den Lieblingsspeisen gehört. Als Belag für Smørrebrød ist sie ebenso selbstverständlich wie für die kalte Mittagstafel. Das frische Leberaroma harmoniert gut mit knusprigem Frühstücksspeck und Preiselbeeren, mit Sauce Cumberland und einem Salätchen aus leicht bitterem Löwenzahn oder Radicchio.

600 g Schweineleber
350 g frischer Speck
1 geschälte Zwiebel
2 Eier, 1 TL Salz
1/2 Tl getrockneter grüner Pfeffer
1/2 TL gemahlener Piment
1/4 TL Nelkenpulver
1/4 TL Ingwerpulver
2 Anchovisfilets
Für die Béchamelsauce:
40 g Butter, 40 g Mehl
20 cl Sahne
15 cl Fleischbrühe, 1 TL Salz
Für die Form:
400 g frische, dünne Speckscheiben

1 **Leber sorgfältig parieren heißt,** Sehnen und Häutchen mit einem scharfen Messer abtrennen, damit möglichst wenig Leber verlorengeht. Leber, Speck und Zwiebel grob würfeln.

2 **Leber und Speck** durch den Fleischwolf treiben, dabei die Lochscheibe 4,5 mm einsetzen. Dann die Scheiben wechseln und die mit den kleinsten Öffnungen (3 mm) benutzen.

3 **Die Farce noch einmal durchlassen,** dann die Zwiebel. Zuletzt etwas Pergamentpapier hineingeben, damit die Rückstände herausgedrückt werden. Das Papier bleibt stecken.

4 **Eier und Gewürze verrühren.** Eier in eine Schüssel geben, dazu Salz, zerstoßenen Pfeffer, Piment, Nelkenpulver und Ingwer. Anchovis durch ein Sieb drücken und dazurühren.

5 **Sauce Béchamel dazugeben.** Die kalte Sauce, bei der Herstellung von Farcen Panade genannt, wird zur Eier-Gewürzmischung gegeben und mit dem Schneebesen verrührt.

6 **Eine Kastenform mit Speck** auslegen (auch eine Pastetenform), die etwa 1,5 l faßt. Die Speckscheiben gut auf Boden und Wänden andrücken. Sie sollen weit über den Rand hängen.

7 **Die Pastetenfarce einfüllen,** dabei einen Teigschaber zu Hilfe nehmen. Die Form einige Male kräftig auf die Arbeitsplatte aufstoßen, damit sich die Farce ohne Luftblasen gut verteilt.

8 **Mit Speckscheiben bedecken,** dabei abwechselnd die Längs- und Querseiten umschlagen und die Farce gut verschließen, damit sie beim Garen nicht austrocknet.

9 **Form mit Alufolie** verschließen, in ein Wasserbad setzen und bei 180° C auf der mittleren Leiste im Ofen 90 Minuten garen, dann Folie entfernen.

10 **Die Pastete erst aufschneiden,** wenn sie nach dem Abkühlen einige Stunden im Kühlschrank geruht hat, um an Festigkeit zu gewinnen. Nur dann entstehen glatte Scheiben.

Die Pastete wie in der Bildfolge beschrieben zubereiten. Zuerst Sauce Béchamel kochen. Butter über mäßiger Hitze schmelzen, das Mehl dazugeben und unter ständigem Rühren 5 Minuten schwitzen, aber nicht bräunen. Sahne und Brühe mit dem Salz nach und nach dazugeben und verschlagen, damit eine glatte Sauce entsteht. Sehr gut durchkochen lassen, beim Abkühlen ab und zu umrühren.

SAUCE CUMBERLAND

25 g feingewürfelte Schalotte

1 EL fein abgeriebene Orangeschale

1 EL fein abgeriebene Zitronenschale

1/8 l Rotwein

2 EL Orangensaft

2 EL Zitronensaft

3 EL rotes Johannisbeergelee

3 EL schwarzes Johannisbeergelee

1 EL Portwein

1 EL mittelscharfer Senf

1 Msp. Cayennepfeffer und Ingwer

Schalottenwürfel in eine Kasserolle geben, dazu die Schale ungespritzter Zitrusfrüchte und den Rotwein. Über schwacher Hitze etwa 10 Minuten leise sieden lassen. Alle übrigen Zutaten hinzufügen und gut verrühren. Die Sauce abkühlen lassen, gut durchkühlen und vor dem Servieren abschmecken.

Sauce Cumberland nach Belieben auch ohne die Schale der Zitrusfrüchte zubereiten, da ungespritzte Früchte nicht immer zu haben sind. Der für die Sauce nötige herbe Geschmack entsteht fast genauso gut mit 4 EL Preiselbeerkompott.

VORSPEISEN UND SALATE

KLEINE RAGOUTS sind köstliche warme Vorspeisen und ein feiner Imbiß für jede Tageszeit. Wir können sie in Muschelschalen oder Portionsförmchen mit Käse überbacken, sie schmecken in knusprigen Tarteletts aus pikantem Mürbteig und in frisch aufgebackenen Blätterteigpasteten, die es in guter Qualität zu kaufen gibt. Wir wollen uns mehr auf die Güte der kleinen Ragouts konzentrieren, damit sie perfekt gelingen.
Manche Zutat, die hier gegart verwendet wird, begegnet Ihnen in anderen Kapiteln wieder, wo Sie zum Beispiel den richtigen Umgang mit Kalbsbries nachlesen können. Das Rezeptregister am Ende des Buches hilft, alles rasch zu finden.

SCAMPI-RAGOUT NANTUA

150 g gekochtes Kalbsbries

etwas Mehl, 20 g Butter

1/4 l Béchamelsauce

2 EL Krebsbutter

2 TL Zitronensaft

Salz und weißer Pfeffer

150 g gekochte, geschälte Scampi

20 g mittelalter, geriebener Gouda

Kalbsbries in kleine Teile zupfen, dabei die Häutchen abziehen. Briesstückchen in Mehl wenden, abschütteln und über starker Hitze in Butter ringsum hell bräunen, auf Küchenkrepp abtropfen lassen. Béchamelsauce erhitzen, Krebsbutter hineingeben und mit dem Schneebesen gut verschlagen. Zitronensaft dazugeben, mit Salz und Pfeffer abschmecken. Kalbsbries und Scampi in der Sauce kurz erwärmen, nicht kochen, weil die Scampi sonst hart werden.
Das Ragout zum Überbacken in Muschelschalen füllen, mit geriebenem Käse bestreuen und im Ofen bei 200° C etwa 5 Minuten überbacken oder kurz in ein Grillgerät geben, bis der Käse hell gebräunt ist.

KALBFLEISCH-RAGOUT

100 g frische Champignons

2 EL Zitronensaft

100 g knapp gegarter Spargel

175 g gekochtes Kalbfleisch

100 g junge, kurz gekochte oder tiefgekühlte Erbsen

1/4 l Geflügelvelouté

1 TL Worcestersauce,

2 TL Zitronensaft

Salz und weißer Pfeffer

Die Pilze putzen, in etwas kochendes Wasser mit Zitronensaft geben und 5 Minuten kochen. Abtropfen lassen und vierteln. Spargel und Kalbfleisch in zentimetergroße Stücke schneiden. Frische Erbsen kurz kochen und kalt abspülen, tiefgekühlte Erbsen nur auftauen lassen. Die Geflügelvelouté erwärmen, mit Worcestersauce, Zitronensaft, Salz und Pfeffer abschmecken. Pilze, Fleisch und Gemüse hineingeben und erhitzen, aber nicht kochen.
Kalbfleisch-Ragout am besten in heißen, frisch aufgebackenen Blätterteigpasteten anrichten, mit Zitronenschnitzen und Petersilie garnieren.

SCHNECKEN IN RIESLINGSAUCE

3 Dutzend Schnecken aus der Dose

100 g frische Champignons

1 Schalotte

20 g Butter

2 EL Cognac oder Weinbrand

1/8 l badischer Riesling

2 EL Schneckenflüssigkeit

1/4 l Sahne

1 Knoblauchzehe

1 TL frisch gehackte Kräuter (Majoran, Thymian, Basilikum)

1 Eigelb, 1 EL Sahne

Salz und weißer Pfeffer

1 TL gehackte Petersilie

Schnecken im Sieb abtropfen lassen, Flüssigkeit auffangen. Champignons putzen, Stiele abschneiden und fein hacken. Schalotte schälen und würfeln. Butter über mäßiger Hitze aufschäumen lassen, Schnecken und Champignonköpfe darin 5 Minuten andünsten, mit Weinbrand oder Cognac übergießen, noch eine Minute schmoren, mit der Siebkelle herausnehmen. Schalotten im Sud glasig dünsten. Champignonstiele beifügen und dünsten, bis es würzig nach Pilzen duftet. Weißwein, Schneckenflüssigkeit, Sahne, Knoblauch und Kräuter dazugeben. Die Sauce unter Rühren einkochen, bis sie sämig ist. Dann pürieren, durch ein feines Sieb streichen und wieder erhitzen. Eigelb mit Sahne verquirlen und in die Sauce rühren, die jetzt nicht mehr kochen darf. Schnecken und Champignonköpfe hineingeben, erhitzen und noch 5 Minuten ziehen lassen. Mit Salz und Pfeffer abschmecken, mit gehackter Petersilie bestreut servieren.

Kleine Ragouts sind eine Köstlichkeit. Sie sind leicht und belasten nicht. Im Bild vorne Scampi-Ragout Nantua, mit feinem Kalbsbries zubereitet, in der Mitte Kalbfleisch-Ragout mit frischen Champignons.

VORSPEISEN UND SALATE

EIERPFANNKUCHEN schmecken als Speckpfannkuchen mit Salat und als Apfelpfannkuchen mit Zimt und Zucker. Wir mögen sie mit kühlem Kompott und flambiert mit Früchten und Eiscreme. Auch andere Varianten können mit dem Teig für Crêpes zubereitet werden, der sich, nur mit Wasser angerührt, besonders dünn backen läßt. Durch Bier oder Cidre werden Eierpfannkuchen schön luftig. Mit zunehmender Dicke und weniger Eiern werden sie entsprechend einfacher.

CRÊPES

110 g Mehl, 1/4 TL Salz

je 1/8 l Milch und Wasser

3 Eier, 1 Eigelb

geklärte Butter zum Backen

Mehl in eine Schüssel sieben, Salz dazugeben. Milch und Wasser mischen, langsam zum Mehl gießen und mit dem Schneebesen verrühren. Eier hineinquirlen und den Teig zugedeckt mindestens 1 Stunde ruhen lassen, damit das Mehl richtig ausquellen kann.

Butter zum Klären schmelzen, wieder abkühlen lassen und behutsam in ein neues Gefäß umgießen, damit die weiße Molke zurückbleibt. Sie muß entfernt werden, weil sie bei der Brathitze schnell verbrennt. Zum Backen der Crêpes geklärte Butter oder fertig gekauftes Butterfett geschmolzen bereithalten.
Den Teig in der Schüssel immer wieder umrühren, weil sich Mehl am Boden absetzt. Dünne Crêpes von beiden Seiten hell bräunen und übereinandergeschichtet zwischen zwei Tellern im mäßig warmen Backofen heißhalten, bis alle, etwa 18 Eierkuchen, mit einem Durchmesser von 15 cm, fertig sind. Crêpes süß oder pikant füllen.

Für den Teig die Zutaten mit dem Schneebesen, größere Mengen in der Bosch-Küchenmaschine rühren.
Geklärte Butter in die Pfanne schöpfen, die über mittlerer Hitze steht.
Die Pfanne entleeren. Zurück bleibt kaum Fett, aber genug für 1 Crêpe.
Wenig Teig in der Pfanne sehr dünn verlaufen lassen. Dazu die Pfanne schräg halten und leicht schwenken.

Mit Füllung sind Crêpes eine feine warme Vorspeise, die sich gut vorbereiten läßt und zum Hauptgericht wird, wenn man die Mengen verdoppelt. Dann passen eine klare Fleischbrühe mit Schnittlauch als Vorspeise und frisches Obst oder Kompott als Dessert. Die Füllungen reichen für je 4 Crêpes.

Mit Krabben: 40 g Butter in einer Pfanne hell bräunen, abseits vom Herd mit 200 g Fleisch von Nordsee- oder Grönlandkrabben schwenken, mit etwas Zitronensaft beträufeln, pfeffern und mit 1 TL feingeschnittenen Dillspitzen mischen. Auf den Crêpes verteilen und diese zu Tüten aufdrehen.

Mit Kaviar: Crêpes auf vorgewärmte Teller legen, je 1 EL dicke saure Sahne oder Crème fraîche daraufgeben und 1 TL Kaviar der Lieblingssorte hineinsetzen. Im Bild ist es roter Keta-Kaviar, mit Dill garniert.

Mit Spargel: Die Crêpes mit Kräuterbutter oder Sauce Béarnaise bestreichen, je 3 Stangen gekochten Spargel darin einrollen. In einer feuerfesten Form mit 4 EL grob geriebenem Emmentaler bestreuen und kurz überbacken, bis der Käse zu schmelzen beginnt.

Mit Tomaten und Oliven: Feine Ringe von 2 Zwiebeln in 4 EL Olivenöl glasig dünsten, mit 1/8 l Fleischbrühe ablöschen und die Flüssigkeit um die Hälfte verkochen lassen. Mit Salz, Pfeffer, Thymian, 1 EL Weinessig, 1 Prise Zucker und 1 Spritzer Worcestersauce pikant abschmekken. 12 in Scheiben geschnittene, paprikagefüllte Oliven und 8 kleine geviertelte Tomaten darin kurz schwenken und leicht erwärmen. Die Füllung auf die eine Hälfte der Crêpes geben, die andere darüberlegen.

Crêpes mit Krabben, ideal für den sonntäglichen Brunch, schmecken auch fein mit einem Salat aus Brunnenkresseblättchen in milder Joghurtsauce.

Crêpes mit Spargel sind mit frisch gekochtem Spargel am besten. Notfalls kann man aber auch konservierten verwenden. Dazu paßt Eichblattsalat mit French Dressing.

Crêpes mit Tomaten und Oliven sind sehr pikant und schmecken zu Salat von Chinakohl mit Vinaigrette. So kombiniert, ergeben sie eine kräftige Vorspeise.

Crêpes mit Kaviar sind eine besonders feine Vorspeise. Sie harmonieren mit einem milden Tomatensalat. Ohne Salat gereicht, passen sie auch gut zum Sektfrühstück.

VORSPEISEN UND SALATE

Eine gute Sauce macht erst den Salat! Sie ist mild und leicht gebunden, sie überzieht das knackige Gemüse mit einem feinen Film, um das Frischearoma zu unterstützen und harmonisch zu ergänzen. Salatfans machen immer gleich mehr Sauce, weil das später Arbeit spart und die Saucen gut verschlossen im Kühlschrank für die nächsten Tage ihre Frische bewahren. Als Beispiel zeigen wir hier die Zubereitung einer Vinaigrette mit Zwiebeln, Kräutern und Meerrettich, die bestimmt für etwa 12 Portionen Salat reicht. Dahinter stehen zwei weitere, gut bewährte Salatsaucen: Ein tomatenrotes French-Dressing und eine schlichte Vinaigrette. Nutzen Sie die feinen Saucen für die Schale Salat vor jedem Essen — auch Ihrer Gesundheit zuliebe.

Zucker im Salat? Mögen die Experten sich darüber streiten, ob Zucker in den Salat gehört! Fest steht, daß eine kleine Prise geschmacklich abrundet und daß zuviel Zucker das feine Frischearoma eines Salates überdecken und vernichten kann.

VINAIGRETTE

Rezept für 8-12 Portionen Salat:

1 TL Salz

1/4 TL frisch gemahlener Pfeffer

2 EL Weinessig, 10 cl Olivenöl

Salz, Pfeffer und Essig in einer Schüssel mit dem Schneebesen verrühren, bis sich das Salz aufgelöst hat. Öl hinzufügen und verrühren. Es bindet die Sauce leicht. Man kann die Vinaigrette auch mit anderen Essig- und Ölsorten zubereiten und so verwenden oder mit Kräutern und Gewürzen verändern.

Für Knoblauch-Vinaigrette eine halbe Knoblauchzehe mit Salz und Pfeffer zu Brei zerstoßen, mit Essig und Öl verrühren.

Eine Senf-Vinaigrette mit 1 TL Senf einer bevorzugten Sorte beginnen, zum Beispiel mit hochwertigem Dijon-Senf.

Vinaigrette mit Ei wie oben beginnen, ein rohes Eigelb vor dem Öl hineinrühren. Gestocktes Eiweiß feingehackt in die Sauce geben.

Kräuter-Vinaigrette mit frischen Kräutern wie Dill, Schnittlauch, Petersilie, Basilikum und/oder Minze zubereiten. Nach Belieben feingehackte Zwiebeln oder Schalotten hineingeben und mit fein geriebenem Meerrettich abschmecken.

FRENCH-DRESSING

Rezept für 8 Portionen Salat:

1 Eigelb, 1/2 TL Salz

2 EL Weinessig

1 Msp. Rosenpaprika

1/2 TL Tomatenmark

1 Msp. geriebene Zwiebel, 8 EL Öl

Eigelb in eine kleine Rührschüssel geben, mit Salz, Essig, Paprika, Tomatenmark und geriebener Zwiebel verquirlen. Öl löffelweise zugeben, mit dem Schneebesen verrühren.

Zitronen-Sahnesauce. 4 EL Zitronensaft mit 1 TL Salz, 1/4 TL Zucker und 1/4 TL weißem Pfeffer rühren, bis sich die Körnchen aufgelöst haben. Nach und nach 20 cl Sahne dazugeben und rühren, bis eine glatte Sauce entstanden ist. Nach Belieben mit geriebener Zwiebel, Knoblauch oder feingehackten Kräutern abschmecken. Für 8 Portionen Salat.

MAYONNAISE und ihre Varianten. Mayonnaisen sind cremige Saucen für Vorspeisen-Cocktails, Partysalate und eigenständige Saucen, die zu kaltem Fleisch und Sülzen serviert werden. Von Hand gerührt erfordern sie Zeit. Zuerst Eigelb cremig rühren, dann Öl tropfenweise dazugeben und rühren, bis es mit dem Eigelb glatt verbunden ist. Wird die Sauce dicker, Öl in dünnem Strahl hineinrühren. Ist sie cremig und weich, vorsichtig abschmekken. Wenn sie zu steif ist, mit wenig Zitronensaft oder Essig etwas verdünnen.

Bei den Varianten gelten die Zutaten für je 1/2 Rezept Mayonnaise.

Knoblauch-Mayonnaise. 2 oder 3 Knoblauchzehen durch die Presse drücken oder mit Salz und Pfeffer bestreut zu Brei zerstoßen. Vor dem Öl in die Eigelbcreme rühren. Verwendet man den Mixer, die Zehen gleich zu Beginn hineingeben.

Für Remoulade folgende Zutaten ganz fein hacken: 75 g Gewürzgurke, 1 EL Kapern, 3 Sardellenfilets, je 1 EL Kerbel und Estragon, auch Schnittlauch und Petersilie. Alles in die Mayonnaise rühren, mit etwas scharfem Senf abschmecken.

Für Sauce Tartare ein hartgekochtes Ei feinhacken und in die Remoulade geben. Mit etwas Cayennepfeffer abschmecken.

Für Cocktailsauce 1 TL Cumberlandsauce, 2 EL Sahne, 1 TL Weinbrand, 3 Tropfen Tabasco und 2 EL Tomatenketchup in die Mayonnaise rühren.

EINE SCHNELLE MAYONNAISE

Rezept für etwa 40 cl:

2 Eier

1 TL Salz

1/2 TL feiner weißer Pfeffer

1 TL Weinessig oder Zitronensaft

35 cl Olivenöl

Die Zutaten für Mayonnaise müssen die gleiche Temperatur haben, damit sie gut binden und nicht gerinnen. Statt Olivenöl kann auch geschmacksneutrales Öl verwendet werden.

Nur im Mixer gelingt Mayonnaise auch mit ganzen Eiern. Zuerst die Eier hineingeben, dazu Salz, Pfeffer, Weinessig oder Zitronensaft. Auf niedrigster Stufe einschalten, das Öl durch die Öffnung im Deckel in kräftigem Strahl dazugießen. Diese Mayonnaise ist in Sekunden fertig. Bis zum Gebrauch fest verschlossen und kühl aufbewahren.

ITALIENISCHER TOMATENSALAT

500 g Tomaten
150 g Mozzarella (1 Kugel)
1/2 TL Salz
1/4 TL feiner schwarzer Pfeffer
4 EL Olivenöl
12 Blätter frisches Basilikum
einige schwarze Oliven

Die Stielansätze der Tomaten mit einem spitzen Messer herausstechen. Mozzarella und Tomaten quer in etwa 3 mm dicke Scheiben schneiden. Wie eine Spirale auf einen Glasteller schichten, dabei am Tellerrand beginnen. Die einzelnen Scheiben sollen sich überlappen. Gleichmäßig salzen und pfeffern, mit Olivenöl beträufeln und mit feingeschnittenem Basilikum bestreuen. Nach Belieben schwarze Oliven dazwischen stecken und den Salat mit ganzen Basilikumblättchen schmücken. Als Beilage servieren oder als Vorspeise anrichten. Dann sollte man die doppelte Menge Mozzarella verwenden.

ROHKOSTSALATE schmecken hervorragend, wenn man sie richtig und frisch zubereitet. Mit feinen Saucen (Seite 33 und 36f.) wird das Aroma der frischen Gemüse erschlossen und ergänzt, so daß der fertige Salat die reinste Gaumenfreude ist.
Rohkostsalate machen und erhalten uns fit, schlank und gesund. Sie sind reich an Vitaminen, Mineral- und Ballaststoffen, die so wichtig für einen gesunden Körper sind. Das rohe Gemüse fördert beim Kauen den Speichelfluß, durch den wichtige Fermente in den Magen gelangen. Außerdem nimmt es den ersten Hunger, so daß der Appetit beim Hauptgericht schon gebremst ist und daher weniger gegessen wird.
Knackige Salate schmecken als Vorspeise, Zwischen- und Abendmahlzeit, vielleicht mit eiweißspendenden Nüssen angereichert, die der Reibevorsatz des Fleischwolfes rasch zerkleinert oder mit Körnern, die man in der Getreidemühle ebenso schnell verarbeiten kann. Natürlich dürfen Kräuter aus dem Garten oder vom Fensterbrett nicht fehlen, denn frisch geschnitten spenden sie das meiste Aroma.

Der Durchlaufschnitzler spart Kraft und Zeit beim Raspeln von Möhren, die in einer Sauce aus Joghurt mit Zitronensaft, etwas Salz, Zucker, Pfeffer und Petersilie besonders lecker schmecken.

Vom Schneiden und Raspeln.
Je nach Festigkeit wird das Gemüse für Rohkostsalate grob oder fein zerkleinert. Singles benutzen für ihre kleinen Portionen nach wie vor den bewährten Gurkenhobel und die Metallreibe, vielleicht auch ein manuelles Schnitzelgerät. Für mehrere Portionen und besonders für Salatfans lohnt sich schon die Anschaffung eines Durchlaufschnitzlers zur Küchenmaschine. Damit kann man grob und fein raspeln sowie dünne und dicke Scheiben schneiden.
Festes Gemüse wird passend für den Einfüllschacht zurechtgeschnitten, Möhren kommen aufrecht und eng nebeneinander hinein. Weiches Gemüse wie Porree, Stangensellerie und Paprikaschoten wird entsprechend fest gebündelt hindurchgegeben, damit schöne Scheiben entstehen. Jede Portion mit dem Stopfer durchdrücken und danach neues Gemüse hineingeben. In der Regel kann man mit Schaltstufe 1 arbeiten und nur bei Bedarf die Geschwindigkeit bis maximal Stufe 3 erhöhen, damit das Gemüse sauber geschnitten wird.

Der Durchlaufschnitzler kann in zwei Positionen benutzt werden. Das Foto auf dieser Seite zeigt die Küchenmaschine mit geneigtem Arm. Das ist vorteilhaft, wenn das Gemüse auf eine Platte oder in eine flache Schale geraspelt wird, weil es dann weniger Spritzer in der Umgebung gibt. In Position 1 mit waagerechtem Arm kann die Rührschüssel als Auffangschale benutzt werden. Das ist lohnend für die Zubereitung von vielen Portionen.
In feine Scheiben hobelt man Weißkohl, Rotkohl und nach Belieben auch Porree, Zwiebel, Paprikaschoten, Radieschen und Fenchel.
In grobe Scheiben schneidet man Blumenkohl, Gurken, Zucchini, Spargel, Champignons, Stangensellerie, Frühlingszwiebeln und nach Belieben auch das oben genannte Gemüse. Durch die unterschiedliche Struktur der einzelnen Gemüse entstehen hübsche Scheiben, Streifen und andere Formen.
Die grobe Raspelscheibe zerkleinert optimal Kohlrabi, Brokkolistiele, Rettich, Äpfel und Birnen, außerdem Nüsse, Mandeln und festen Käse. Auch festeres Gemüse kann man damit zerkleinern.
Die feine Raspelscheibe eignet sich für Möhren, Sellerie, rote Bete und harte Äpfel. So geschnitten, wird aus Gemüse saftige Rohkost, die appetitanregend duftet.

WEISSKRAUTSALAT

300 g Weißkraut oder Wirsing ohne dicke Rippen von Hand in dünne Streifen schneiden oder im Durchlaufschnitzler mit Einsatz für grobe Scheiben zerkleinern. 100 g durchwachsenen Räucherspeck in kleine Würfel schneiden, in 1 EL Öl knusprig braun braten. Von der Hitze nehmen, 1 EL Öl, 1 EL Essig, 1/2 TL Salz, 1/4 TL Pfeffer und 1 TL Kümmel hineinrühren. Die Sauce heiß über den Salat geben und gut daruntermischen. 20 bis 30 Minuten durchziehen lassen.

CHAMPIGNONSALAT

In einer Salatschüssel 1/4 TL Salz in 1 EL Essig und 1 TL Wasser auflösen, 2 EL Öl dazuquirlen. Eine kleine Zwiebel schälen und hineinreiben, die Sauce mit etwas frisch gemahlenem Pfeffer würzen. 300 g geputzte Champignons und eine halbe, grüne Paprikaschote von Hand fein hobeln oder im Durchlaufschnitzler mit dem Einsatz für feine Scheiben. Sofort mit der Sauce mischen. Bedeckt 10 Minuten ruhen lassen, mit 1 EL feingehackter Petersilie mischen.

MÖHRENSALAT

1 TL Zitronensaft in die Salatschüssel geben, dazu je 1/4 TL Salz, Zucker und Pfeffer. Mit 125 g Joghurt (1 Becher) und 2 EL Sahne verrühren, 1 EL feingehackte Petersilie hineingeben. 350 g geschälte Möhren und 100 g ungeschälten, geviertelten und entkernten Apfel auf der Handreibe oder im Durchlaufschnitzler fein raspeln und unter die Sauce mischen. Etwa 30 Minuten ziehen lassen, noch einmal mischen und abschmecken.

ROTKOHLSALAT

Je 1/2 TL Salz und Zucker in einer Salatschüssel mit 2 EL Essig und 1 EL Wasser verrühren, bis sich die weißen Körnchen aufgelöst haben. 3 EL Öl und 1/4 TL feinen weißen Pfeffer hineinrühren. 300 g Rotkohl ohne dicke Rippen und 200 g (2 kleine) ungeschälte, geviertelte und entkernte Äpfel auf dem Gurkenhobel oder im Durchlaufschnitzler mit dünner Schneidscheibe fein hobeln. Mit der Sauce mischen, mit Teller und Gewicht beschwert 1 Stunde durchziehen lassen.

RETTICHSALAT

350 g geschälten Rettich auf der Handreibe oder im Durchlaufschnitzler grob in die Salatschüssel raspeln, in der man die Sauce vorbereitet hat. Dafür 1/2 TL Salz in 1 EL Essig auflösen, mit 1/4 TL frisch gemahlenem weißem Pfeffer, 1 Msp. Rosenpaprika, 2 EL Öl und 1 EL Wasser verrühren. Den Salat sofort gut durchmischen und abschmecken. 1 Bund Schnittlauch in sehr feine Röllchen schneiden und kurz vor dem Servieren zum Rettichsalat geben.

ZUCCHINISALAT

In der Salatschüssel eine Vinaigrette anrühren. 1/2 TL Salz in 1 EL Essig und 1 EL Wasser auflösen, mit 2 EL Öl und 1 TL frischen Thymianblättchen verrühren. 400 g ungeschälte Zucchini auf dem Gurkenhobel oder im Durchlaufschnitzler in dünne Scheiben hobeln. Mit der Salatsauce gut mischen, 10 bis 20 Minuten durchziehen lassen. Mit etwa 1/4 TL weißem Pfeffer aus der Mühle würzen, abschmecken und dabei vielleicht noch einige Körnchen Zucker hinzufügen.

KOHLRABISALAT

Zuerst 1/2 Tl Salz in die Salatschüssel geben und in 1 EL Essig auflösen. 2 EL Öl und 1 EL Wasser hineinrühren, 1/4 TL frisch gemahlenen weißen Pfeffer dazugeben. 350 g geschälte Kohlrabi auf der Handreibe oder im Durchlaufschnitzler grob raspeln, gleich in die Sauce hinein. Zarte Kohlrabiblättchen von den Stielen schneiden, fein hacken und unter den Salat mischen. Abschmecken, kurz durchziehen lassen und vielleicht mit frischer Petersilie schmücken.

RADIESCHENSALAT

Etwa 300 g Radieschen putzen, waschen und gut abtrocknen. Mit dem Messer in feine Scheiben schneiden oder rasch durch den Durchlaufschnitzler laufen lassen. Je 1 EL Essig und Wasser mit 1/2 TL Salz verrühren, 2 EL Öl hineinquirlen und die Radieschen daruntermischen. Mit feinen Röllchen von 1 Bund Schnittlauch bestreuen und mit etwas Pfeffer aus der Mühle würzen. Ganz frisch mischen und ebenso frisch genießen.

GURKENSALAT

In der Salatschüssel 1/2 TL Salz mit 2 EL Essig auflösen. 3 EL Öl und 1/4 TL feinen weißen Pfeffer hineinrühren, ebenso etwa 2 EL kleine Würfel einer roten Paprikaschote. Eine etwa 400 g schwere Salatgurke waschen, abtrocknen und mit der Schale auf dem Gurkenhobel oder im Durchlaufschnitzler in dünne Scheiben schneiden. Sofort mit der Sauce mischen, mit etwa 2 EL feingeschnittenem Dill bestreuen.

FENCHELSALAT

Für die Sauce 1/4 TL Salz und 1 Msp. Zucker in die Salatschüssel geben, in 1 EL Zitronensaft und 1 TL Essig auflösen. 2 EL Öl, 1/2 TL Senf und 125 g Joghurt hineinrühren. 400 g geputzten Fenchel von Hand in dünne Streifen schneiden oder durch den Durchlaufschnitzler mit dem Einsatz für grobe Scheiben direkt in die Salatsauce laufen lassen. Gut mischen und kurz durchziehen lassen, abschmecken und mit fein geschnittenem Fenchelgrün bestreut anrichten.

SELLERIESALAT

Zuerst die Sauce in der Salatschüssel zubereiten. Dafür 150 g Crème fraîche mit Zitronensaft und 1/4 TL Salz verrühren. 375 g geschälten Sellerie direkt in die Sauce raspeln, entweder auf einer Handreibe oder im Durchlaufschnitzler mit feiner Raspelscheibe. Sofort mischen, damit das Gemüse hell bleibt. 30 g grob gehackte Walnußkerne und zwei Ringe Ananas, in kleine Stücke geschnitten, untermischen. Ziehen lassen, mit schwarzem Pfeffer aus der Mühle überstreuen.

PORREESALAT

250 g geputzten Porree in 2 oder 3 Stücke schneiden, so daß er gebündelt in den Einfüllschacht des Durchlaufschnitzlers paßt. In dünne Scheiben schneiden, dann kurz und gründlich waschen, im Sieb gut abtropfen lassen. 100 g Crème fraîche mit 4 EL Sahne, 1/4 TL Salz, 1 TL Zitronensaft und 3 bis 4 Tropfen Worcestersauce verrühren, mit weißem, frisch gemahlenem Pfeffer abschmecken. Porreeringe daruntermischen, 30 Minuten ziehen lassen.

VORSPEISEN UND SALATE

GEMISCHTE SALATE mit ihren unterschiedlichen Zutaten können vollwertige Mahlzeiten sein, die durch ein deftiges Butterbrot sinnvoll ergänzt werden. Sie sind am Abend immer willkommen und an heißen Tagen sind sie auch mittags ein bekömmliches und erfrischendes Essen.

KARTOFFELSALAT

500 g festkochende Kartoffeln
1 kleine Zwiebel
1/8 l Fleischbrühe
1/2 TL Salz
1/4 TL Zucker
2 EL Weißweinessig
5 EL Olivenöl
2 EL Borretschblättchen in Streifen
2 EL gehackte Pimpinelleblättchen
50 g Gewürzgurke in Streifchen
2 hartgekochte, grob gehackte Eier

Kartoffeln am Vortag 20 Minuten kochen, kalt abspülen, schälen, abkühlen lassen und zugedeckt im Kühlschrank gut durchkühlen. Erst kalt schneiden, weil die Scheiben dann glatter werden und weniger leicht zerbrechen. Zwiebel schälen, fein würfeln, in der Fleischbrühe aufkochen. Mit Salz und Zucker würzen, über die Kartoffeln gießen und einziehen lassen. Kurz vor dem Servieren Essig und Öl über die Kartoffeln geben und behutsam daruntermischen. Kräuter, Gurke und Eier dazugeben, nochmals mischen und abschmecken. Nach Belieben mit Borretschblüten schmücken. Sollen 4 Personen davon satt werden, die doppelte Menge zubereiten.

GRÜNER SALAT MIT SCHAFSKÄSE

150 g Endiviensalat
100 g Stangensellerie
1/4 TL Salz
1 Msp. schwarzer Pfeffer
2 EL Rotweinessig, 2 EL Olivenöl
200 g weißer Schafskäse
20 g Pecannüsse

Endiviensalat und Stangensellerie putzen, waschen, gut abtropfen lassen oder in einem Tuch abtrocknen. Das Salatgemüse in halbzentimeterbreite Streifen schneiden.
Salz und Pfeffer mit Essig verrühren, das Öl hineinquirlen. Die Sauce über den Salat geben und gut darunterheben. Schafskäse in kleine Stückchen brechen, mit den Nüssen zum Salat geben und diesen noch einmal gut mischen. In den nächsten 10 Minuten servieren, vielleicht als kleines Abendessen mit körnigem Bauernbrot und Butter.

WEIZENKEIMSALAT

300 g Chinakohl
1 Apfel
1 Birne
1 Pfirsich (frisch oder aus der Dose)
100 g Weizenkeime
200 g Hüttenkäse
20 g gehackte Walnußkerne
1/4 TL Salz
1 Msp. weißer Pfeffer
2 EL Essig
2 EL Walnußöl

Chinakohl putzen und in feine Streifen schneiden. Apfel und Birne waschen, vierteln, entkernen und in feine Scheiben schneiden, ebenso den Pfirsich. Die geschnittenen Zutaten in die Salatschüssel geben, dazu Weizenkeime, Hüttenkäse und Walnußkerne. Salz und Pfeffer mit Essig verrühren, das Öl hineinquirlen. Die Sauce über den Salat geben und daruntermischen. Sofort servieren. Salat aus rohen Früchten und Gemüsen sollte wegen der Vitamine nie länger als 10 Minuten stehen. Als Ergänzung dazu Vollkornbrot mit Butter.

Keime selbst ziehen
Um Körner selbst zum Keimen zu bringen, braucht man solche aus dem Reformhaus. Körner zur Freilandaussaat eignen sich keinesfalls, weil sie chemisch behandelt sind. Da die Keime jedoch kurz nach ihrem Erscheinen gegessen werden, hat das Korn keine Zeit, die Chemikalien abzubauen. So würden diese mit verzehrt. Daher nur Körner aus dem Reformhaus verwenden. Diese werden eine Nacht in lauwarmem Wasser eingeweicht, in dem sie zu doppelter Größe aufquellen. Danach im Sieb unter dem Wasserhahn kalt waschen, bis das Wasser klar bleibt. Ein Sieb oder einen Durchschlag mit waagerechtem Boden mit einer doppelten Lage warm ausgespültem Mulltuch auslegen. Die Körner nebeneinander hineingeben und mit einem zweiten warm ausgespülten Mulltuch bedecken. An einem dunklen Ort wie zum Beispiel im Backofen plazieren und bei 20 bis 25° C stehen lassen. Etwa zweimal täglich mit warmem Wasser besprühen, damit die Tücher und Körner feucht bleiben. Die Flüssigkeit darunter auffangen und täglich wegschütten. So wachsen nach einigen Tagen helle zarte Sprossen. Bei Weizen dauert es etwa 3 Tage, Mungobohnen brauchen 4 bis 5 Tage, um etwa 3 cm lange Triebe zu entwickeln und die bis etwa 8 cm langen Sojabohnensprossen benötigen 6 bis 8 Tage für ihre Entwicklung. Danach bis zur Verwendung kühl und feucht aufbewahren, damit sie knackig bleiben. Sie sind vor allem roh für Salate eine leckere, sehr gesunde Zutat.

Kartoffelsalat, Weizenkeimsalat und Salat mit Schafskäse schmecken nicht nur gut. Sie enthalten Mineralsalze, Vitamine, wertvolle Fermente und vieles mehr, was unser Organismus dringend braucht.

VORSPEISEN UND SALATE

CHINAKOHLSALAT MIT MEERESFRÜCHTEN

2 EL Limetten- oder Zitronensaft
je 1/2 TL Salz und Zucker
1/4 TL schwarzer Pfeffer
2 EL Sesamöl
2 EL feingeschnittener Dill
100 g Thunfisch in Öl (Dose)
100 g Schillerlocken
100 g Muschelfleisch natur
100 g Krabbenfleisch
400 g Chinakohl

Für die Sauce in der Salatschüssel Limettensaft mit Salz, Zucker und Pfeffer verrühren. Sesamöl, Dill und Thunfisch grob zerteilt mit Öl hineingeben und locker daruntermischen. Schillerlokken in zentimeterdicke Scheiben schneiden und dazugeben, ebenso Muschelfleisch und Krabben. Den Salat in der Schüssel durchmischen und zugedeckt etwa 15 Minuten ziehen lassen. Chinakohl in feine Streifen schneiden, waschen, sehr gut abtropfen lassen und kurz vor dem Servieren unter den Salat heben. Dazu frisches Brot und kühlen, trockenen Wein servieren.

BUNTE SALATE mit Fisch und Meeresfrüchten sind als Vorspeise geeignet und fürs kalte Büffet. Frisch gemischt und leicht temperiert schmecken sie am besten, auch abends als kleines, leichtes Essen mit Toast und kühlem Wein, der etwas lieblich sein darf.

MUSCHELSALAT

1 kg frische Miesmuscheln
Für den Sud:
1 Bund Petersilie
1 Zweig Thymian
2 EL Zwiebelwürfel
1 geschälte Knoblauchzehe
1 TL Pfefferkörner
1/8 l Sauternes
1 Stück Butter
Für die Sauce:
4 EL Muschelsud, 2 EL Weinessig
1/2 EL Zitronensaft
1/2 TL feingehackter Estragon
Salz und Pfeffer, 4 EL Öl
Zum Anrichten:
100 g Stangensellerie
150 g Frisé- oder Endiviensalat
150 g Feldsalat

Miesmuscheln bekommt man in bester Qualität in der Zeit von Oktober bis April.
Die Muscheln einzeln unter fließendem Wasser bürsten und die Bärte entfernen. Geöffnete Muscheln sind schlecht, sie dürfen nicht verwendet werden. Die gesäuberten Muscheln in einem großen Topf mit Wasser und den Zutaten für den Sud zum Kochen bringen. Dabei den Topf öfter schwenken. Nach wenigen Minuten sind die Schalen geöffnet und die Muscheln fertig. Anschließend im Sud abkühlen lassen. — Für die Sauce die angegebenen Zutaten vermischen und abschmecken. Muschelfleisch aus den Schalen lösen

und in der Sauce ziehen lassen. Stangensellerie in feinste Streifen schneiden, die grünen Salate putzen, waschen und gut abtropfen lassen. Kurz vor dem Anrichten unter das Muschelfleisch mischen und mit Schalen hübsch dekorieren.

Muschelsalat und Bohnensalat mit Fisch sind elegante kleine Speisen, die gut mit frisch geröstetem Toast und einem Glas Sauternes schmecken.

BOHNENSALAT MIT SCHOLLENFILET

400 g junge grüne Bohnen, Salz
2 EL feingehackte Zwiebel
1 EL Walnußöl
2 EL trockener Weißwein
1 Bund Petersilie
300 g Schollenfilets
Für die Sauce:
100 g Magermilchjoghurt
40 g Mayonnaise
1 TL Paprika edelsüß, 1/4 TL Salz
1 Msp. Knoblauchpulver
1 Msp. gemahlener Ingwer
1 Msp. weißer Pfeffer

Bohnen putzen, in 2 l kochendes Wasser mit etwas Salz geben. Das Gemüse 3 Minuten sprudelnd kochen, abgießen und schnell in kaltem Wasser abkühlen, damit es knackig bleibt. Gehackte Zwiebel eine Minute im Öl erhitzen, abseits vom Herd mit Weißwein verrühren, die Bohnen dazugeben und darin schwenken.
Für den Fisch 1/4 l Wasser mit Petersilie und 1 TL Salz aufkochen. Die Schollenfilets hineinlegen, nicht aufkochen, sondern abseits vom Herd zugedeckt im Sud ziehen und abkühlen, dann abtropfen lassen. Mit den Bohnen hübsch anrichten. Die Sauce aus den genannten Zutaten bereiten und abschmecken. Kurz vor dem Servieren über die Schollenfilets geben.

SUPPEN UND EINTÖPFE

»Die Suppe ist für ein Diner dasselbe, was ein schönes Vestibül für ein Haus ist«, erkannte der französische Gastrosoph Balthasar Grimod de la Reynière in seinem, dem 18. Jahrhundert. Was er sagte, betrifft natürlich die Suppe als Vorspeise. Jenes Gericht, das den vorher Hungrigen friedlich und zufrieden stimmt und durch seine Leichtigkeit aufgeschlossen macht für die folgenden Genüsse. Wie geschaffen als Suppen vorweg sind die Klaren Brühen mit leichten Einlagen wie Gemüsejulienne oder Schaumklößchen; sind die Cremesuppen, aber auch die großartigen kalten Suppen, wie die französische Vichyssoise und die spanische Gazpacho.
In diesem Kapitel wird eine Serie leckerer Süppchen serviert, die natürlich auch das gute tägliche Mittagessen eröffnen können. Es muß ja nicht gleich ein Diner sein. Wie schön, daß die neuen deutschen Cremesuppen mit den mehlgebundenen Suppen unserer Großmütter nichts mehr gemein haben. Diese hier sind von besonderer Art. Erstens basieren sie fast ausschließlich auf würzigen Brühen. Zweitens haben sie alle das, was die moderne Suppenküche auszeichnet: Ihre Bindung besteht vorwiegend aus der pürierten Hauptzutat, die durch Sahne, Eigelb oder Crème fraîche vollendet wird. Daß die Gemüsesorten und alle anderen Zutaten für gute Suppen von bester Beschaffenheit sind, sollte für alle überzeugten Kreativen am Herd selbstverständlich sein.
Nicht anders ist es mit den Eintöpfen bestellt, jenen sättigenden Gerichten, die hierzulande so beliebt sind. Ihre tagesfrischen Zutaten sollen optimal harmonieren und ein kulinarisches Ganzes bilden. Aber — so kompliziert das auch klingt — jede Zutat soll ihren spezifischen Charakter bewahren. Dann schmeckt's.

SUPPEN UND EINTÖPFE

SUPPENEINLAGEN können sehr gut auf Vorrat zubereitet und eingefroren bis zu 6 Monaten aufbewahrt werden. Ebenso die klaren Brühen, die mit einer solchen Einlage schnell heiß auf dem Tisch stehen können. Am besten ist es, Tagesportionen einzufrieren oder Einlagen wie Klößchen auf einem Tablett zu gefrieren und dann in Dosen im Tiefkühlschrank aufzuheben, damit man sie einzeln entnehmen kann.

Klößchen auch aus feiner Fischfarce (Seite 24 und 64 f.) zubereiten, oder Fleischfarcen und Knödelteige dafür verwerten. Abgebackene Klöße auch einmal mit Grieß und Vollkornmehl anrühren. Mit Teelöffeln Quenelles formen oder mit den Händen runde Klößchen rollen.

Gemüse-Julienne wird in feinste Streifen geschnitten. Zum sofortigen Gebrauch festes Gemüse wie Möhre und Sellerie 1 Minute in Fett andünsten. Zartes Gemüse wie Porree, Paprikaschote und Frühlingszwiebel roh in die Brühe geben und nur einmal aufkochen.

Chiffonade (aufgerolltes, in Streifen geschnittenes Blattgemüse wie Sauerampfer, Spinat, Mangold) und Kräuter nur frisch in die kostbare Fleischbrühe geben. Dabei Basilikum, Petersilie und Schnittlauch bevorzugen.

1 **Grünkern mahlen.** Die Getreidemühle mit Kegelmahlwerk am senkrecht hochgestellten Arm der Bosch-Küchenmaschine ansetzen. Grünkern auf Stufe 3 mehlfein mahlen.

2 **Teig abbacken.** Wasser und die Butter aufkochen. Das Grünkernmehl auf einmal hineinschütten und mit dem Holzlöffel rühren, bis ein fester Kloß entstanden ist.

Frisch gegarte Grünkernklößchen werden hier in einer doppelten Kraftbrühe mit gehackter Petersilie serviert. Teller dafür immer vorwärmen, damit die Brühe nicht so schnell abkühlt.

GRÜNKERNKNÖPFLE

Rezept für 30 Stück:

75 g Grünkern

1/8 l Wasser, 30 g Butter

1 Ei, 1/4 TL Salz

je 1 Msp. Pfeffer und Muskatnuß

1 EL gehackte Petersilie

Grünkern selbst mahlen oder als Mehl kaufen. Zu einem Teig abbacken, etwas abkühlen lassen und mit den übrigen Zutaten mischen. Wie Markklößchen formen und garen, nur 5 Minuten länger.

1 **Flädle backen.** Jeweils 1/6 des Teiges in das heiße Fett geben und dünn verlaufen lassen, während man die Pfanne schwenkt. Wenn der Teig fest ist, wenden und fertig backen.

2 **Schneiden und Servieren.** Flädle zur Abwechslung mit Kräuterkäse oder Leberfarce bestreichen. Aufrollen, in feine Streifen schneiden und in der Tasse mit heißer Brühe übergießen.

FLÄDLE

70 g Mehl (auch Vollkornmehl)

1 Ei, 1/8 l Milch

1/4 TL Salz

Öl oder Butter zum Backen

Mehl zuerst mit Ei, dann mit Milch und Salz glatt verrühren. In einer Pfanne mit 20 cm ∅ über mittlerer Hitze etwas Fett erhitzen und 6 dünne Pfannkuchen backen.

1 **Die Zutaten mischen.** Das Rindermark aus den Knochen schaben. Eier, Semmelbrösel, Salz, Muskat und Petersilie dazugeben. Mit einer Gabel alles gut vermischen.

2 **Klößchen formen und garen.** Mit 2 Teelöffeln kleine Klößchen formen, in das leise siedende Wasser legen und in etwa 10 Minuten garziehen lassen, aber nicht kochen!

MARKKLÖSSCHEN

Rezept für 25 Stück:

60 g Rindermark, 2 Eier

80 g Semmelbrösel

1/4 TL Salz

1 Msp. geriebene Muskatnuß

2 EL gehackte Petersilie

Für den Teig 4 Markknochen kaufen, die eine weite Öffnung haben. Etwa 1 l Wasser mit 1 EL Salz über mäßiger Hitze zum Kochen bringen. Die Klößchen darin garen und mit einer Siebkelle herausheben.

1 **Im Wasserbad garen.** Die Schüssel mit den Eiern in Wasser hängen, das knapp unter dem Siedepunkt bleibt. Mit Alufolie bedeckt 15 bis 20 Minuten garen, dann auf ein Brett stürzen.

2 **Eierstich formen.** Mit einem Messer kleine Würfel schneiden oder mit Formen Sternchen, Herzen usw. ausstechen. Die Reste feingehackt später verwerten.

EIERSTICH

2 Eier

4 EL Milch

1/4 TL Salz

1 Msp. geriebene Muskatnuß

weiche Butter für die Schüssel

Eier, Milch und Gewürze verquirlen, nicht schaumig schlagen. Eine Schüssel mit geradem Boden mit Butter einfetten, Eiermilch hineingießen und bei 90° C im Wasserbad stocken lassen.

SUPPEN UND EINTÖPFE

CREMESUPPEN aus dem Mixer sind immer ganz frisch, ganz fein und im Handumdrehen fertig. Mehl und Speisestärke brauchen wir dafür nicht mehr. Das Gemüse wird nur knapp gegart und nicht nach alter Machart durch ein Sieb gestrichen. Es würde dabei Vitamine und seine frische Farbe verlieren. Die eleganten Cremesuppen von heute sind fein gebunden durch natürliche Ballaststoffe, die unser Essen gesünder machen. Sahne und Eigelb runden geschmacklich ab, auch passende kleine Reste wie helle Sauce, Suppe oder Gemüse. Das gilt zum Beispiel auch für eigene Kreationen aus Sellerie, Möhren und Champignons, die nach den Musterbeispielen auf diesen Seiten selbst komponiert werden können.

ERBSENCREMESUPPE

1 Zwiebel

20 g Butter

300 g junge Erbsen ohne Schale

3/4 l Hühnerbrühe

1/8 l Sahne

Salz, weißer Pfeffer

1 EL Minze oder Petersilie, gehackt

1 **Zwiebel anschwitzen.** Sie wird zuerst fein gewürfelt. Dann Butter über mäßiger Hitze aufschäumen lassen, Zwiebelwürfel dazugeben und rühren, bis sie gelb und glasig sind.

2 **Erbsen andünsten.** Frische Erbsen palen und dabei mit etwa 60 % Abfall rechnen. Die Erbsen zu der Zwiebel geben und rühren, bis sie heiß sind und zu duften beginnen.

3 **Fleischbrühe dazugießen.** Sie soll kräftig sein und die Suppe würzen. Kalt oder heiß dazugießen, aufkochen und die Erbsen je nach Zartheit in 5 bis 10 Minuten knapp garen.

4 **Erbsen pürieren.** Das Gemüse in ein Sieb schütten, die Brühe auffangen. Den Mixer auf höchste Stufe einschalten, Erbsen durch die Öffnung im Deckel hineingeben.

5 **Die Suppe cremig machen.** Etwas Brühe nach und nach zugießen, bis die Suppe dickflüssig und cremig ist. In den Topf mit übriger Brühe gießen, verrühren und aufkochen.

SPINATCREMESUPPE

100 g mehlig kochende Kartoffeln

1 EL Butter (20 g)

1 Knoblauchzehe, geschält

3/4 l Milch

1 Msp. Fleischextrakt

300 g Spinat

1 TL Salz, 1/4 TL weißer Pfeffer

1/4 TL geriebene Muskatnuß

1 hartgekochtes Ei (10 Minuten)

Kartoffeln schälen, waschen und in kleine Stücke schneiden. Butter über mäßiger Hitze schmelzen, Kartoffeln und Knoblauch hineingeben und 2 Minuten andünsten. Milch und Fleischextrakt dazugeben und die Suppe 10 Minuten kochen.
Inzwischen Spinat verlesen, waschen und abtropfen lassen. Zur Suppe geben, untermischen und in einer Minute zusammenfallen lassen. Die Suppe in ein Sieb schütten, die Flüssigkeit darunter auffangen. Die festen Bestandteile in den laufenden Mixer geben und fein pürieren, bei Bedarf etwas Flüssigkeit hinzufügen. Mit der übrigen Flüssigkeit einmal aufkochen, mit Salz, Pfeffer und Muskat abschmecken. Feingehacktes Ei beim Anrichten darüberstreuen.

6 **Mit Sahne verfeinern.** Die Erbsencremesuppe mit der Sahne verrühren und mit Salz und Pfeffer abschmekken. Kurz erhitzen, mit feingehackter Minze oder Petersilie bestreuen.

SPARGELCREMESUPPE

500 g Spargel
1/8 l Sahne, 1 Eigelb
1/2 TL Muskatblüte, gemahlen
1 TL Salz, 1 EL Butter

Spargel schälen, ohne Spitzen in kleine Stücke schneiden, 10 Minuten in 1/2 l Wasser kochen, pürieren. Mit Spargelbrühe und -spitzen 5 Minuten kochen. Sahne und Eigelb verquirlen, in die Suppe rühren und kurz erhitzen. Mit Muskat, Salz und Butter abschmecken.

TOMATEN-CREMESUPPE

100 g Zwiebeln
50 g fetter Speck
1/4 l kräftige Rindfleischbrühe
1 kg Tomaten
1/8 l Crème fraîche
Salz und schwarzer Pfeffer
1 EL Basilikum, gehackt

Zwiebeln abziehen und grob zerschneiden. Speck fein würfeln, über mäßiger Hitze nur hell bräunen. Fleischbrühe angießen, 10 Minuten kochen. Die Tomaten in Viertel schneiden, die Kerne mitsamt der feuchten Umgebung herausdrücken. Das Tomatenfleisch in den laufenden Mixer geben und pürieren. Durch ein Sieb zur Fleischbrühe geben, damit störende Schalen zurückbleiben. Die Suppe 2 Minuten kochen, Crème fraîche mit dem Schneebesen darin verrühren. Mit Salz und Pfeffer abschmecken, mit Basilikum bestreut anrichten.

SUPPEN UND EINTÖPFE

KALTE SUPPEN. Die Rezepte auf diesen Seiten sind klassische Beispiele für kalte Suppen, die besonders an heißen Tagen so erfrischend und wohltuend sind. Sie schmecken rein, fein und rund, weil sich alle Aromen in kalten Cremesuppen frei entfalten können. Mögen sie anregen zu weiteren Kaltschalen, die im Mixer besonders schnell zu einer geschmacklichen Einheit verschmelzen. Hauptsache, die Gemüse sind erntefrisch knackig und die Früchte vollreif. Letztere sind vor allem den süßen Kaltschalen vorbehalten, die teils mit rohem und teils mit gedünstetem Obst zubereitet werden können.

AVOCADOCREME

3 reife Avocados
1/4 l Hühnerbrühe
1/4 l Sahne
2 TL Zitronensaft
Salz und weißer Pfeffer
1 EL feingeschnittener Dill

Reife Avocados geben auf Druck etwas nach, ihre Schale sitzt locker und läßt sich von den halbierten und entsteinten Früchten leicht abziehen. Das Fruchtfleisch durch ein Sieb streichen oder im Mixer pürieren, dabei nach und nach etwas Hühnerbrühe dazugeben, damit das Püree ganz fein wird. Avocadocreme mit Brühe, Sahne und Zitronensaft verrühren, mit Salz und Pfeffer würzen und mit feingeschnittenem Dill anrichten.

CREME VICHYSSOISE

Vichyer Rahmsuppe

300 g mehlig kochende Kartoffeln
300 g Porree mit wenig Grün
1 Zwiebel
40 g Butter
1 l Hühnerbrühe
4 EL Sahne oder mehr
Salz und schwarzer Pfeffer
2 EL feine Schnittlauchringe

Kartoffeln waschen, schälen und würfeln. Porree putzen, in Ringe schneiden und waschen. Zwiebel schälen, würfeln und in Butter glasig dünsten. Kartoffeln, Porree und Hühnerbrühe dazugeben, 30 Minuten kochen und durch ein Sieb streichen. Oder die Suppe nur 10 Minuten kochen und etwas abgekühlt im Mixer pürieren. Mit Sahne verrühren, mit etwas Salz und frisch gemahlenem Pfeffer abschmecken. Vichyssoise heiß oder kalt mit Schnittlauch bestreut anrichten. In die gut gekühlte Suppe noch etwas mehr Sahne oder Milch rühren, um sie schlanker zu machen.

In den Tellern machen Appetit: Gazpacho aus dem Mixer, mit Brot, Ei und Gemüse bestreut, Avocadocreme mit Dill und Fruchtstreifen, Gazpacho aus von Hand gehackten Zutaten und Vichyssoise mit Schnittlauchringen.

GAZPACHO

Kalte Gemüsesuppe spanische Art

300 g geschälte, entkernte Salatgurke
150 g rote und grüne Paprikaschote
250 g abgezogene, entkernte Tomaten
1 geschälte Zwiebel
1 abgezogene Knoblauchzehe
3/4 l kaltes Wasser
4 EL Olivenöl
50 g Weißbrot vom Vortag ohne Rinde
2 TL Salz
1 TL Paprika edelsüß
1/4 TL weißer Pfeffer
1 Msp. gemahlener Kreuzkümmel
1 EL Weißweinessig

Zum Bestreuen:

4 EL kleine Weißbrotwürfel
2 EL Olivenöl
2 EL rote Paprikawürfel
2 EL grüne Paprikawürfel
2 EL frische Gurkenwürfel
1 hartgekochtes, gehacktes Ei
2 EL feine Ringe Frühlingszwiebel

1 **Gemüse würfeln.** In Streifen geschnittene Gurke, Paprikaschoten und Tomaten zusammenfassen, in Scheiben schneiden und so würfeln. Zwiebel würfeln, Knoblauch zerquetschen.

2 **Gemüse fein hacken.** Mit einem großen Messer, das am Schaft genug Spielraum für die Hand läßt, das Gemüse fein zerhacken. Die Messerspitze dabei auf dem Brett festhalten.

3 **Wasser zugießen,** nachdem man alle vorbereiteten Zutaten und Öl in eine Schüssel gegeben hat.

4 **Brot und Gewürze zugeben,** das Brot fein gewürfelt, ebenso den Essig. Gut kühlen, noch einmal abschmecken. So hat die Suppe Biß beim Genuß, man schmeckt die einzelnen Gemüsesorten deutlich heraus.

5 **Die Suppe pürieren.** Einfacher und schneller ist die Zubereitung im Mixer, in dem das grob geschnittene Gemüse (Tomaten mit der Haut) in zwei Portionen nacheinander in Sekunden püriert ist. Es entsteht eine cremige Suppe, in der sich die Zutaten geschmacklich harmonisch vereinen. Die frisch pürierte Suppe würzen, gut kühlen und noch einmal abschmecken.

SUPPEN UND EINTÖPFE

Wenn in den Gärten das Gemüse reift und die Tage lang und heiß sind, locken uns die leichten Eintöpfe mit wenig oder ganz ohne Fleisch, mit viel frischem Gemüse und Kräutergrün. Sie schmecken und bekommen gleich gut, und das nicht nur zur Sommerzeit, weil fast jedes Gemüse rund ums Jahr frisch oder tiefgefroren greifbar ist. Reichen Erntesegen und preiswerte Angebote auf dem Markt können wir auch für die anderen Jahreszeiten nutzen, indem wir die verschiedensten Gemüse einzeln oder auch gemischt selbst einfrieren.

EINTOPF SOMMERGARTEN

oder Schnüsch aus Angeln

300 g enthülste große Bohnen
3 TL Salz
3/4 l Wasser
300 g Möhren
300 g Frühkartoffeln
300 g grüne Bohnen
300 g enthülste junge Erbsen
3/4 l Milch, 30 g Butter
1 Tasse feingehackte Petersilie

Große Bohnen und 2 TL Salz in kochendes Wasser geben, zugedeckt leise sieden lassen. Möhren und Kartoffeln schälen und in Scheiben schneiden, grüne Bohnen putzen und in 3 cm lange Stücke schneiden. Nach 10 Minuten zu den großen Bohnen geben, nach weiteren 10 Minuten die Erbsen hinzufügen und wieder 10 Minuten später das Gemüse abgießen und in eine vorgewärmte Terrine füllen. Milch mit Butter, 1 TL Salz und Petersilie aufkochen, über das Gemüse gießen und den Schnüsch ganz heiß aus Suppentellern löffeln. Dazu Katenschinken vom Brett essen.

GEMÜSERAGOUT AUS NIZZA

Ratatouille

500 g Auberginen
500 g Zucchini
750 g Tomaten
2 grüne Paprikaschoten
1 Bund Frühlingszwiebeln mit Grün
6 EL Olivenöl
2 TL Salz
2 geschälte Knoblauchzehen
1/2 TL schwarzer Pfeffer
2 EL frischgehacktes Basilikum
3 EL feingehackte Petersilie

Auberginen geschält und Zucchini ungeschält in 3 cm große Stücke schneiden. Tomaten in kochendes Wasser tauchen, kalt abspülen, enthäuten, vierteln, und entkernen. Paprikaschoten vierteln, entkernen, waschen und auch in 3 cm große Stücke schneiden. Zwiebeln putzen und mit ihrem Grün in feine Ringe schneiden.
Öl in einer tiefen Pfanne über großer Hitze leicht zum Rauchen bringen. Jede Gemüsesorte für sich hineingeben und unter ständigem Wenden 2 Minuten anbraten. Anschließend in einer ofenfesten Schüssel mit den rohen Zwiebelringen mischen. Das Bratfett mit wenig Wasser verkochen, damit sich der Bodensatz löst. Salz und Knoblauch in Scheibchen auf einem Brett mit schwerer Messerklinge oder im Mörser zerreiben und zerquetschen. Mit Bratenfond und Pfeffer verrühren, gleichmäßig über das Gemüse löffeln. Bei 200° C auf der unteren Schiebeleiste in den Backofen schieben und unbedeckt etwa 30 Minuten garen. Feingehackte Kräuter in der letzen Minute daruntermischen. Das Ratatouille heiß bis kalt servieren.

WIRSINGTOPF MIT LAMM

750 g Lammfleisch von Brust oder Schulter
1 EL Öl, 2 Knoblauchzehen
1 Stengel Liebstöckel
1/2 l Weißwein
2 Möhren, 2 Kartoffeln
750 g zarter Sommerwirsing
500 g Tomaten
Salz und Pfeffer
2 EL feingehackte Petersilie

Das Fleisch in große Stücke schneiden. Öl im Schmortopf heiß werden lassen, bis es leicht raucht. Fleisch darin braun anbraten. Geschälte und feingewürfelte Knoblauchzehen und den Liebstöckel dazugeben, Weißwein am Topfrand langsam angießen. Hitze reduzieren und das Fleisch 45 Minuten leise sieden lassen. Inzwischen Möhren und Kartoffeln schälen. Möhren in Scheiben, Kartoffeln in Würfel und Wirsing ohne dicke Rippen in Streifen schneiden. Das Gemüse in 3 l stark kochendes Wasser geben, 2 Minuten aufwallen lassen, in ein Sieb schütten und schnell in kaltem Wasser abkühlen. Tomaten häuten, vierteln und entkernen.
Das gegarte Fleisch aus dem Weinsud heben, von den Knochen lösen und in kleine Stücke zerteilen. Möhren und Kartoffeln in den Sud geben, 10 Minuten kochen. In ein Sieb schütten, den Sud mit Salz und Pfeffer kräftig würzen. Alles Fleisch, Gemüse und Kartoffeln in einen feuerfesten Topf schichten, mit dem würzigen Sud übergießen und zugedeckt im Ofen bei 150° C etwa 30 Minuten fertiggaren. Vor dem Servieren mit Petersilie bestreuen.

Wirsingtopf mit Lamm gehört zu den beliebten Gemüseeintöpfen im Sommer. Das Gericht ist leicht bekömmlich und läßt sich obendrein gut vorbereiten.

SUPPEN UND EINTÖPFE

CASSOULET ist die berühmte Eintopfspezialität aus der Gascogne, einer Landschaft im Südwesten Frankreichs. Wie bei fast allen Spezialitäten gibt es auch davon zahlreiche Varianten, die uns zeigen, wie wandelbar dieser schmackhafte Eintopf ist. Er ist ein ideales Essen für Gäste, weil Cassoulet rechtzeitig zubereitet werden kann und im Ofen gebacken lange servierbereit bleibt, so daß auch späte Gäste auf ihre Kosten kommen. Cassoulet ist auch praktisch für viele Gäste, denn ein großer Bräter faßt etwa 12 Portionen zum Sattessen.

Für ein Cassoulet werden die Zutaten immer erst gegart und anschließend in ein ofenfestes Geschirr geschichtet. Sie werden mit den Kochbrühen übergossen, bis die Flüssigkeit die obere Bohnenschicht erreicht, aber nicht bedeckt. Mancher liebt das Cassoulet mit Kruste. Dann mit einer dicken Schicht aus Semmelbröseln bedecken und mit würziger Brühe vorsichtig befeuchten, damit die Brösel nicht zwischen den Bohnen versinken. Backen, bis die Oberfläche knusprig und gebräunt ist. In der Backzeit von zwei und mehr Stunden behutsam ins Cassoulet drücken, damit es nicht zu dunkel wird und sich eine neue Kruste bildet.

Cassoulet kann man in beliebig großer Menge zubereiten. Hat man alles im Topf, bei 220° C erhitzen, bis die Flüssigkeit zu sprudeln beginnt. Dann auf 150° C zurückschalten und 1 bis 2 Stunden weiter garen. Das fertige Cassoulet soll ein wenig saftig und ganz weich sein, so daß Fleisch, Bohnen und Gemüse auf der Zunge zergehen.

Für ein Cassoulet auf Toulouser Art braucht man 750 g eingemachte Gans, »Confit d'Oie«. Die Gans wird dafür 2 bis 3 Tage gepökelt, abgetrocknet, in halb Schweineschmalz und halb eigenem Fett 2 Stunden schwimmend gegart. Fleisch kalt von den Knochen lösen, in Steinzeugtöpfe schichten und mit Fett zuschmelzen, damit alle Zwischenräume ausgefüllt sind und die kalte Fettschicht an der Oberfläche das Fleisch etwa 2 cm hoch bedeckt. So hält sich die Gans von Herbst bis Frühjahr in einem kühlen Raum. Sie gehörte zum bäuerlichen Vorrat, als es noch keine Gefriergeräte gab. Im kleinen Haushalt von heute können wir für ein Cassoulet auf Toulouser Art sehr gut Gänsekeulen nehmen, die, wie in unserem Rezept beschrieben, vorbereitet werden.

Cassoulet nach Art der Carcassonne ist dem Toulouser ähnlich. Man läßt die Wurst weg, reduziert die eingemachte Gans um die Hälfte und verwendet dafür je 300 g Lamm- und Schweinefleisch, das in großen Würfeln angebraten und mit den Tomaten eine Stunde geschmort wird.

CASSOULET AU CANARD
Bohneneintopf mit Ente

1 Ente, etwa 1 kg schwer
1/2 EL gehackte Kräuter (Thymian, Rosmarin, Petersilie, Beifuß)
1/2 TL Pfeffer, 1 TL Salz
600 g weiße Bohnen
200 g Sellerie mit Grün
1 Petersilienwurzel mit Kraut
200 g Porree
2 Stengel Thymian, 1 Lorbeerblatt
1 Knoblauchzehe, 2 TL Salz
600 g Schweinsfüße
100 g durchwachsener Räucherspeck
1,5 l Wasser
1 EL Schweineschmalz
1 geschälte Zwiebel
100 g Möhre, 300 g Tomaten
1 Kochwurst mit Knoblauch

Am Vortag die Ente mit einem stabilen Messer in der Rücken- und Brustlinie durchschneiden. Keulen und Flügel in den Gelenken durchtrennen, den Rumpf zwischen den Rippen in je zwei Stücke schneiden. Kräuter, Pfeffer und Salz mischen, das Fleisch damit einreiben, zugedeckt über Nacht in den Kühlschrank stellen. Bohnen in einer Schüssel mit der doppelten Menge von kaltem Wasser übergießen und mindestens 6 bis 8 Stunden einweichen. Oder über starker Hitze aufkochen, abseits vom Herd eine Stunde stehen lassen und so auf die schnellste Art ausquellen lassen.

Am nächsten Tag eingeweichte Bohnen abgießen und in einen großen Topf geben. Sellerie und Petersilienwurzel schälen, Porree putzen. Das Gemüse waschen, mit Thymian und Lorbeerblatt zusammenbinden. Knoblauchzehe abziehen, in Scheiben schneiden, mit Salz bestreuen und unter einer Messerklinge fein zerreiben. Mit Kräuterbündel, Schweinsfüßen und Speck zu den Bohnen geben. 1,5 l kaltes Wasser dazugießen und, wie in der Bildfolge beschrieben, weiterverfahren. Ente, wie bei Bild 2 gezeigt, anbraten. Man kann sie dann auch im Ofen garen, wenn neben dem Bohnentopf noch Platz ist.

Zwiebel grob würfeln. Möhre schälen und in Scheiben schneiden. Tomaten in kochendes Wasser tauchen, kalt abspülen, enthäuten, vierteln, und entkernen. Die Wurst von der Haut befreien und in Scheiben schneiden. Dann wie bei Bild 3 beschrieben weiterarbeiten.
Sind die Bohnen fertig, das Kräuterbündel ausdrücken und entfernen. Schweinsfüße für ein anderes Essen verwenden. Oder weiche Schwarten ohne Borsten und zartes Fleisch von den Knochen lösen und in sehr kleine Würfel, Speck in etwa 2 cm große Stücke schneiden.
Das Cassoulet einschichten. In einen großen Topf oder Bräter zuerst ein Drittel der Bohnen geben, darauf Fleisch, Speck und Wurst. Das Gemüse in die Zwischenräume füllen und darüber die restlichen Bohnen verteilen, die alles gut bedecken sollen. Den Bratenfond der Ente mit der Bohnenbrühe verkochen und den Eintopf damit bis zu der oberen Bohnenschicht auffüllen. Offen auf der unteren Leiste in den Ofen schieben und ohne umzurühren etwa 2 Stunden garen.

1 **Mit Wasser auffüllen.** Bohnen in einen Topf geben, dazu Schweinsfüße, Speck, Kräuterbündel und Knoblauch. Mit Wasser auffüllen, zugedeckt im Ofen bei 180° C 2 Stunden garen.

2 **Die Ente anbraten.** Schmalz in einer Pfanne stark erhitzen, die marinierten Entenstücke darin braun anbraten. Über schwacher Hitze zugedeckt noch etwa 45 Minuten schmoren.

3 **Möhren und Zwiebeln andünsten.** Etwas Bratfett von der Ente in einen Topf geben, dazu Zwiebelwürfel und Möhrenscheiben. Unter Rühren 10 Minuten dünsten, Tomaten beifügen.

4 **Cassoulet einschichten.** Ein Drittel der Bohnen in den Topf oder Bräter schichten, dann Fleisch, Wurst und Gemüse. Mit Bohnen bedecken, mit Bratensaft und Brühe auffüllen.

Für Confit d'Oie eine 7 kg schwere Gans mit einer Mischung aus 250 g Salz, 125 g Zucker , 1/4 TL Thymian, 1/2 Lorbeerblatt und 1 Nelke einreiben.

Voll Saft und Kraft ist das Cassoulet mit Ente. Kühles Bier schmeckt gut dazu und vielleicht auch ein eiskalter Schnaps, der für bessere Bekömmlichkeit deftiger Speisen sorgt.

SUPPEN UND EINTÖPFE

HERZHAFTE EINTÖPFE können leicht und bekömmlich sein, wenn sie mit wenig Fett nur knapp gegart werden. Gerade so, daß sich alle Geschmacksstoffe voll entfalten und möglichst viele Vitamine erhalten bleiben.

BORSCHTSCH

1 l Rindfleischbrühe
500 g Rinderbrust
1 geschälte Zwiebel
400 g rote Rüben
200 g Tomaten
20 g Butter
2 EL Rotweinessig
1 TL Zucker, 1 TL Salz
125 g Weißkohl in Streifen
50 g gekochter Schinken
1 Frankfurter Würstchen (etwa 60 g)
4 Stengel Petersilie
1 kleines Lorbeerblatt
schwarzer Pfeffer
1/8 l dicke, saure Sahne

Rindfleischbrühe (Seite 12) zubereiten, dabei die Rinderbrust dazugeben und etwa 60 Minuten garen. Das schiere Muskelfleisch von Knochen, Fett und Häuten trennen, mit Brühe bedeckt abkühlen lassen und zugedeckt in den Kühlschrank stellen. Kalt zentimetergroß würfeln; Fleisch läßt sich so leichter und schöner schneiden. Zwiebel fein würfeln, rote Rüben schälen und in 3 mm dicke Streifen schneiden. Tomaten in kochendes Wasser tauchen, kalt abspülen, schälen, vierteln, entkernen und ebenfalls würfeln. Butter im Suppentopf über mittlerer Hitze aufschäumen lassen, Zwiebeln darin unter ständigem Rühren weich dünsten. Rote Rüben dazugeben, auch Tomaten, Essig, Zucker, 1/2 TL Salz und 1/8 l Rindfleischbrühe. Über schwacher Hitze zugedeckt etwa 30 Minuten leise sieden lassen.

Inzwischen Weißkohl ohne dicke Rippen in Streifen schneiden, Schinken in zentimetergroße Würfel und das Würstchen in zentimeterdicke Scheiben. Übrige Rindfleischbrühe mit dem Kohl zum Kochen bringen. 1/2 TL Salz, Schinken-, Würstchen- und Rindfleischwürfel hinzufügen und ein Kräuterbündel aus Petersilie und Lorbeerblatt in die Suppe legen. Knapp bedeckt etwa 20 Minuten leise sieden lassen, dann in den Topf zu den roten Rüben schütten. Das Kräuterbündel entfernen, die Suppe mit schwarzem Pfeffer und vielleicht noch einer Prise Zucker abschmecken. In Suppentassen anrichten, bei Tisch saure Sahne hineinrühren, nach Belieben auch gehackte Petersilie oder feingeschnittenen Dill darüberstreuen.

PICHELSTEINER

auch Pickel-, Püchel- oder Büchelsteiner

250 g Rindfleisch aus der Schulter
250 g Lammfleisch aus der Keule oder Schweinefleisch vom Nacken
3 Zwiebeln
1 EL Schmalz
1 TL Salz, 1/2 TL Pfeffer
1 Msp. Majoran
1/2 l Rindfleischbrühe
250 g Möhren
150 g Sellerie
400 g mehlig kochende Kartoffeln
200 g Porree ohne dunkles Grün
4 EL feingehackte Petersilie

Fleisch in 2 cm große Stücke schneiden. Zwiebeln schälen und würfeln. Schmalz in einem Schmortopf über mäßiger Hitze heiß werden lassen, das Fleisch darin hell anbraten, öfter wenden. Dann Zwiebeln dazugeben, ebenfalls hell bräunen. Salz, Pfeffer, Majoran und heiße Rindfleischbrühe beifügen, das Fleisch zugedeckt über schwacher Hitze eine Stunde garen.

Inzwischen Möhren, Sellerie und Kartoffeln schälen und in zentimetergroße Würfel schneiden. Porree putzen, längs vierteln und in ebenso große Stücke schneiden. Zum Fleisch geben, alles gut mischen und den Eintopf eine weitere halbe Stunde leise siedend garen. Dabei nicht umrühren, aber den Topf ab und zu rütteln, damit nichts ansetzt. Abschmecken und bei Bedarf etwas mehr von den genannten Gewürzen hinzufügen. Mit gehackter Petersilie bestreut anrichten. Zum Pichelsteiner ein kühles Bier genießen.

Pichelsteiner ist auch ein praktisches, immer willkommenes Essen mit vielen Gästen. Die größeren Mengen schichtet man am besten in je 3 Lagen in einen großen Bräter. Zuerst angebratenes und gewürztes Fleisch und als Abschluß Kartoffel-Gemüsemischung mit Salz und Pfeffer bestreut. Wer mag, kann die Oberfläche mit Butterflöckchen besetzen. Oder mit Rindermark, das man aus Markknochen herausdrückt, in Scheiben schneidet und diese nebeneinander auf die fest eingeschichteten Zutaten legt. Den Bräter nur bis 2 cm unter dem Rand füllen, damit der Ofen sauber bleibt. Etwa 4 cm hoch Brühe angießen, den Bräter mit Alufolie verschließen und bei 175° C in den vorgeheizten Backofen schieben. Je mehr, um so länger, weil die Menge die Zeit bis zum Siedepunkt bestimmt und erst dann die Garzeit von etwa 60 Minuten beginnt.

Russischer Borschtsch, rot leuchtend in der weißen Tasse, und im Kupfertopf ein herzhafter Pichelsteiner, den man auch mit Kohl zubereiten kann, sind traditionsreiche Spezialitäten. Heutzutage werden sie auf moderne Art kürzer und knackiger gegart.

Die neue deutsche Küche hat den Fisch für sich entdeckt. Sie lebe hoch. Denn was bisher — einfallslos gebraten und fritiert — auf die Tische geriet, war eher ein trauriger Abklatsch dessen, was mit Fisch — ob aus dem Süßwasser oder aus dem Meer — möglich ist. Was heute oft in guten Häusern angeboten wird, kann wieder eine Offenbarung für den Feinschmecker sein. Wie zum Beispiel die zarten

FISCHE UND MEERESFRÜCHTE

Forellenklößchen in diesem Kapitel. Sie werden auf Spinat mit Safran-Velouté serviert. Oder die gefüllten Schollen im eigenen Saft mit Sahnesauce und Tomatenwürfelchen. Die Meeresfrüchte hatten bisher übrigens auch kein besseres Schicksal in der deutschen Küche. Man denke nur an den unter einer Wucht von dressierter Mayonnaise versteckten Hummer, unter der zugleich sein unvergleichlicher Geschmack verschwand. Wenn er nicht schon vorher weggekocht war. Nein, heute garen wir den Fisch à la minute, geben ihm die samtigen Saucen bei, die sein zartes Aroma verdient und auch Gemüse, mit dem er harmoniert. Einmal in der Woche Fisch zu servieren, ist gewiß ein guter Rat. Denn er kann zur absoluten kulinarischen Köstbarkeit aufgearbeitet werden. Ihn zu genießen, ist ein Vergnügen, das uns gewiß dazu bringt, Oscar Wildes Worte zu bestätigen: »Nach einem guten Essen kann man allen verzeihen, selbst seinen Verwandten.«

FISCHE UND MEERESFRÜCHTE

BEIM BRATEN brauchen Fische eine schützende Hülle, damit sie saftig bleiben und nicht austrocknen. Ganze Fische sind durch ihre Haut geschützt. Nach dem Beispiel Scholle können auch abgezogene Seezungen und kleine Aale, kleine Fische wie Forellen, Felchen, Brassen, Heringe und seine kleineren Verwandten perfekt gebraten werden.
Fischfilet wird paniert oder in Teig gebraten und so geschützt. Jeder größere Fisch ist dafür geeignet, wenn man Filets saftig und mit goldbrauner Kruste schätzt.
Wichtig zum Braten ist eine schwere Pfanne aus Edelstahl, Gußeisen oder mit Emaille. Das Fett soll wasserfrei sein und nicht zu knapp dosiert werden, damit die Fische gleichmäßig garen und nicht so leicht auf dem Boden festkleben. Um das zu verhindern, muß die Pfanne außerdem oft geschwenkt werden. Wer den Geschmack brauner Butter liebt, kann dieses Fett auf den gewendeten Fischen zerrinnen lassen, wenn das Bratfett vorher abgegossen wurde. Entscheidend ist die Temperatur, die sich mit Gas besonders gut regulieren läßt. Das Fett soll über mittlerer Hitze so heiß werden, daß es beim Hineinlegen der Fische sofort zu brutzeln beginnt. Weniger heißes Fett wird aufgesaugt und läßt den Saft aus dem Fisch rinnen. Zu heißes Fett verbrennt die Hülle, bevor die Fische gar sind. Ob man sie vorher mit Zitronensaft oder Essig säuert, ist Geschmackssache. Die Säure macht zarten Fisch zwar fester, aber auch trockener.

FISCHFRIKADELLEN

350 g Fischfilet
100 g durchwachsener Speck
1 große Zwiebel (etwa 90 g)
1 Bund Petersilie
1 eingeweichtes Brötchen
1 Ei, 1/2 TL Salz
Pfeffer und geriebene Muskatnuß

Fisch, Speck, Zwiebel, Petersilie und ausgedrücktes Brötchen mit Hilfe der Bosch-Küchenmaschine durchdrehen. Die Zutaten mit dem Stopfer in den Einfüllschacht des Fleischwolfs drücken, anschließend ein Stück Pergamentpapier hineinstecken, damit die Reste herauskommen. Die Farce mit Ei, Salz, Pfeffer und Muskat mischen und abschmecken. Aus der Masse 4 Frikadellen formen, über mittlerer Hitze in Butter oder Öl 10 Minuten braten, dabei ab und zu wenden.

GEBRATENE SCHOLLE

4 Schollen

Mehl zum Wenden, Öl zum Braten

1/2 TL Salz, 1/4 TL Pfeffer

20 g Butter

Schollen wie auf Seite 64 vorbereiten und abtrocknen. Kurz vor dem Braten mit Mehl bestauben, damit sie nicht festkleben. Etwa 1 bis 2 mm hoch Öl in die Pfanne geben und über mittlerer Hitze heiß werden lassen. Schollen mit der weißen Seite hineinlegen und die Pfanne oft rütteln, damit die Fische nicht festkleben. Je nach Größe 8 bis 10 Minuten braten. Nach der halben Garzeit mit 2 Paletten wenden, salzen und pfeffern. Auf einer vorgewärmten Platte im Ofen bei 60° C warm halten. Zum Schluß das Bratfett aus der Pfanne gießen, Butter darin bräunen und über die Fische geben, die auch mit Speck gebraten gut schmecken.

FISCHFILET PANIERT

600 g Fischfilet

etwas Mehl zum Wenden

1 Ei, 1/2 TL Salz

1/4 TL weißer Pfeffer

Semmelbrösel zum Wenden

Fischfilet in Portionsstücke oder noch kleiner schneiden, weil kleine Stücke handlicher sind. Zuerst in Mehl wenden und abklopfen. Ei mit Salz und Pfeffer verquirlen, die Filets darin wenden, kurz abtropfen lassen, in Semmelbrösel legen und damit bestreuen. Die Panade fest andrücken, die Stücke mindestens 20 Minuten kühlen. So festigt sich die Panade und beim Braten verbrennen keine Krümel im Fett. Wie Schollen braten, nur einmal wenden. Panierte Fische immer erst kurz vor dem Servieren braten, weil die knusprige Panade durch den saftigen Fisch schnell matschig wird.

FISCH IM TEIG

600 g Fischfilet, 1/2 Zitrone

125 g Mehl, 1-2 Eier

1/8 l Bier oder Milch

1 EL Öl und Öl zum Backen

1/2 TL Salz, 1/4 TL Pfeffer

Fischfilet mit Zitronensaft einreiben, nach Belieben in Stücke schneiden. Mehl und Ei in einer Schüssel verrühren, Bier oder Milch dazugießen. Öl, Salz und Pfeffer beifügen. Den Teig etwa 30 Minuten ruhen lassen, damit das Mehl aufquellen kann. In einer Pfanne etwa 2 cm hoch Öl erhitzen, bis ein Brotwürfelchen sofort braun gebrutzelt ist. Dann die Fischstücke in den Teig tauchen, kurz abtropfen lassen und ins Fett legen. Wenden, wenn die Unterseite goldbraun ist, und die andere Seite bräunen. Auf Küchenkrepp abtropfen lassen und auf warmen Tellern sofort servieren.

FISCHE UND MEERESFRÜCHTE

FISCH IN ALUFOLIE zu garen, ist eine sehr schonende Methode, weil das zarte Fleisch im eigenen Saft gart und dabei Vitamine und Mineralstoffe weitgehend erhalten bleiben. Es ist empfehlenswert, die hermetisch verschlossenen Portionspäckchen in knapp siedendes Wasser zu legen, weil der Fisch auf diese energiesparende Art ebenso schnell gart wie in der trockenen Hitze des Backofens.
Auch tiefgefrorenen Fisch so schnell und schonend zubereiten. Dann die Garzeit verdoppeln, weil der Fisch noch auftauen muß. In dem Fall zartes Gemüse roh hineingeben. Wenn Fisch nicht durch seine Haut geschützt ist, bewahrt ihn die Folie vor großer Hitze, die ihn trocken und zäh machen würde. Denn Fisch ist schon gar, wenn er durch und durch 65° C heiß ist. So ist er nicht nur besonders saftig und lecker, sondern auch sehr gesund. Und er kann kaloriensparend ohne oder mit wenig Fett zubereitet werden.

HERINGE MIT THYMIAN

- *8 grüne Heringe à 200 g*
- *Saft von 2 Zitronen*
- *1 TL Salz, 1/2 TL Pfeffer*
- *24 Stengel Petersilie*
- *24 Stengel Thymian*
- *20 g Butter*

Ausgenommene Heringe ohne Kopf und Schwanz auswaschen und abtrocknen. Eng aneinander in eine passende Schüssel legen, mit der Öffnung nach oben. Zitronensaft hineinträufeln und die Fische zugedeckt eine Stunde kühlen. Das bindet Geruch und festigt das Fleisch. Danach die Fische wieder abtrocknen, mit Salz und Pfeffer ausstreuen und mit den Kräutern füllen. Einzeln in gefetteter Alufolie garen.

HEILBUTT MIT KRÄUTERN

- *4 Heilbuttschnitten à 250 g*
- *20 g weiche Butter*
- *2 EL kleine Zwiebelwürfel*
- *je 1 TL Basilikum, Bohnenkraut, Fenchel und Liebstöckel*
- *je 1 EL Dill, Kerbel und Petersilie*
- *1 EL Zitronensaft*
- *1 TL Salz*
- *1 Spritzer Worcestersauce*

Heilbuttschnitten auf Alufolie legen und mit Butter bestreichen. Zwiebelwürfel mit den gehackten Kräutern, Zitronensaft, Salz und Worcestersauce gründlich mischen. Gleichmäßig über die Heilbuttschnitten streuen, die Päckchen schließen und den Fisch garen. Nach Wunsch auch mit anderen Kräutern oder nur Petersilie zubereiten. Dazu schmecken Pellkartoffeln und grüner Salat mit Joghurtsauce.

FISCH IN FOLIE GAREN

Extra starke Alufolie in 40 cm lange Stücke schneiden, den Fisch und die übrigen Zutaten in die Mitte legen. Die langen Seiten der Folie darüber zusammenfassen und einige Male etwa 2 cm breit umschlagen. Dann die Seiten auf die Unterlage drücken und auch einige Male umknicken. In einem großen Topf etwa 5 cm hoch Wasser aufkochen, die Päckchen nebeneinander hineinlegen und den Topfdeckel darauflegen. Bei niedriger Hitze garen und die Elektroplatte bereits nach 5 Minuten ausschalten. Stücke von 200 g Gewicht sind nach 12 Minuten fertig, wenn sie etwa 2 cm dick sind. Größere Stücke oder ganze Fische pro Zentimeter mehr 5 Minuten länger garen.

FISCHFILET MIT GEMÜSE

- *800 g Seelachsfilet (auch Rotbarsch und Schellfisch)*
- *1 TL Zitronensaft*
- *1 TL Salz*
- *100 g Möhren*
- *40 g Butter*
- *150 g Tomaten*
- *80 g Porree*
- *1 EL gehackte Kräuter (Basilikum, Zitronenmelisse, Petersilie)*
- *2 EL Sahne*
- *8 EL trockener Weißwein*
- *1 Spritzer Tabasco*
- *1 Msp. Ingwerpulver*

Fischfilet in 4 Stücke schneiden, mit Zitronensaft und Salz einreiben. Möhren schälen, in sehr dünne Stäbchen schneiden und in Butter 2 Minuten andünsten. Tomaten brühen, abziehen, vierteln, entkernen und klein würfeln. Den Porree putzen, waschen und auch in feine Stäbchen schneiden. Das Gemüse mischen und auf den Fischfilets verteilen. Mit den Kräutern bestreuen, in Alufolie packen und im Wasser garen.
Inzwischen Sahne, Weißwein, Tabasco und Ingwerpulver im Saucentopf aufkochen. Fisch und Gemüse auf vorgewärmten Tellern anrichten, den Saft aus der Folie in den Saucentopf gießen, kurz verrühren, aufkochen, abschmecken und über den Fisch löffeln. Dazu Salzkartoffeln servieren.

Zartes Fischfilet im eigenen Saft gegart ist eine Delikatesse. Dazu schmecken in Butter geschwenkte, mehlig kochende Kartoffeln und ein Glas trockener, kühler Weißwein.

FISCHE UND MEERESFRÜCHTE

FISCHE BLAU ZU KOCHEN ist eine traditionelle Zubereitungsart, die nach wie vor mit Recht geschätzt wird. Sie kostet nur wenig Arbeit und Zeit, bringt aber den zarten Geschmack der einzelnen Fische besonders gut zur Geltung. Die Blaufärbung entsteht durch die Hitze beim Garziehen — nicht Kochen — der Fische. Von einer Dusche mit heißem Essig werden sie zwar eine Spur blauer, verlieren aber viel von ihrem guten Geschmack.

Wichtigste Zutat für das Kochwasser ist das Salz. Meeresfische brauchen pro Liter etwa 10 g, weil sie mit weniger Salz wäßrig werden. Für Süßwasserfische rechnet man nur etwa die Hälfte, weil sie in stark gesalzenem Wasser zu trocken werden. Das ist so, weil Salz Wasser bindet.

Gemüse und Gewürze zum Abrunden des Geschmacks in den Sud geben, der mit 1 EL Essig oder Zitronensaft pro 5 Liter leicht gesäuert wird. Für zarte Forellen und ähnliche Süßwasserfische etwas Zwiebel, Möhre, Petersilie und einige Pfefferkörner verwenden. Für Karpfen und große Hechte zusätzlich etwas Porree, Selleriegrün und 1 Lorbeerblatt, für Meeresfische auch etwas trockenen Weißwein beifügen. 2 Kilo Fisch benötigen mindestens 4 Liter Kochwasser!

Den Sud zuerst mit feingeschnittenen Gemüsen und Gewürzen über großer Hitze etwa 15 Minuten kochen, dann salzen, Wein oder Essig (Zitrone) dazugießen und die Fische hineinlegen. Knapp bedeckt beobachten, bis kleine Perlen im Kochwasser aufsteigen. Dann 1 Tasse kaltes Wasser dazugießen, damit das Fischfleisch schön blättrig wird. Anschließend fest zugedeckt und von der Hitzequelle entfernt garziehen lassen. Kleine Fische wie Bachforellen 8 Minuten, größere Exemplare wie Karpfen im ganzen etwa 20 Minuten. Je 2,5 cm Stärke der Fische rechnet man mit 10 Minuten Garzeit. Zur Probe an der dicksten Stelle hinter dem Kopf mit einer Nadel einstechen. Der Fisch ist gar, wenn man dabei nur einen schwachen Widerstand spürt und das Fleisch ein wenig nachgibt.

FISCHE ZU DÜNSTEN ist eine Methode, die von der neuen deutschen Küche perfektioniert worden ist. Die Fische werden in der Regel vorher in Filets zerlegt, um aus den Abfällen einen Fischfond zu kochen. Dieser wird bis auf einen kleinen Rest reduziert, wenn eine feine Sauce daraus werden soll, zum Beispiel Velouté (Seite 18) und ihre verschiedenen Varianten.

Das Filetieren von Plattfischen zeigt das Beispiel Seezunge (Seite 66). Fische in der Form des Zanders wie im Kasten beschrieben vorbereiten, aber nur schuppen, wenn sie viele große Schuppen haben und wenn man die Haut für einen Fischfond verwerten will. Die zum Füllen fertigen Fische auch in der Bauchlinie durchschneiden und die Köpfe abtrennen. Die Filets mit der Haut auf die Arbeitsfläche legen und diese mit spitzem Messer so weit lösen, daß man sie gut festhalten kann. Dann ein großes Messer ganz flach und nur wenig schräg nach unten ansetzen. Die Schneide wenig hin und her bewegen und dabei das Filet nach vorne schieben, bis es ohne nennenswerten Verlust von der Haut getrennt ist. Unebene Kanten der Filets gerade schneiden.

Gemüse wie Zwiebel, Schalotte, Sellerie, Möhre und Porree sind beliebte Gemüse, um Fisch darauf zu dünsten. Man schneidet sie geputzt am besten in streichholzfeine Streifen, damit sie nach dem Andünsten zusammen mit dem Fisch gar werden. Geeignet zum Dünsten sind tiefe Pfannen oder Schmortöpfe mit Deckel, in denen die Filets energieschonender als im Backofen gegart werden können. Zuerst über mäßiger Hitze Butter zerlassen und Zwiebeln sowie festes Gemüse darin andünsten. Dann zartes Gemüse wie Porree hinzufügen, die Filets mit der Hautseite nach unten darauflegen, würzen und die Hitze so weit wie

Zum Garen im ganzen Fische, die der Händler ausgenommen hat, schuppen. Mit dem Messer vom Schwanz zum Kopf hin abschaben. Fische zum Blaukochen nicht schuppen, weil dabei die sich blaufärbende Schleimschicht entfernt wird.

Die Flossen festhalten und mit der Küchenschere abschneiden.

Längliche Fische zum Füllen mit geschlossenem Bauch kaufen, Schuppen und Flossen entfernen. Die Fische in der Rückenlinie an den Gräten entlang bis zur Bauchdecke durchschneiden. Die Fische aufklappen, Eingeweide entfernen, eventuell vorhandenen Rogen (auch Milch!) in Butter gebraten genießen. Die Mittelgräte am Schwanzende lösen und langsam nach vorne abziehen, damit feine Quergräten mit herausgezogen werden. Mit den Fingern nachhelfen, auch restliche Gräten damit ertasten und mit einer Pinzette entfernen.

möglich drosseln. Den Fisch je nach Dicke 4 bis 8 Minuten dünsten. Wein zum Verfeinern erst mit dem gegarten Gemüse aufkochen, weil es durch Säure leicht hart bleibt.

ZANDER
in Papier gegart

1 Zander (etwa 700 g)

Pergament- oder dünnes Packpapier

30 g weiche Butter, 1 TL Salz

6 EL gehackte Kräuter (viel Dill, Petersilie und Basilikum, wenig Estragon, Thymian und Salbei)

1 geschälte Zwiebel

Den Fisch wie auf diesen Seiten gezeigt vorbereiten. Nach dem Schuppen gut kalt waschen und ausspülen, mit Küchenpapier abtrocknen. Die Flossen abschneiden und den Fisch auf beiden Seiten schräg einschneiden. Das Papier auf ein Backblech legen und mit Butter einpinseln, den Backofen auf 220° C vorheizen.

Übrige Butter in die Einschnitte des Fisches streichen, der anschließend in einer Mischung aus Salz und Kräutern gewendet wird. Den Zander mitten auf das Papier legen, dazu die in feine Spalten geschnittene Zwiebel. Das Papier über dem Fisch zusammenfalten und die Seiten mehrmals zum Fisch hin umknicken. Den fest eingeschlossenen Fisch in den heißen Backofen auf die mittlere Schiebeleiste geben und 20 Minuten garen. In den letzten 5 Minuten das Papier öffnen.

Längliche Fische schräg einschneiden, bis man auf die Gräten trifft. Sie garen so gleichmäßiger und nehmen Würzen wie Kräuterbutter besser auf. Grillen oder eingehüllt garen.

Zander in Papier gegart duftet nach zarten Kräutern, die frisch aus dem Garten kommen. Dazu schmecken am besten feines Kartoffelpüree und milder Gurkensalat in einer Sauce aus frischer Sahne. Den Fisch nach Belieben auch entgräten und mit feiner Fischfarce gefüllt etwa 10 Minuten länger garen.

FISCHE UND MEERESFRÜCHTE

FORELLEN-KLÖSSCHEN
auf Blattspinat

200 g Filet von zwei Forellen

1 Ei, 1/2 TL Salz

1 Msp. frisch gemahlener Pfeffer

25 g weiche Butter

1/8 l kalte Sahne

400 g frischer Spinat

30 g Butter

Salz und Pfeffer

Die Forellenfilets in kleine Stücke schneiden, mit Ei, Salz und Pfeffer kurz mischen, anschließend zugedeckt gut durchkühlen. Danach auf einmal in den Mixer geben, dazu weiche Butter und kalte Sahne. Kurz mixen, bis die Farce ganz fein ist, größere Mengen in mehreren Gängen pürieren, wieder kühlen. Reichlich Salzwasser in einem weiten Topf aufkochen. Die Klößchen wie in der Bildfolge beschrieben formen und hineingeben. Knapp bedeckt in etwa 10 Minuten leise siedend garen — nicht kochen. Mit einer Siebkelle herausheben und gut abgetropft anrichten.

Spinat verlesen, mehrmals waschen und die dicken Stiele abschneiden. Kurz in reichlich kochendem Wasser zusammenfallen lassen, sofort abgießen und in kaltem Wasser abkühlen. So hinterläßt er kein unangenehmes, rauhes Gefühl auf der Zunge. Den abgekühlten Spinat gut ausdrücken, anschließend die Blätter locker auseinanderzupfen. Etwa 5 Minuten vor dem Servieren die Butter im Gemüsetopf über mäßiger Hitze aufschäumen lassen. Den Spinat hineingeben, salzen, pfeffern und erhitzen, dabei einige Male wenden. In zwei Portionen anrichten, wenn es ein Hauptgericht sein soll; für ein Vorgericht auf 4 Teller verteilen. Die Klößchen darauf anrichten und mit 1/4 l Velouté (Seite 18) überziehen, die mit Safran dottergelb und fein gewürzt wird.

1 **Sahne dazugießen,** wenn die gekühlten Zutaten für die Farce im Mixer sind: Forellen, Ei, Gewürze sowie die weiche Butter. Möglichst kurz pürieren, damit die Farce kalt bleibt.

2 **Klößchen formen.** Etwas gut gekühlte Farce in die hohle Hand geben und mit dem Löffel zum Handballen ziehen, so daß glatte, längliche Klöße entstehen. Auf geöltem Teller sammeln.

3 **Klößchen garen.** In einer Kasserolle Salzwasser aufkochen. Die Klößchen mit einem Eßlöffel hineintauchen, mit einem zweiten Eßlöffel abstreifen; etwa 10 Minuten garziehen lassen.

1 **Schollen vorbereiten.** Die Köpfe mit einem scharfen Messer abtrennen, Flossen mit einer Schere abschneiden. Die Fische innen von dunklen Teilen befreien und waschen.

2 **Die Taschen zum Füllen** mit spitzem Messer schneiden. Zuerst an der Mittellinie entlang, dann mit flach gehaltenem Messer die beiden Filets von den Gräten lösen, nicht abtrennen.

3 **Die Schollen füllen.** Die mit Kräutern angereicherte Fischfarce in den Schollen verteilen und glattstreichen. Die gelösten Filets von beiden Seiten darüberdecken und fest andrücken.

GEFÜLLTE SCHOLLEN

4 Schollen
Farce aus 200 g Schollenfilet
2 EL feingeschnittene Dillspitzen
1 EL feingehacktes Basilikum
3/8 l trockener Weißwein
1/4 l Wasser oder Fischbrühe
2 EL Öl
20 g Butter, 60 g Zwiebelwürfel
1/8 l Fischbrühe, 1/4 l Sahne
Salz und weißer Pfeffer
2 gewürfelte Tomaten

Schollen vom Fischhändler küchenfertig machen lassen oder selbst wie in der Bildfolge beschrieben vorbereiten und füllen.
Die Farce aus Schollenfilets wie für Forellenklößchen im Mixer zubereiten, mit Dill und Basilikum mischen. In das tiefe Bratenblech, auf dem die Fische nebeneinander Platz haben, je 1/4 l Weißwein und Wasser oder Fischbrühe gießen. Bei 200° C im Backofen erhitzen, bis die Flüssigkeit leise sprudelt. Die gefüllten Schollen hineinlegen und mit geöltem Pergamentpapier zudekken. Hitze nach 5 Minuten ausschalten, 5 Minuten später die Schollen aus ihrem Sud heben und auf vorgewärmten Tellern anrichten.
Inzwischen die Sauce mit einer Fischbrühe zubereiten, die man am besten im Gefriergerät griffbereit hat. Butter schmelzen, Zwiebelwürfel darin hell andünsten. 1/8 l Weißwein und Fischbrühe zugeben, mit Sahne auffüllen. 15 Minuten leise sieden und auf die Hälfte einkochen lassen. Durch ein feines Sieb streichen, Rückstände gut durchdrücken. Die Sauce kurz erhitzen, abschmecken, um die Schollen gießen. Mit Tomatenwürfeln bestreuen.

Ein kühler, trockener Riesling aus Franken ist ein Genuß zu feinen Fischgerichten wie gefüllter Scholle und Forellenklößchen auf Blattspinat mit gelber Samtsauce.

Seezungen gehören neben Steinbutt zu unseren edelsten Nordseefischen. Die Filets sind gedämpft eine ebenso große Delikatesse wie in Butter gedünstete Seezungenröllchen, die mit der Hautseite nach innen aufgerollt und nach Wunsch mit feiner Fischfarce gefüllt werden können.

GEDÄMPFTER FISCH duftet so herrlich wie salziges Meerwasser, in dem er zuhause ist. Ohne Salz und jedes andere Gewürz können wir ihn in seiner reinsten Form über Wasser garen, um uns vollkommen seinem natürlichen Geschmack hinzugeben. Danach können wir ihn auch aus dem Gefühl heraus so perfekt würzen, daß die schönsten Gaumenfreuden daraus entstehen. Zart würzende Kräuter und der Dampf kräftiger Weine bieten sich ebenso an wie ein Hauch von Knoblauch im Wasser und etwas weiche Butter, mit der wir den Fisch ganz dünn bestreichen. Geeignet sind Filets aller Fische, auch jene aus süßen Gewässern, die weniger salzig sind und entsprechend mehr gewürzt werden können.

Beim Dämpfen nach chinesischer Art garen die Fische auf einem Teller im eigenen Saft, der konzentriert ist und nicht verwässert. Die europäische Methode, das Essen in einem Sieb über kochendem Wasser zu garen, läßt die Säfte aus den Lebensmitteln ins Wasser tropfen — sie sind verloren. Passendes Gerät zum Dämpfen findet sich in jeder Küche. Man braucht einen runden oder ovalen Topf und einen Teller (Untertasse) oder eine Platte, die genug Abstand zum Topfrand hat, damit der Dampf frei zirkulieren kann. Außerdem sind zum Beispiel in einem länglichen Topf 2 feuerfeste Tassen nötig, damit man die Platte erhöht daraufsetzen kann.

SEEZUNGENFILETS
mit Sherry gedämpft

2 große Seezungen
1 EL Zitronensaft
1/4 TL weißer Pfeffer
2 Zwiebeln
2 EL feingeschnittener Schnittlauch
2 EL feingehackte Petersilie
je 1/8 l Sherry und Wasser
1/2 TL Salz

Die Köpfe der Seezungen abschneiden und die Fische, wie in der Bildfolge gezeigt, in Filets zerlegen. Kleinere Fische auch mit Kopf abziehen. Dann die dunkle Haut am Schwanzende quer einschneiden und so weit ablösen, daß man die Fische dort gut festhalten kann. Dann die Haut bis zum Kiefer abziehen, den Fisch umdrehen, am Kopf festhalten und die weiße Haut bis zur Schwanzflosse abziehen.

Die Seezungenfilets kalt abspülen, gut abtrocknen und mit Zitronensaft und Pfeffer einreiben. Zugedeckt etwa 1 Stunde kühlen. Zwiebeln schälen und in feinste Scheiben hobeln, einen großen Teller oder eine passende Platte damit auslegen. Die Filets abtrocknen, mit der Hautseite nach unten auf die Zwiebeln legen, mit den Kräutern bestreuen und im Dampf von Sherry und Wasser garen. Diese Flüssigkeit dann nach Belieben bis auf einen kleinen Rest verkochen lassen, den Saft der Fische und etwa 50 g Butter dazugeben und mit dem Schneebesen zu einer leicht gebundenen Sauce verschlagen. Dazu kühlen, trockenen Wein, der auch anstelle von Sherry zum Dämpfen verwendet werden kann.

1 **Die Haut lösen.** Am Kopfende beginnend die dunkle Haut an den Flossen mit dem Daumen lösen, damit das Abziehen leichter geht. Am Schwanz mit einem spitzen Messer nachhelfen.

2 **Die Haut abziehen.** Den Schwanz fest anpacken und die Haut flach über dem Körper mit kräftigem Ruck nach vorn ziehen. Die genießbare weiße Haut schuppen oder ebenso abziehen.

3 **Flossen abschneiden.** Den Fisch in die Hand nehmen und die fleischlosen Ränder mit der Schere abschneiden. Mit Mehl bestaubt braten, beliebig garen oder in Filets zerlegen.

4 **Zum Filetieren einschneiden.** Die flachen Fische in der Mittellinie einschneiden, bis man auf die Gräten stößt. Dabei das Messer mit der Spitze schräg nach unten führen.

5 **Die Filets lösen.** Ein biegsames Messer ganz flach auf die Gräten drücken. Von vorne nach hinten fahren und immer tiefer einschneiden, bis die Filets abgetrennt sind.

6 **Mit Kräutern bestreuen.** Die Filets auf einer Platte mit der Hautseite nach unten auf eine Schicht Zwiebelringe betten, mit Schnittlauch und Petersilie bestreuen.

7 **Wasser und Wein** in einen passenden Topf gießen, eine feuerfeste Schale umgedreht hineinlegen. Den Topfdeckel auflegen, die Flüssigkeit über mittlerer Hitze zum Kochen bringen.

8 **Fischfilet zum Dämpfen** erst unmittelbar davor mit Salz bestreuen. Den Fischteller auf die Schale im Topf mit der dampfenden Flüssigkeit setzen. Den Topfdeckel auflegen und den Fisch bei fest geschlossenem Topf je nach Stärke mehr oder weniger kurz garen. Die dünnen Seezungenfilets sind schon nach 5 bis 6 Minuten fertig. Den Fisch sofort servieren.

FISCHE UND MEERESFRÜCHTE

FISCH-GEMÜSETOPF

500 g Kabeljau- oder Rotbarschfilet
4 EL Weißwein
2 Zwiebeln, 300 g Möhren
100 g Sellerie, 40 g Butter
1 EL Paprika edelsüß
1/2 TL Rosenpaprika
1 TL Salz, 1 Lorbeerblatt
1 l Wasser, 400 g Tomaten
2 El feingehackte Petersilie

Fischfilet in mundgerechte Stücke schneiden, entgräten und mit Weißwein beträufeln. Zwiebeln, Möhren und Sellerie schälen und in zentimetergroße Stücke schneiden. Butter im Schmortopf über mäßiger Hitze aufschäumen lassen. Das Gemüse darin rühren, bis es glasig ist und duftet. Paprika und Gewürze darunter mischen, mit Wasser auffüllen und aufkochen. Zugedeckt über mäßiger Hitze garen. Inzwischen die Tomaten brühen, enthäuten, vierteln und entkernen. Zusammen mit dem Fisch in den Eintopf geben, 10 Miuten ziehen lassen, nicht kochen. Petersilie beifügen und den Geschmack der Brühe prüfen. Nach Belieben etwas frische Sahne einrühren. Salzkartoffeln oder buttergelben Safranreis zum Fisch-Gemüsetopf servieren.

Für Knoblauch-Mayonnaise (Rouille) kleine Würfel einer Paprika- und einer Pfefferschote in 1 El Wasser weichdünsten, durch ein Sieb streichen und mit 2 Eigelb, 4 zerquetschten Knoblauchzehen, 1/8 l Olivenöl und etwas Salz verrühren (siehe auch Seite 33).

FISCHSUPPE
mit Muscheln

Bild Seite 56/57

400 g Fischfilet
2 EL Olivenöl, Salz und Pfeffer
1 Msp. gemahlener Thymian
1 abgezogene Knoblauchzehe
750 g Miesmuscheln
1/8 l Weißwein, 1 l Fischfond
100 g Krabbenfleisch (beliebige Sorte)
100 g Zwiebeln, 30 g Butter
4 Tomaten, 200 g Porree

Fischfilet in 2 cm große Stücke schneiden und entgräten. Olivenöl mit 1/2 TL Salz, 1/4 TL Pfeffer, Thymian und zerquetschtem Knoblauch mischen, den Fisch darin wenden und 1 Stunde zugedeckt kühlen. Muscheln wie auf Seite 40 vorbereiten und in Weißwein dünsten, bis sich die Schalen öffnen, Weinsud durch ein Tuch filtern. 1/4 l Fischfond erhitzen, mit Salz und Pfeffer würzen und über das Krabbenfleisch gießen. Zugedeckt ziehen lassen.
Zwiebeln schälen und würfeln. Butter über mäßiger Hitze im Suppentopf zerlassen, die Zwiebelwürfel darin glasig dünsten. Mit 3/4 l Fischfond und dem Wein auffüllen und 15 Minuten kochen. Tomaten brühen, abziehen, vierteln, entkernen und klein würfeln. Porree in dünne Ringe schneiden und gut waschen. Das Gemüse in die Suppe geben und einmal aufkochen. Fisch, Muscheln und Krabben beifügen und 5 Minuten ziehen lassen, aber nicht kochen. Mit Kräuterbutter und dünnen Scheiben gerösteten Weißbrotes genießen.

Für Kräuterbutter 2 geschälte Knoblauchzehen, 2 TL grünen Pfeffer, 10 Basilikumblätter und 1 TL Salz im Mörser fein zerstoßen. Mit 150 g sahnig gerührter Butter mischen, mit etwas Zitronensaft und ein wenig Pfefferlake abschmecken.

FISCHSUPPE
französische Art

Rezept für 8 Portionen:

1 kg Nordseefische
100 g fein gewürfelte Schalotten
1 Msp. Safran
500 g Miesmuscheln, 2 l Wasser
2 EL Salz, 1 Hummer (ca. 500 g)
200 g abgezogener Aal
8 rohe Garnelen
2 Zwiebeln, 4 Knoblauchzehen
300 g weißer Porree
150 g Fenchel
500 g Tomaten, 1 Bund Petersilie
6 EL Olivenöl, 1 Kräuterbündel
je 1 Stück Orangen- und Zitronenschale
weißer Pfeffer, 2 EL Pernod

Möglichst viele verschiedene Fische wählen, zum Beispiel Dorsch, Heilbutt, Kleist, Scholle, Seelachs, Seezunge, Steinbutt und Rotbarsch. Die Fische entgräten und in mundgerechte Stücke schneiden. Mit Schalotten und Safran mischen.
Muscheln vorbereiten (Seite 40) und in kochendes Salzwasser geben, bis sich die Schalen geöffnet haben. Anschließend Hummer mit dem Kopf voran hineintauchen und töten. Dann die Fischabfälle im Wasser 20 Minuten auskochen und den Fond durch ein Tuch filtern. Inzwischen die Muscheln aus den Schalen lösen. Den Schwanz des Hummers abbrechen und mit einem schweren Messer längs in 4 Stücke schneiden. Die Scheren längs und den Rumpf quer in 2 Stücke spalten. Aal in 8 Stücke teilen, die Garnelen bereitstellen. Zwiebel und Knoblauch schälen und würfeln. Porree und Fenchel in sehr dünne Streifen schneiden. Tomaten enthäuten, entkernen und würfeln. Petersilie fein hacken und die restlichen Zutaten bereitstellen. Olivenöl im Fischtopf erhitzen. Zwiebel, Knoblauch, die Hälfte der Gemüsestreifen, Kräuterbündel, 1/4 TL Pfeffer und die Schale der Zitrusfrüchte darin 10 Minuten unter ständigem Wenden andünsten. Hummer und Garnelen kurz mit anbraten, mit dem Muschelfond aufkochen und 15 Minuten leise sieden lassen. Aal dazugeben und den Topf nach 5 Minuten von der Hitze nehmen. Hummer und Garnelen aus den Schalen lösen, schwarze Stränge entfernen und große Stücke kleiner schneiden. Die Brühe durch ein Sieb geben. Kurz vor dem Servieren die Fischbrühe aufkochen. Restliche Gemüsestreifen und Tomaten 1 Minute darin garen. Pernod und Petersilie beifügen und die Suppe mit Salz und Pfeffer abschmecken. Alle Meerestiere hineingeben und in etwa 10 Minuten langsam erhitzen, nicht aufkochen. Die festen Bestandteile mit einer Siebkelle herausheben und auf vorgewärmter Platte anrichten, die Suppe in einer Terrine. Dazu Stangenweißbrot vom Vortag servieren, das in sehr dünne Scheiben geschnitten und geröstet wird. Vor dem Rösten mit Knoblauchbutter oder danach mit Knoblauch-Mayonnaise bestreichen. Die Brotschnitten mit dem Fisch in tiefe Teller legen, die heiße Suppe darüberschöpfen.

FISCHE UND MEERESFRÜCHTE

KRUSTENTIERE von groß bis klein, Langusten, Hummer, Krebse, dazu Nord- und Tiefseekrabben, kommen allesamt aus der Familie der Garnelen. Ihre Namen sind unüberschaubar und verwirrend, doch ist dies weniger störend für die Küche, da Krustentiere sich geschmacklich sehr ähnlich sind. Optimal schmecken sie frisch gekocht, nur knapp gegart oder für kalte Zubereitungen in ihrem Sud erkaltet. Das saftige, ausgelöste Fleisch in Suppen und Saucen nur erwärmen, damit es sein feines, volles Aroma behält. Niemals kochen, weil es dann schnell streng, zäh und trocken wird. Gekochte Krustentiere guter Qualität gibt es frisch und tiefgefroren zu kaufen. Wer die Wahl hat, sollte die bessere Ware in der Schale bevorzugen.

KREBSE IM WEINSUD

1 Zwiebel, 1 Möhre
100 g Sellerie mit Blättern
2 Bund Petersilie
6 Dillkronen
20 g Butter
1 l trockener Weißwein
2 EL Salz
30 lebende Süßwasserkrebse

Zwiebel, Möhre und Sellerieknolle schälen und in Scheiben schneiden. Sellerieblätter mit Petersilienstengeln und Dillkronen zusammenbinden. Butter in einem großen Topf über mäßiger Hitze schmelzen, Zwiebel und Gemüse darin glasig dünsten. Wein, ebensoviel Wasser, Salz und das Kräuterbündel hineingeben, über starker Hitze zum Kochen bringen. Die Krebse einzeln am Schwanz packen, kopfüber in den wallenden Sud geben, der immer am Kochen bleiben soll, bis alle Krebse im Topf sind. Dann den Deckel auflegen, die Krebse 7 Minuten garen, dabei ab und zu im Sud schwenken und anschließend darin abkühlen lassen. Lauwarm oder kalt mit vielen Petersiliensträußchen anrichten, dazu sahnig gerührte Butter und frisch geröstetes Weißbrot. Den Weinsud für eine Suppe oder Sauce einkochen, kalt einfrieren und bei Gelegenheit verwerten.

HUMMER IN DILLRAHM

4 lebende Hummer, je 300-400 g
3 EL Meersalz
2 EL Kümmel
2 Bund Dill
1/4 l Sahne
1 EL Mayonnaise
1 TL scharfer Senf

Hummer gründlich waschen und dabei zwischen den Beinen tüchtig abschrubben. Einen großen Topf, in dem alle Hummer genug Platz haben, mit etwa 3 l Wasser über starker Hitze aufsetzen. Meersalz, Kümmel und Dillstiele dazugeben, 5 Minuten brausend kochen. Hummer mit dem Kopf voran hineingeben, zugedeckt 25 Minuten kochen. Größere Tiere je 100 g eine Minute länger garen. Mit der Siebkelle herausheben, kurz abtropfen lassen und in einer weißen Serviette anrichten.
Inzwischen für den Dillrahm die Sahne steifschlagen, mit Mayonnaise und Senf würzen, feingeschnittene Dillspitzen darunterziehen; zum heißen Hummer mit jungen Kartoffeln oder Baguette anrichten. Dazu Fingerschalen mit warmem Wasser und Zitronenschnitzen aufstellen, weil man zum Zerlegen die Hände braucht. Zuerst die Scheren vom Rumpf lösen, mit der Hummerschere oder einem Nußknacker aufbrechen und den Inhalt mit Hummer- oder Fonduegabel herausziehen. Dann Rumpf und Schwanz auseinanderbrechen, das Mark aus dem Rumpf genießen und die Hummerbeinchen aussaugen. Das Schwanzende abbrechen, bei größeren Tieren auch die Schale einschneiden und das Fleisch mit einer Gabel herausholen.
Hummer sollte man auch auf klassische Art, mit sahnig gerührter Butter oder Sauce Béarnaise, genießen. Für Cocktails 5 Minuten weniger kochen und im Sud erkalten lassen, weil sie noch nachgaren und so besonders saftig werden.

GARNELEN MIT REMOULADE

1 kg gekochte Tiefseegarnelen (Grönlandkrabben)
2 Stengel Stangensellerie
4 Frühlingszwiebeln mit Grün
2 EL Olivenöl
1/4 l trockener Weißwein
1 TL scharfer Senf, 1/4 TL Salz
1 Msp. Cayennepfeffer
Rezept für Remoulade (Seite 33)

Garnelen aus den Schalen lösen, Sellerie und Zwiebeln putzen und in feine Ringe schneiden. Olivenöl in einem breiten Topf stark erhitzen, bis es leicht raucht. Krabbenschalen und Gemüse hineingeben, ab und zu wenden. Etwa 5 Minuten andünsten, Weißwein darübergießen, zugedeckt 10 Minuten kochen. Den Sud durch ein feines Sieb oder Tuch gießen, auf die Hälfte einkochen und mit Senf, Salz und Cayennepfeffer abschmecken. Die Garnelen darin schwenken und erwärmen, nicht kochen. Dazu Reis oder neue Kartoffeln, Remoulade und vielleicht ein Salat aus frischer Brunnenkresse mit Zitronen-Sahnesauce (Seite 33).

Appetitlich rot glänzen frische Flußkrebse nach dem Garen in ihrem Sud mit Wein von einer Sorte, die später auch zu den Krebsen serviert werden sollte.

FLEISCH UND INNEREIEN

Wenn es um Fleisch geht, dann haben wir Deutschen schon dreimal »Hier« gerufen, bevor die anderen Europäer überhaupt ein Wort sagen konnten. Denn Steaks und Koteletts, Braten und Geschnetzeltes, Gulasch und Rouladen sind unser liebstes Essen, die Innereien eingeschlossen. Neue deutsche Küche hin, alte deutsche Küche her: Unseren Sonntagsbraten und unsere Kalbshaxn lassen wir uns nicht ausreden. Um alles in der Welt nicht. Trotzdem beginnen viele von uns, mit Rezepten für exzellente, leichte Fleischspeisen zu experimentieren. Gut so. Das bringt Abwechslung auf den Speisezettel und ist eine Entwicklung weg vom fetten Braten mit dicken Saucen, hin zum lustvollen Genießen. Aber nur qualitativ hochwertiges Fleisch garantiert eine großartige Speise. Wie sagte Winston Churchill? »Man soll dem Leib etwas bieten, damit die Seele Lust hat, darin zu wohnen!«

FLEISCH UND INNEREIEN

FÜR PERFEKTE STEAKS vom Rind brauchen wir feinfaseriges und muskelarmes Fleisch wie Keule, Rücken und das besonders hochwertige Filet. Damit die Steaks aus diesen Stücken zart und saftig auf den Tisch kommen, dürfen die quer zur Faser geschnittenen und mindestens 2 cm dicken Scheiben keine Fasern erkennen lassen und müssen dunkelrot bis bräunlich aussehen. Dann sind sie genügend abgehangen. Besonders saftig und schmackhaft werden sie, wenn sie auch noch von feinen Fettadern durchzogen sind. Das kostbare Fleisch mit neutralem Öl einreiben, gut einpacken, kühl lagern und in den nächsten 3 Tagen verwenden.

Steaks englisch braten. Das Fleisch rechtzeitig aus dem Kühlschrank nehmen und mit Küchenkrepp abtupfen, damit es Zimmertemperatur hat und trocken ist, wenn es in die Pfanne kommt. Vorher die Fettränder einkerben, dann wölbt sich das Steak beim Braten nicht. Das Fett aber nicht entfernen, denn es macht das Fleisch saftig. Wichtig zum Braten ist eine schwere Pfanne aus Gußeisen, Stahl oder mit Emaille, die starke Hitze verträgt und diese gut leitet. Die Pfanne bei höchster Temperatur erhitzen, bis ein hineingespritzter Wassertropfen prasselnd zerspringt. Nach dieser Zischprobe die Steaks hineinlegen und von jeder Seite zweimal eine Minute anbraten. Dann warten, bis kleine Blutstropfen auf die Oberfläche steigen. Wieder wenden und so lange braten, bis klare Saftperlen an die Oberfläche kommen. Nach dem Anbraten die Hitze von stark auf mittel reduzieren. Die Steaks behutsam wenden und nicht einstechen, damit kein wertvoller Fleischsaft verlorengeht. Aus diesem Grund auch erst zum Schluß salzen. Lassen Sie Butter auf dem Fleisch zergehen, wenn Sie den Geschmack lieben. Auf diese Art gebraten, werden alle Steaks vom Rind saftig und rosig. Auch ganz dicke und kiloschwere Exemplare, die, bei einer Dicke von 6 cm, nach etwa 30 Minuten fertig sind. Die Steaks nach dem Braten einige Minuten ruhen lassen, damit sie beim Aufschneiden mit möglichst scharfem Messer nur wenig von ihrem Saft verlieren.

Kräuterbutter zerläuft duftend auf Steaks und erhöht ihren Genuß. Hierfür ein Rezept: 2 geschälte Knoblauchzehen und 1 EL grünen Pfeffer mit etwas Salzlake im Mörser fein zerstoßen. Mit 4 EL feingehacktem Basilikum, 1 EL Zitronensaft und 250 g weicher Butter verkneten. Bis zum Gebrauch kühlen oder einfrieren.

Braten im Elektrogrill ist eine gute Methode, wenn man mehr als 4 Portionen auf einmal zubereiten möchte. Dann das Bratenblech mit dem Grillrost darüber in den Ofen schieben, den Grill einschalten und heiß werden lassen. Das Gitter mit Öl einpinseln und die Steaks darauflegen. Dicht an der Hitzequelle von beiden Seiten bräunen und fertig braten. In der zweiten Phase größere Steaks mit entsprechend steigendem Abstand zu den Grillstäben braten. Dabei das Fleisch immer im Auge behalten und regulierend eingreifen, damit es genügend, doch nicht zuviel bräunt.

Garprobe mit Gefühl. Beim Braten wird Fleisch immer weniger elastisch und zum Schluß ganz fest — dann ist es trocken und zäh. Wir können das beim Braten verfolgen, indem wir ab und zu mit dem Finger auf das Fleisch drücken. Spätestens aus der Pfanne nehmen, wenn es nur noch wenig elastisch ist. Das Steak ist dann immer noch saftig.

1 **Englisch** gebraten sieht das Fleisch dunkelrosa aus und hat noch einen etwas rohen Kern. So ist es gut durchwärmt, sehr saftig und für die meisten Steakfans genau richtig.

2 **Auf den Punkt** gebraten ist das Fleisch durch und durch sehr rosa und hat noch einen saftigen, etwas rötlichen Kern. Jetzt ist es heiß und die ideale Garstufe ist erreicht.

3 **Durchgebratene** und noch saftige Steaks sind innen schwach rosa und fühlen sich wenig elastisch an. Noch länger gebraten werden sie trocken und sind keine Steaks mehr.

FILET MIT MORCHELN

4 kleine Scheiben Rinderfilet (je 125 g), 1 EL Öl
12 getrocknete Morcheln
1/4 l brauner Fond, 1/8 l Sahne
1/2 EL grüner, gestoßener Pfeffer
4 Frühlingszwiebeln mit Grün
20 g Butter, Salz

Fleisch mit Öl einreiben und zugedeckt bei Zimmertemperatur mindestens 30 Minuten ruhen lassen. Morcheln im Fond auf etwa 60° C erwärmen und zugedeckt 30 Minuten quellen lassen. Wenn sie noch sandig sind, den Fond durchfiltern und die Pilze sauber waschen. Beides zurück in den sauberen Topf geben und mit der Sahne kochen, bis die Hälfte der Sauce verdampft ist. Grünen Pfeffer hineingeben. Zwiebeln putzen und in 4 cm lange und 1 cm dicke Streifen schneiden. Die Steakpfanne stark erhitzen und die Filets pro Seite 1 Minute anbraten. Die Hitze reduzieren und die Butter auf den Steaks schmelzen lassen. Weiter bis zum gewünschten Grad braten, salzen und auf vorgewärmte Teller legen. Schnell die Zwiebeln ins Bratfett geben und 1 Minute anrösten. Die Morchelsauce dazurühren und mit dem gelösten Bratfond aufkochen. Die Sauce abschmecken und über das Fleisch gießen. Dazu streichholzfeine Kartoffelstäbchen (Pommes allumettes) anrichten, die wie Pommes frites in Fett schwimmend knusprig gebacken werden.

FLEISCH UND INNEREIEN

FILET, KOTELETT, SCHNITZEL von Lamm, Schwein und Kalb sind außer Steaks vom Rind zum Kurzbraten wie geschaffen. Koteletts und Schnitzel von Schwein und Kalb verlieren am wenigsten von ihrem kostbaren Saft, wenn sie paniert und gebraten oder schwimmend ausgebacken werden (Seite 59 und 80). Immer über guter Mittelhitze in reichlich Fett von beiden Seiten bräunen, dann die Hitze etwas reduzieren und unter öfterem Wenden fertigbraten, damit die Panierung schön knusprig und nicht zu dunkel wird. Schnitzel brauchen insgesamt etwa 12 Minuten Bratzeit, Fleischscheiben mit Knochen wie Koteletts etwa 5 Minuten länger.
Hier demonstrieren 3 Musterbeispiele den behutsamen Umgang mit besten Fleischstücken, die rosa gebraten und appetitlich angerichtet den Könner verraten. Auch die Beilagen sind vorbildlich und leichter zu machen als es scheint.

LAMMKOTELETTS
mit Kräuterbutter

8 Lammkoteletts mit Rippenknochen (etwa 3 cm dick)
etwas Salz, 2 EL Öl
1 Knoblauchzehe
2 Pimentkörner
8 Rosmarinnadeln
2 Salbeiblätter
8 weiße Pfefferkörner
Für die Kräuterbutter:
100 g weiche Butter
1 EL feingehackte Petersilie
1 TL feingeschnittener Dill
1/4 TL Selleriesalz
1 Msp. weißer Pfeffer

Die Knochen der Koteletts sauber abschaben und die Fettschicht einige Male einkerben. Öl und Gewürze in einen Mörser geben, fein zerstoßen und das Fleisch damit einreiben. Fest in Folie wickeln und 4 bis 5 Stunden ruhen lassen. Butter mit dem Schneebesen sahnig rühren, mit Kräutern und Gewürzen abschmecken und auf geöltes Pergamentpapier geben. Den Bogen darüber legen und die Butter darunter mit einer waagerecht angelegten Palette zu einer Rolle formen. Bis zum Servieren kühlen und dann in kleine Scheiben schneiden.
Lammkoteletts bei großer Hitze pro Seite 1 Minute anbraten und bei mittlerer Hitze weitere 5 Minuten braten oder grillen. Die braunen Streifen auf dem Fleisch entstehen in einer speziellen Steakpfanne mit geriffeltem Boden. Die Fettränder nach Wunsch ablösen. Kräuterbutter auf die Steaks legen und dazu Salzkartoffeln und Püree von grünen Bohnen (Seite 116) servieren.

KALBSFILET
mit Möhrenflan

600 g Kalbsfilet
etwas Mehl zum Wenden
1/2 TL Salz, 1/4 TL Pfeffer
1/2 TL Paprika edelsüß
1 Msp. Ingwerpulver
1/8 l Sahne
40 g Butter
1/8 l trockener Weißwein
1/8 l Kalbsknochenfond
1 EL Petersilienblättchen
Möhrenflan:
s. Gemüseflan Seite 117

Kalbsfilet enthäuten und dazu ein kleines, spitzes Messer benutzen. Dabei unter den weißen Häutchen einstechen, diese festhalten und die Schneide zur Haut gewandt führen, damit kein wertvolles Fleisch daran hängen bleibt. Mehl auf das Fleisch streuen und ringsum fest andrücken, überschüssiges Mehl abschütteln. Die Gewürze mischen und die Sahne halbsteif schlagen. Die Steakpfanne bei mittlerer Temperatur erhitzen. Die Butter darin aufschäumen lassen, das Filet hineinlegen und unter ständigem Wenden in 5 Minuten anbraten. Weißwein und Fond am Rand der Pfanne angießen, damit sie das Fleisch kochend erreichen. Dies mit der Gewürzmischung bestreuen und zugedeckt über schwacher Hitze 5 bis 7 Minuten garen. Die Sauce durch ein Sieb geben, mit Petersilie und Sahne verrühren und abschmecken. Das Fleisch in zentimeterdicke Scheiben schneiden, mit Sauce, Spätzle (Seite 137) und einem Möhrenflan (Seite 117) anrichten, der etwas herzhafter schmeckt, wenn man ihn mit 50 g Petersilienwurzel zubereitet und dafür die Menge der Möhren entsprechend reduziert. Gut schmeckt dazu auch Brunnenkresse, die wie Blattspinat ohne Stiele nur kurz blanchiert und in Butter geschwenkt werden kann.

SCHWEINEFILET
in Wirsing

300 g Schweinefilet, Salz
1 TL gehackter grüner Pfeffer
4 cl Weinbrand
6 große Wirsingblätter
125 g Beefsteakhack
1 TL Paprika edelsüß
1/2 TL Thymian
1 Eigelb
1/8 l Sahne
2 EL Öl zum Anbraten
20 cl heller Fond

Die Hautreste mit spitzem Messer vom Filet lösen und abtrennen. Das Fleisch mit je 1/2 TL Salz und grünem Pfeffer einreiben, auf Alufolie legen, mit Weinbrand beträufeln und fest eingewickelt 4 bis 5 Stunden marinieren. Wirsingblätter in reichlich kochendes Wasser geben, einmal aufkochen, in kaltem Wasser abkühlen, auf einem Tuch ausbreiten und dicke Rippen flach schneiden. Hackfleisch mit Paprika, Thymian, Eigelb und 2 EL Sahne mischen, mit der Marinade und etwas Salz abschmecken. Das Filet darin einhüllen, auf die Wirsingblätter legen und einwickeln. Mit einem Faden umwickeln und verschnüren. In einem Topf, in den das Päckchen gerade noch hineinpaßt, das Öl über mittlerer Hitze heiß werden lassen. Die Kohlroulade darin von allen Seiten kurz anbraten. Den Fond langsam angießen und die restliche Sahne hinzufügen. Auf schwache Hitze reduzieren und zugedeckt 15 Minuten dünsten. Den Faden entfernen, das Fleisch in Scheiben schneiden und mit der Sauce anrichten. Dazu gibt es Kartoffelgratin.

Kartoffelgratin. 500 g mehlig kochende Kartoffeln schälen und auf dem Gurkenhobel oder im Durchlaufschnitzler der Bosch-Küchenmaschine in dünne Scheiben schneiden. 50 g Butter in einer flachen Auflaufform zerlassen, die Kartoffeln und 100 g geriebenen Emmentaler hineinschichten. 1/4 l Sahne mit 1 TL Salz und je 1 Msp. Muskat verquirlen, über die Kartoffeln gießen und dabei den Rand 2 cm hoch freilassen, weil die Sahne in der Hitze des Ofens aufsteigt. Bei 200 °C in etwa 40 Minuten goldbraun backen.

Feine Gerichte wie diese auf vorgewärmten Tellern anrichten und sofort servieren, damit man sie ganz frisch und heiß genießen kann.

FLEISCH UND INNEREIEN

PFANNENGERICHTE sind blitzschnell fertig und auch die Vorbereitung kostet nur wenig Zeit. Kostbares Steakfleisch aus Rücken, Keule und Filet ist dafür ebenso geeignet wie die preiswerteren Teile von Rind, Schwein oder Lamm, die man von Häuten und Sehnen befreit. Das Fleisch läßt sich am besten schneiden, wenn man es vorher eine halbe Stunde ins Gefriergerät legt. Scheiben quer zur Faser schneiden und Streifen mit der Faser. Dafür ein möglichst scharfes Messer mit dünner Klinge benutzen, damit das Fleisch seinen Saft behält.

KALBS-GESCHNETZELTES

300 g Kalbfleisch von Keule oder Rücken

1 Zwiebel

150 g Champignons, 1 EL Öl

Salz und Pfeffer

je 20 g Butter und Mehl

1/8 l trockener Weißwein

150 g Crème fraîche

etwas Zitronensaft

2 EL feingehackte Petersilie

Das Fleisch in halbzentimerdicke Streifen schneiden, dabei Sehnen und Häutchen entfernen. Zwiebel schälen und würfeln. Champignons waschen, blättrig schneiden, angetrocknete Stiele kürzen.
Öl in einer tiefen Pfanne über starker Hitze leicht zum Rauchen bringen. Fleisch hineingeben und unter ständigem Wenden in etwa 2 Minuten hell bräunen, mit der Siebkelle herausheben, auf einem Teller salzen und pfeffern. Butter ins Bratfett geben und aufschäumen lassen. Die Pilze darin 2 Minuten unter ständigem Rühren anbraten, mit der Siebkelle herausheben und zum Fleisch geben. Zwiebelwürfel und Mehl im Bratfett 2 Minuten anschwitzen. Mit Weißwein ablöschen und verrühren, über schwacher Hitze noch 10 Minuten leise sieden lassen. Crème fraîche hineinrühren und aufkochen. Fleisch und Pilze mit ihrem Saft in der Sauce erhitzen, aber nicht mehr kochen. Mit Salz, Pfeffer und Zitronensaft abschmecken, mit gehackter Petersilie bestreuen.

PFANNENGERÜHRTES SCHWEINEFLEISCH

300 g Schweinefleisch von Schulter oder Keule

1 EL Speisestärke, 3 EL Sojasauce

250 g Porree

250 g Sojabohnensprossen

1/8 l Fleischbrühe, 1/2 TL Salz

1 EL trockener Sherry

1 Knoblauchzehe

10 g frische Ingwerwurzel

3 EL Öl

Fleisch zuerst mit der Faser in 3 cm dicke Stränge, diese in hauchdünne Scheiben schneiden. Speisestärke und 1 EL Sojasauce in einer Schüssel mischen, Fleisch darin wenden und etwa 15 Minuten ziehen lassen. Zwischendurch umdrehen. Porree längs aufschlitzen, auswaschen und schräg in halbzentimeterdicke Ringe schneiden. Frische oder konservierte Bohnensprossen im Sieb kalt abspülen und gut abtropfen lassen. Fleischbrühe mit 1/4 TL Salz, 2 EL Sojasauce und Sherry verrühren. Knoblauch und Ingwer schälen und in millimeterfeine Würfelchen schneiden.
Eine große, tiefe Pfanne über starker Hitze heiß werden lassen. 1 EL Öl und 1/4 TL Salz darin verrühren, Knoblauch darin hell bräunen. Schweinefleisch dazugeben und immerzu rühren, bis es nach 3 Minuten zu bräunen beginnt. Fleisch aus der Pfanne nehmen, restliches Öl und Ingwerwurzel hineinrühren, ebenfalls das Gemüse. Unter ständigem Wenden etwa 1 Minute dünsten, bis es duftet und glänzend ist. Brühemischung dazugießen, unter Rühren 1 Minute kochen. Fleisch daruntermischen und das Gericht sofort mit körnig gekochtem Reis oder Brot genießen.

LAMM-CURRY

500 g Lammfleisch von Nacken oder Schulter

1 EL Mehl, 1 Apfel

1 Zwiebel, 2 EL Öl

4 TL Curry, 1/4 l Fleischbrühe

1/2 TL Salz, 1/4 TL weißer Pfeffer

3 EL Zitronensaft

Lammfleisch in halbzentimeterdicke Streifen schnetzeln und in Mehl wenden. Apfel schälen, vierteln, entkernen und in Scheiben schneiden. Zwiebel schälen und würfeln. In einer großen Pfanne über starker Hitze Öl heiß werden lassen. Das Fleisch darin unter ständigem Wenden in etwa 2 Minuten hell bräunen. Aus dem Bratfett heben, Apfel und Zwiebel darin weich und glasig dünsten, dabei die Hitze reduzieren. Abseits vom Herd Curry hineinrühren und Fleischbrühe dazugießen. Salz, Pfeffer und Zitronensaft dazugeben und die Sauce in etwa 10 Minuten sämig kochen. Fleisch hineingeben und erhitzen, aber nicht kochen.
Dazu ißt man Reis, gebratene Bananen, Erdnüsse und eine Mischung aus hartgekochten Eiern und Schnittlauchröllchen.

Kalbsgeschnetzeltes, diese berühmte Schweizer Spezialität, schmeckt besonders gut mit Rösti oder Bratkartoffeln und einem frischen Salat.

NEUCHATEL
de la Ville
1969

FLEISCH UND INNEREIEN

GROSSE BRATEN aus kostbarem Fleisch sind die Stars der neuen deutschen Küche, wenn sie wie Steaks rosa und saftig sind. Um ganz sicher zu gehen, sollten wir für perfekte Braten unbedingt ein Fleischthermometer benutzen. Kleine Braten unter 1 Kilo braten wir besser und energiesparender in der Pfanne, weniger wertvolle Stücke mit Sehnen geraten am besten beim Schmoren auf dem Herd.

LAMMKEULE
mit Kräuterkruste

(Bild Seite 72/73)

2 kg Lammkeule am Knochen
4 abgezogene Knoblauchzehen
1 geschälte Zwiebel
4 EL gehackte Kräuter (Oregano, Salbei, Basilikum, Petersilie)
1 geh. TL Salz, 1/2 TL Pfeffer
1 TL scharfer Senf
4 EL Öl, 1/4 l Rotwein
1/4 l brauner Fond (Seite 15)

Den oberen Schaufelknochen der Lammkeule auslösen, damit man sie bei Tisch besser aufschneiden kann. Dann am Röhrenknochen einstechen und die Knoblauchzehen mit einem Holzlöffelstiel hineinschieben. Zwiebel feinhacken und mit Kräutern, Gewürzen, Senf und Öl mischen. Die Lammkeule mit dieser Paste einreiben, in den Bräter legen und bei 250° C auf der unteren Schiebeleiste 10 Minuten anbraten. Die Hitze auf 175° C reduzieren und 1 Tasse Rotwein in den Bräter gießen. Das Fleisch in Abständen von 15 Minuten mit Rotwein und Bratenfond begießen. Der Boden des Bräters soll immer gut bedeckt sein, damit kein kostbarer Bratensaft anbrennt. Lammkeule 45 Minuten braten, wenn sie innen rosa und saftig werden soll. Durchgebraten ist sie erst nach der doppelten Bratzeit. Am besten ein Fleischthermometer mit der Spitze mitten in die dickste Stelle stecken, aber nicht an den Knochen. Warten, bis es 60° C anzeigt und das Fleisch rosa gebraten ist. Durchgebraten ist es bei 80° C. Die fertige Lammkeule auf eine Platte legen und im ausgeschalteten Ofen noch etwa 15 Minuten ruhen lassen. Den Fond aus dem Bräter lösen, im Saucentopf kurz einkochen, abschmecken und durch ein feines Sieb in die Sauciere gießen.

LAMMRÜCKEN
mit Kräutern

Rezept für 6 Portionen:

1,2 kg Lammrücken
5 abgezogene Knoblauchzehen
1 TL Salz, 1/2 TL Pfeffer
1 TL Paprika edelsüß
2 EL gehackte Kräuter (Thymian, Basilikum, Rosmarin, Petersilie)
3 EL Öl

Das Fett des Lammrückens mit einem kleinen, spitzen Messer in gleichmäßigen Abständen einstechen und in Stifte geschnittene Knoblauchzehen hineinstecken. Die übrigen Zutaten mischen und den Rücken damit einreiben. In den Bräter legen, eine Tasse Wasser auf den Boden gießen, bei 225° C 10 Minuten anbraten. Die Hitze reduzieren und das Fleisch in weiteren 30 Minuten rosa braten. Nach Belieben auch etwas länger, wenn es stärker durchgebraten sein soll (siehe Lammkeule). Den Braten vor dem Aufschneiden 10 Minuten ruhen lassen. Inzwischen aus dem Bratenfond nach Belieben eine Sauce zubereiten.

Saftige Braten wie Lammrücken vor dem Aufschneiden ruhen lassen, damit sie so wenig wie möglich von ihrem kostbaren Saft verlieren. Dazu paßt knackig gekochtes Gemüse wie grüne Bohnen, Brokkoli, Rosenkohl — in Butter geschwenkt.

ROASTBEEF
mit Kräutern

Rezept für 12 Portionen:

1,5 kg Roastbeef mit Fettrand
2 Bund Petersilie
6 Blättchen Selleriegrün
6 Blättchen Basilikum
1 TL Majoranblättchen
1 TL Thymianblättchen
3 abgezogene Knoblauchzehen
1 TL feiner schwarzer Pfeffer
12 EL neutrales Öl, 2 TL Salz

Das Fleisch wie in der Bildfolge parieren und mit Kräutern, gehacktem Knoblauch und Pfeffer bedecken. Mit Öl tränken, damit die Kräuter nicht verbrennen.
Das Fleisch auf dem Rost über der Bratpfanne auf der unteren Leiste bei 220° C in den Ofen schieben. 1 Tasse Wasser — eventuell auch Rotwein — in die Bratpfanne gießen und das Roastbeef 40 Minuten braten. Dabei in den letzten 15 Minuten mit geöltem Pergamentpapier bedecken, damit die Kräuter nicht verbrennen. Danach die Garprobe machen, das Fleisch salzen, dick in Alufolie wickeln und vielleicht noch in ein dickes Tuch einschlagen, damit die Temperatur sich innen ausgleichen, aber nicht nach außen entweichen kann.
Aus dem Bratensaft, der sich bei den neuen Öfen unter der praktischen Spritzschutzpfanne ansammelt und weder verdunstet noch die Ofenwände bespritzen kann, nach Belieben eine Sauce zubereiten. Eventuell mit Bratenfond aus dem Vorrat ergänzen, wenn alles Fleisch warm als Braten serviert werden soll.
Ein großes Roastbeef ist auch für 4 Portionen lohnend, weil es an den nächsten Tagen kalt als Aufschnitt mit Remoulade oder Frankfurter Grüner Sauce und Röstkartoffeln gereicht werden kann.

1 **Fleisch parieren** heißt »herrichten«. Fett und Sehnen auf der fleischigen Seite mit spitzem Messer abschneiden und für Brühe oder Sauce verwerten. Fettrand am Fleisch lassen.

2 **Mit Kräutern bedecken.** Die frischen Kräuter sehr fein hacken, mit Knoblauch und Pfeffer mischen, gleichmäßig auf dem Fleisch verteilen und mit dem Handballen fest andrücken.

3 **Mit Öl begießen.** Den Braten auf dem Rost über der Bratpfanne (bei neuen Öfen mit praktischer Spritzschutzpfanne) mit Öl begießen und so alle Kräuter gleichmäßig tränken.

4 **Die Garprobe machen.** Geht bei Daumendruck die entstandene Delle langsam zurück, ist das Fleisch innen etwa 45° C warm. Exakt kann man das mit einem Fleischthermometer messen.

5 **In Alufolie ruhen lassen,** nachdem man das Fleisch gesalzen hat. Dick einwickeln. So kann sich die Wärme im Fleisch gleichmäßig verteilen und die Säfte sammeln sich.

6 **Das Fleisch aufschneiden,** wenn es etwa 30 Minuten geruht hat. Dann verliert es fast keinen Saft. Allerdings ist ein sehr scharfes Messer zum Aufschneiden nötig!

FLEISCH UND INNEREIEN

IN EINEN MANTEL GEHÜLLT werden die kleinen Braten von heute zu einer saftigen Augenweide. Wir können sie gut vorbereiten und das restliche Tun weitgehend dem Backofen überlassen. Eine praktische Methode, die das Fleisch schont und den Spaß am Kochen fördert. Wer erst einmal damit vertraut ist, kann den Mantel auch mit Blätterteig aus der Tiefkühltruhe oder einem beliebigen Brotteig machen. Als Inhalt empfiehlt sich gepökeltes Fleisch und gekochter Schinken, auch Lamm- und Kalbsrücken am Knochen oder ausgelöst. Frisches Fleisch muß bei dieser Zubereitungsart immer vorher angebraten werden. Und es wird besonders wohlschmeckend, wenn es beim Abkühlen von ein wenig gut gewürztem und sehr konzentriertem Fond umgeben ist, der seine Würze an das Fleisch abgibt, das am besten schon am Vortag so präpariert wird. Das Fleisch gut verpackt im Kühlschrank durchziehen lassen, bis es vollständig gekühlt ist.

RINDERFILET
im Teigmantel

600 g Rinderfilet (Mittelstück)

2 EL Öl

1 TL Salz, 1/4 TL Pfeffer

1/8 l trockener Rotwein

Für die Füllung:

200 g feines Kalbshackfleisch

1 Ei, 2 EL Sahne

je 1/2 TL Senf und Salz

1 TL grüner Pfeffer

3 El feingehackte Petersilie

30 g feingeriebene Zwiebel

1 EL Semmelbrösel

Für den Teig:

200 g Mehl, 1/2 TL Salz

100 g Butter, 2 EL Wasser

1 Eigelb und 2 EL Sahne zum Bestreichen

Das Fleisch mit Öl einreiben und 30 Minuten ruhen lassen. Die Pfanne stark erhitzen, das Fleisch darin 10 Minuten anbraten, dabei häufig wenden. Dann auf Alufolie legen und mit Salz und Pfeffer bestreuen. Rotwein in die Pfanne geben und bis auf einen kleinen Rest mit dem Bratfond verkochen. Das Filet damit bestreichen, in die Folie einwickeln und im Kühlschrank kalt werden lassen. Für die Füllung alle Zutaten gründlich miteinander verkneten und abschmecken. Das Fleisch dafür nach Belieben auch selbst durch den Fleischwolf treiben. Für den Teig Mehl auf die Arbeitsfläche geben und eine Mulde hineindrücken. Salz, Butterstückchen und Wasser dazu, darüber Mehl von außen. Mit dem Messer hackend bearbeiten, bis kleine Brösel entstanden sind. Rasch mit den Händen zusammenwirken, zugedeckt 30 Minuten ruhen lassen und kühl stellen. Danach kurz geschmeidig kneten und 3 mm dick ausrollen. Auf die Mitte 1/4 des Fleischteiges geben, das Filet darauflegen und in die übrige Fleischfarce einhüllen. Den Teig von den Seiten darüber zusammenlegen und mit der Nahtstelle nach unten auf ein Backblech legen. Die seitlichen Öffnungen mit Teig verschließen und aus dem restlichen Teig feine Streifen ausradeln. Dekorativ über den Teigrücken legen und mit einer Mischung aus Eigelb und Sahne bestreichen. Bis zum Braten kühlen und dabei zudecken. Eine Stunde vor dem Essen bei 200° C in den vorgeheizten Backofen schieben und auf der mittleren Leiste in etwa 50 Minuten goldbraun backen. Vor dem Aufschneiden noch 10 Minuten ruhen lassen, damit sich der Fleischsaft sammeln kann und beim Anschneiden nicht ausläuft. Dazu schmeckt in Butter geschwenktes Gemüse wie grüne Bohnen, junge Erbsen mit Möhren und Spargel oder Blumenkohl.

Auch 8 Grilltomaten, die mit einer Mischung aus 2 EL Olivenöl, 1/2 TL Salz, 4 EL Semmelbrösel, 1 zerquetschten Knoblauchzehe, 1/2 TL Pfeffer, 1 TL feingehacktem Basilikum und 2 EL feingehackter Petersilie bedeckt und überbacken werden können, ergänzen das Gemüse hervorragend.

KASSELER
in der Salzkruste

600 g ausgelöstes Kasseler
2 EL gehackte Petersilie
1 EL feingeschnittene Minze
1 TL feingeschnittener Salbei
1 EL feingehackter Thymian
1/2 EL feingehackter Rosmarin
1 TL schwarzer Pfeffer, 2 EL Öl
2 kg grobes Salz
2 Eiweiß, 1/8 l Wasser

Das Fleisch mit spitzem Messer sorgfältig enthäuten. Die Kräuter mit Pfeffer und Öl mischen und das Kasseler gleichmäßig damit bestreichen. Salz mit Eiweiß und Wasser mischen, 2 cm hoch auf ein Backblech geben. Das Fleisch in die Mitte legen und in Salz einhüllen, das mit der Hand fest angedrückt wird. Auf der mittleren Schiebeleiste bei 210° C im vorgeheizten Ofen 45 Minuten backen. Die Salzkruste während dieser Zeit alle 10 Minuten mit etwas Wasser besprühen, damit sie nicht aufspringt. Wenn das Kasseler fertig ist, 5 Minuten ruhen lassen, die Salzkruste mit einem stabilen Messer aufbrechen und das Fleisch herausnehmen. Bei Tisch in 1 cm dicke Scheiben aufschneiden. Dazu schmeckt zum Beispiel Kartoffelgratin und Tomatensalat.

TIP: Eine andere Art von Mantel ist die Bratfolie, die zartes und mageres Fleisch vor dem Austrocknen schützt. Dabei ist das Aroma aller Zutaten in einem feuchten Klima fest eingefangen und es entsteht ein konzentrierter Bratenfond, der schon als klarer Saft gut schmeckt und zu einer fabelhaften Sauce vollendet werden kann.

Eine Salzkruste ist eine atmungsaktive Hülle für hochwertige Zutaten, die es verdienen, ihr ganzes Aroma zu behalten. Sie überträgt kein Salz auf das kostbare Gut, das hier ein mild gepökeltes Kasseler ist, aber auch ein edler Fisch oder ein erstklassiges Huhn sein kann. Beim Umhüllen etwas Salzbrei zurückbehalten und die Kruste notfalls damit flicken, falls sie während des Backens reißt.

FLEISCH UND INNEREIEN

GULASCH ist auf beste Art geschmortes Fleisch, das ganz langsam garen und so zart sein soll, daß es auf der Zunge zergeht. Wir braten es nicht an und machen es lieber auf ungarische Art, weil es dabei besonders saftig wird. Dazu den Topf ganz fest verschließen und verdampfte Flüssigkeit notfalls durch Brühe oder Wein ersetzen. Das Fleisch für Gulasch kann vom Lamm, Rind oder Schwein stammen. Es sollte leicht durchwachsen und sehnig sein, weil es dann die Sauce angenehm bindet und kräftig macht. Beginnen wir mit einem Gulasch aus seiner Heimat Ungarn, das von einer Universitätsstadt an der Theiß seinen Namen hat.

SZEGEDINER GULASCH

600 g Schweinefleisch (Brust)
2 große Zwiebeln, 2 EL Schmalz
3 TL Paprika edelsüß
375 g Sauerkraut, 1 TL Kümmel
2 EL Tomatenmark
15 cl dicke saure Sahne
Salz, Pfeffer und Rosenpaprika

Das Schweinefleisch in 2 cm große Stücke schneiden. Zwiebeln schälen und feinhacken. Schmalz im Schmortopf über mittlerer Hitze heiß werden lassen, die Zwiebeln darin unter ständigem Wenden goldgelb rösten. Abseits vom Herd Paprika edelsüß hineinrühren und das Fleisch daruntermischen. Dann bei milder Hitze zugedeckt dünsten, nach 30 Minuten Sauerkraut und Kümmel auf das Gulasch geben und 30 Minuten mitdünsten. Anschließend Tomatenmark und Sahne in das Gulasch mischen und mit Salz, Pfeffer und Rosenpaprika würzen. Noch 10 Minuten ziehen lassen, abschmecken und mit Nudeln oder Salzkartoffeln servieren. Dazu kühles Bier oder Mineralwasser anbieten, weil das herzhafte Essen durstig macht.

In der Pußta Hortobágy bei den Pferdehirten — den Csikós — wird ungarisches Gulasch über offenem Feuer in riesigen Kesseln geschmort und mit großen Kellen in tiefe Teller geschöpft. Es schmeckt hinreißend und wird treffend nach seinem Kochgefäß benannt.

KESSELGULASCH

600 g Rindfleisch (Bug oder Kamm)
200 g geschälte Zwiebeln
2 abgezogene Knoblauchzehen
60 g Schmalz
2 EL Paprika edelsüß
1 Msp. gemahlener Kümmel
1 Msp. zerriebener Majoran
1/2 l Fleischbrühe
150 g Tomaten
150 g Paprikaschote
600 g mehlig kochende Kartoffeln
Salz, 1 Ei, 60 g Mehl

Fleisch in 2 cm große Stücke schneiden. Zwiebeln und Knoblauch würfeln. Schmalz im Schmortopf über mittlerer Hitze heiß werden lassen, Zwiebeln und Knoblauch darin rühren, bis sie goldgelb sind. Paprika abseits vom Herd dazugeben, die Fleischwürfel, Kümmel und Majoran daruntermischen. Mit heißer Brühe aufgießen, zugedeckt über schwacher Hitze eine gute Stunde schmoren lassen. Tomaten und geputzte Paprikaschote in kleine Stücke schneiden, Kartoffeln schälen und würfeln, zum Gulasch geben und weitere 20 Minuten schmoren. Das etwas suppige Kesselgulasch mit Salz abschmecken. Ei und Mehl miteinander glatt verkneten, davon mit den Fingern kleine Stückchen (Nocken) abzupfen und ins Gulasch geben. Etwa 10 Minuten ziehen lassen, noch einmal abschmecken und mit frischem Bauernbrot servieren. Kesselgulasch ist ein kulinarischer Genuß, den man mit einem kräftigen ungarischen Rotwein beschließen kann.

LAMMGULASCH

600 g Lammschulter
400 g geschälte Schalotten
2 abgezogene Knoblauchzehen
200 g Möhren
100 g Sellerie
40 g Butter
1 TL zerriebener Rosmarin
1 Lorbeerblatt
1/8 l Fleischbrühe
1/8 l trockener Rotwein
2 EL Tomatenmark
Salz und schwarzer Pfeffer
4 El gehackte Petersilie

Das Fleisch in 2 bis 3 cm große Stücke schneiden. Schalotten und Knoblauchzehen fein würfeln. Möhren und Sellerie schälen und in kleine Würfel schneiden.
Butter im Schmortopf über mittlerer Hitze aufschäumen lassen. Schalotten und Knoblauch darin unter ständigem Wenden braun anbraten. Möhren und Sellerie dazugeben und immerzu rühren, bis sie braun sind. Fleisch, Rosmarin und Lorbeerblatt daruntermischen und oft wenden, bis die Fleischwürfel grau geworden sind. Fleischbrühe und Rotwein langsam am Topfrand angießen, damit der Inhalt kochend heiß bleibt. Dann die Hitze drosseln und das Gulasch zugedeckt ganz schwach schmoren lassen, bis das Fleisch nach etwa 60 Minuten weich und gar ist. Tomatenmark hineinrühren, mit Salz und Pfeffer abschmecken und noch kurz ziehen lassen. Das Lorbeerblatt entfernen und das Gulasch mit glatter, gehackter Petersilie bestreuen, die würziger als die krause ist.

Lammgulasch von seiner besten Seite: Saftige Fleischstücke in einer konzentrierten Sauce, die durch Gemüse auf leichte Art angenehm gebunden ist. Dazu knackig gegarte Bohnen, mit frischen Tomaten in Butter geschwenkt.

FLEISCH UND INNEREIEN

GEKOCHTES FLEISCH wird, treffender gesagt, in Wasser knapp unter dem Siedepunkt bei etwa 95° C gegart, damit es zart und saftig wird. Beim sprudelnden Kochen gerät es zäh und trocken.
Am besten geeignet sind die muskulösen Stücke mit ihrem gelatinehaltigen Bindegewebe, das durch langsames Garen allmählich weich wird, die Fleischstücke zusammenhält und nicht faserig werden läßt. Beinfleisch, Rippen und Schulter sind solche Stücke, die außerdem genug Eigengeschmack haben, die aber ohne langes und sanftes Garen zäh werden.

Egal, ob Sie das Fleisch kalt aufsetzen oder in kochendes Wasser legen, es ist erwiesen, daß Fleisch bei beiden Garmethoden nicht mehr und nicht weniger stark auslaugt. Wichtig ist, die Hitze so zu regulieren, daß die Brühe nach etwa 30 Minuten kocht und beim Garziehen des Fleisches fast unmerklich simmert. Wie in der Bildfolge (Seite 10) abschäumen, damit die Brühe schön klar wird. Erst danach würzen und Kräuterbündel sowie Würzgemüse hineinlegen. Gemüse als Beilage erst gegen Ende der Garzeit hinzufügen, damit es farbenfroh und knackig auf den Tisch kommt. Seiner Art und Größe entsprechend kurz oder länger garen, feingeschnittenen Porree nur wenige Sekunden, ganze Möhren bis 30 Minuten. Kohlgemüse vor dem Einlegen einige Minuten blanchieren, weil die gute Brühe sonst einen herben, unangenehmen Beigeschmack bekommt.

Das Fleisch ist gar, wenn es weich und zart ist. Am besten mit der Spitze eines scharfen Messers hineinstechen, um das zu prüfen. Man spürt den Grad der Zartheit am Widerstand, der zunehmend nachläßt.
Fleisch für den nächsten Tag etwa 30 Minuten kürzer garen, 1 Stunde abseits vom Herd zugedeckt ziehen lassen, rasch abkühlen und in der Brühe kühl stellen. So wird es besonders saftig und leicht rosig. Kalt läßt es sich dann in sehr schöne, glatte, dünne Scheiben schneiden. Für diesen Zweck unregelmäßige Stücke vor dem Garen in Form binden. Heißes Fleisch vor dem Aufschneiden etwa 10 Minuten ruhen lassen, damit sich der Saft sammelt. Kaltes Fleisch in etwas Brühe erwärmen, aber nicht kochen. Jetzt abschmecken, falls das noch nötig ist.
Die Brühe für Bouillonkartoffeln und Saucen verwenden, auch durch ein Tuch filtern und mit beliebiger Garnitur als Vorgericht genießen. Zum Fleisch außer Gemüse und Kartoffeln Meerrettichsauce, Zwiebelsauce oder Frankfurter Grüne Sauce servieren. Alle hier genannten Rezepte sollen ein Anreiz für Kreationen am eigenen Herd sein.

BOLLITO MISTO

Rezept für 12 Portionen:

500 g Rindernacken
500 g Kalbshaxe
500 g gerollter Kalbskopf
500 g gepökelte Kalbszunge
1 Poularde, 4 Markknochen
Salz, 2 EL Pfefferkörner
2 geschälte Zwiebeln
1 Möhre, 1/4 Sellerieknolle
2 Stangen Porree

Etwa 3 l Wasser im größten Topf über mittlerer Hitze aufsetzen. Das Fleisch nacheinander hineingeben, damit alle Stücke gleichzeitig gar werden. Rindfleisch 3 Stunden, Kalbfleisch 2 Stunden und Poularde sowie Markknochen in den letzten 40 Minuten mitgaren. Dann auch Gewürze und das geputzte Gemüse beifügen und die Brühe abschmecken. Das fertige Fleisch auf einem großen Brett mit Saftrille anrichten, die Zunge vorher abziehen und den Faden vom Kalbskopf entfernen. Die Markknochen dazulegen und das Mark nach Belieben mit grobem Salz und Schnittlauch bestreuen. Die durchgeseihte Brühe abschmecken und pur oder mit Nudeln als ersten Gang servieren, während das Fleisch zugedeckt im Ofen bei niedrigster Temperatur in Ruhe seine Säfte sammelt. Erst bei Tisch aufschneiden und dazu Salsa verde, Salzkartoffeln und Mixed Pickles servieren. Nach original italienischem Rezept gehören in diesen gemischten Fleischtopf außerdem Zampone (gefüllter Schweinsfuß) und Cotechino oder Luganighe (italienische Würste), die extra gekocht werden, hierzulande aber nur selten zu haben sind. Das Gemüse nach Belieben zum Bollito misto garnieren oder am nächsten Tag in eine Suppe schneiden, die aus der restlichen Brühe gekocht wird.

FRANKFURTER GRÜNE SAUCE

je 2 EL Borretsch, Gartenkresse, Petersilie, Pimpinelle, Schnittlauch, Sauerampfer, junger Spinat
je 1 TL Dill, Estragon, Liebstöckel, Selleriegrün und Zitronenmelisse
1 geschälte Schalotte
1 hartgekochtes Ei
150 g Joghurt, 100 g Mayonnaise
1 TL mittelscharfer Senf
je 1/2 TL Salz und Zucker
1/4 TL schwarzer Pfeffer
2 EL Zitronensaft

Die Kräuter waschen, von den dicken Stengeln zupfen, mit der Schere grob zerschneiden und nach und nach in den laufenden Mixer der Bosch-Küchenmaschine geben. Die übrigen Zutaten mitmixen und die Sauce abschmecken. Die Kräuter kann man auch auf dem Brett feinhacken und mit den übrigen Zutaten verrühren. Diese Sauce wird nicht so fein und intensiv grün wie die maschinell gemixte. Geschmacklich kommt sie ihr nahe, wenn sie gut zugedeckt einige Stunden im Kühlschrank geruht hat.

FRIESISCHES PÖKELFLEISCH

750 g mild gepökelte Rinderbrust

1 Lorbeerblatt, 4 Nelken

2 Zwiebeln, 1 Petersilienwurzel

1/4 Sellerieknolle, 4 Möhren

Fleisch mit Wasser bedeckt aufsetzen, aufkochen und mit den Gewürzen 2 Stunden leise siedend garen. Das geputzte Gemüse schälen und in den letzten 30 Minuten mitgaren. Zum Fleisch in Scheiben anrichten und dazu Salzkartoffeln, Sahne-Meerrettich und nach Belieben auch frisches Apfelmus, Preiselbeerkompott, süßsaure oder Senfgurken und rote Bete servieren. Die Brühe für ein herzhaftes Eintopfgericht verwerten.
Kaltes Fleisch in dünne Scheiben schneiden, zum Beispiel mit einer Sauce aus 2 Teilen Senf, 1 Teil Johannisbeergelee und 2 Eigelb.

ITALIENISCHE GRÜNE SAUCE

Salsa verde

1 Zwiebel, 1 Knoblauchzehe

2 Cornichons, 10 Kapern

4 EL gehackte Petersilie

1 EL feingeschnittenes Basilikum

1/2 TL zerriebener Thymian

4 EL Weinessig, 8 EL Olivenöl

Salz und schwarzer Pfeffer

Zwiebel und Knoblauch schälen und würfeln, ebenso die Cornichons. Kapern und Kräuter mit auf das Brett geben und alles zusammen sehr fein hacken oder die Zutaten im Mixer pürieren. Weinessig und Öl dazugeben und die Sauce mit Salz und Pfeffer abschmecken.

POT AU FEU

Rezept für 8 Personen:

750 g Brustspitze vom Rind

1 Lorbeerblatt, 1 TL Salz

10 weiße Pfefferkörner

1 geschälte Zwiebel

10 Petersilienstengel

1 Suppenhuhn (etwa 1,5 kg)

400 g weiße Rübchen

400 g Möhren

400 g Sellerie, 400 g Porree

Das Fleisch im großen Suppentopf über mittlerer Hitze mit etwa 2 l Wasser zum Kochen bringen. Abschäumen, Gewürze und Petersilie dazugeben und nun über schwacher Hitze 3 Stunden leise siedend garen. Inzwischen das Suppenhuhn in 6 bis 8 Stücke zerlegen (Seite 106) und waschen. Rübchen, Möhren und Sellerie schälen und in 2 cm dicke Stücke schneiden. Porree längs halbieren, waschen und in 3 cm lange Stücke teilen. Das Huhn nach 2 1/2 Stunden zum Fleisch geben, das Wurzelgemüse 10 Minuten später und den Porree erst in den letzten 10 Minuten hinzufügen. Rindfleisch in Scheiben geschnitten anrichten, dazu Huhn und Gemüse. Etwas gut gewürzte Brühe heiß darübergießen. Kleine Kartoffeln, die geschält in etwas Brühe gekocht werden, passen dazu, auch Stangenweißbrot. Die Brühe mit feinen Schnittlauchringen bestreut als Vorgericht genießen.

Pot au feu aus Frankreich ist ein Suppeneintopf, der wie alle Spezialitäten auf die unterschiedlichste Art zubereitet wird. Er schmeckt ganz schlicht mit einer Sorte Fleisch, besser aber aus einem Riesentopf, in dem viele Fleischstücke vereint gegart werden. Zum Beispiel auch Huhn und die Haxen von Lamm und Kalb. Die verschiedenen Fleischsorten in vielen Gängen oder als einzelne Mahlzeiten genießen. Huhn mit Markklößchen in Brühe anrichten, Lamm mit Tomatensauce und Reis, Kalb mit Senfsauce und Bohnen und Rind mit Meerrettichsauce und Gemüse.

DIE ZUNGEN von Rind, Schwein, Lamm oder Kalb bereichern viele Fleischtöpfe internationaler Machart. Den italienischen Bollito misto ebenso wie den französischen Pot au feu. Sie sind aber auch allein mit feinen Saucen und Beilagen wie frischem Gemüse, Reis, Salzkartoffeln oder Püree eine Delikatesse. Zungen vom Rind bevorzugen wir gepökelt und manchmal auch angeräuchert, die feinen Zungen von Kalb und Lamm schmecken frisch gekocht am besten.

Alle Zungen zuerst einige Stunden in kaltes Wasser legen, damit überschüssiges Salz entzogen wird oder Blutreste ausgeschwemmt werden. Zum Entfernen der Schmutzreste mit kaltem Wasser bedecken, aufkochen und abgießen. Topf und Zunge abspülen, mit frischem Wasser aufsetzen und über schwacher Hitze leise sieden lassen. Rinderzunge 2 Stunden, die kleineren Exemplare etwa 45 Minuten. Im Kochwasser abkühlen lassen, die Haut an der Unterseite mit spitzem Messer lösen und mit den Händen abstreifen. Alles Fett und knorpelige Teile abschneiden, die Knöchelchen am Zungenansatz entfernen.

Die Brühe durchseihen, die Zunge wieder hineingeben und erst jetzt nach Bedarf salzen. Suppengemüse, Zwiebel oder Knoblauch, Bouquet garni und Gewürze wie Lorbeerblatt, Pfefferkörner und Nelke beifügen. Die nachfolgende Kochzeit ist noch lange genug, daß vom Fleisch die Aromen aufgenommen werden können. Die Zunge leise sieden lassen, bis die Spitze sich ganz weich anfühlt. Rinderzunge braucht noch etwa 1 Stunde, kleinere Zungen entsprechend weniger Zeit.

Gepökelte Rinderzunge mit einer kräftigen Rotweinsauce, mit Salzkartoffeln und verschiedenen Gemüsen, ist ein feines Gericht. Hier sind einzeln sautiert und beim Anrichten gemischt: Zucchini, Schalotten, Staudensellerie und Tomaten.

Diese Vorbereitungen kosten viel Zeit, machen aber nur wenig Arbeit, die sich gut nebenbei erledigen läßt. Ein Kurzzeitwecker erinnert an abgelaufene Zeiten und das zarte Fleisch bleibt bis zum nächsten Tag im kühlen Kochsud, in dem es schön durchzieht und saftig bleibt. Noch kalt in schräge Scheiben schneiden, an der Spitze beginnend. Das geht so leichter und ergibt besonders schöne, glatte Scheiben, die in Brühe oder Sauce rasch wieder heiß werden, dann aber nicht mehr aufkochen sollten.

Zu einer gepökelten Rinderzunge schmecken Meerrettichsauce und leicht süßsauer abgerundete Saucen mit Madeira, Rotwein oder Cidre, auch ergänzt mit glasierten Schalotten, eingeweichten Korinthen oder Rosinen, blanchierten Mandelblättchen oder Pinienkernen. Für frische Zungen wählen wir helle und milde Saucen wie eine Velouté (Seite 18), mit frischen Kräutern wie Schnittlauch, Basilikum, Petersilie oder ein bißchen Estragon.

Die Zunge vom Lamm ist für 1 Portion groß genug, die vom Schwein ist etwa doppelt so schwer. Eine Kalbszunge macht 4 Personen satt und eine Rinderzunge reicht für 8 Portionen und mehr.

Zwiebelsauce für frische und gepökelte Zunge vom Schwein

Eine große Gemüsezwiebel (etwa 200 g) im Kochwasser der Zunge 1 Stunde garen, abziehen, durch ein Sieb streichen oder im Mixer pürieren. 40 g Butter im Saucentopf aufschäumen lassen, bis sie hell gebräunt ist. Das Zwiebelpüree hinzufügen, ebenso 1/8 l Sahne, 1 TL scharfen Senf oder 100 g geriebenen Apfel. Die Sauce mit Salz und Pfeffer abschmecken.

Teufelssauce für frische und gepökelte Zunge

2 feingehackte Schalotten mit 1/4 l trockenem Weißwein und 5 cl Weißweinessig kochen, bis 2/3 der Flüssigkeit verdampft ist. 1/4 l reduzierte Zungenbrühe auf den Salzgehalt überprüfen, zu den Schalotten geben und mit 1 EL Semmelbröseln 10 Minuten leise sieden lassen. Die Sauce durch ein Sieb streichen, mit Cayennepfeffer schärfen und etwas feingehackte Petersilie beifügen.

Rotweinsauce für gepökelte Rinderzunge

Je 1/4 l Zungenbrühe und Rotwein zusammen auf weniger als die Hälfte einkochen. 1/4 l braunen Fond dazugeben und die Sauce weiter reduzieren, bis sie leicht gebunden ist. Mit Salz, Pfeffer und Zitronensaft geschmacklich abrunden. Abseits vom Herd kalte Butterflöckchen beifügen und mit dem Schneebesen verschlagen. Die Butter macht die Sauce auch noch etwas sämiger.

Grüne Sauce für frische Lammzunge

250 g Sauerampfer waschen, abtropfen lassen und mit 50 g Butter fest zugedeckt 15 Minuten dünsten. Dann durch ein Sieb streichen oder im Mixer pürieren, mit etwa 1/8 l Sahne erhitzen und mit Salz, Pfeffer sowie einer Prise Zucker abschmecken. Die Sauce sofort servieren und nur mit säurefesten Gegenständen in Berührung bringen, weil sie sonst geschmacklich leidet.

Selleriesauce für frische Kalbszunge

150 g Sellerie mit der Zunge weichkochen und durch ein Sieb streichen. Aus der Zungenbrühe 1/4 l Velouté bereiten, mit dem Selleriepüree verrühren und mit Salz, Pfeffer und einem Hauch gemahlener Muskatblüte abschmecken.

FLEISCH UND INNEREIEN

KALBSBRIES, auch Schweser und Milch genannt, stammt von jungen Tieren, die die Drüse zur Milchverwertung brauchen. Je jünger das Kalb, um so größer das Bries, das sich mit zunehmendem Alter zurückbildet. Kalbsbries gehört in der anspruchsvollen Küche zu den begehrtesten Stücken, die immer auf die gleiche Art vorbereitet werden. Zuerst mehrere Stunden in kaltes Wasser legen, das ab und zu erneuert wird, damit die roten Säfte herausgespült werden und das Bries schön weiß wird. Dann mit kaltem Wasser bedeckt zum Kochen bringen, abgießen und in kaltem Wasser wieder abkühlen. Anschließend den runden vom länglichen Teil trennen und alle faserigen, fetten und knorpeligen Teile entfernen. Nach Wunsch noch in ein Tuch einschlagen, mit Brett und Gewichten beschwert mindestens 1 Stunde ruhen lassen und erst dann in Scheiben schneiden, die so besser zusammenhalten. Oder das Bries in seine natürlichen Bestandteile zupfen und als Einlage für eine Brühe oder als Zutat für ein feines, helles Ragout mit Kalbfleisch, Huhn oder Meeresfrüchten verwenden.

Für gebratenes Kalbsbries Butter in einer Pfanne über guter Hitze aufschäumen lassen, Kalbsbriesscheiben nebeneinander hineinlegen und pro Seite nur 1 Minute bräunen. Salzen, pfeffern, mit Zitronensaft beträufeln und zum Beispiel mit Kartoffelpüree und jungen Erbsen, Blattspinat, Stangenspargel oder Bohnenpüree genießen. Das Kalbsbries nach Belieben auch in verquirltem, gewürztem Ei wenden, wie oben braten und zum Schluß mit feingehackter Petersilie schwenken. Dann statt Gemüse grünen Salat in Kräutersauce dazu essen.

Kalbsbries nach Art der Winzer ist auch ohne die kostbare Trüffel ein lukullisches Abenteuer, das selbst verwöhnte Gaumen entzücken kann.

KALBSBRIES
nach Art der Winzer

600 g Kalbsbries
250 g Porree, 200 g Möhren
1 geschälte Zwiebel
1 abgezogene Knoblauchzehe
100 g Stangensellerie
60 g Butter
1/8 l Kalbsfond
1/8 l trockener Weißwein
1/8 l Sahne
1 TL Salz, 1/4 TL weißer Pfeffer
1 Msp. geriebene Muskatnuß
1 EL Zitronensaft
4 Scheiben schwarze Trüffel

Kalbsbries wie nebenstehend vorbereiten. Porree putzen, in feine Streifen schneiden, waschen und abtropfen lassen. Möhren schälen und in streichholzfeine Stäbchen schneiden. Zwiebel, Knoblauch und Stangensellerie fein hacken.
Butter in einem Schmortopf über mittlerer Hitze aufschäumen lassen. Möhren darin wenden, bis sie glasig sind. Anschließend Porree eine halbe Minute in der Butter schwenken. Das Gemüse in ein Sieb schütten, den abgelaufenen Saft zurück in den Topf geben. Zwiebel, Knoblauch und Sellerie hineingeben und weich dünsten. Kalbsfond, Weißwein und Sahne dazugießen, aufkochen und mit Salz und Pfeffer abschmecken. Das Kalbsbries hineinlegen und zugedeckt über schwacher Hitze 20 Minuten dünsten, dabei ab und zu wenden. Die Sauce durch ein Sieb in einen neuen Topf gießen und die Rückstände gut durchdrücken. Die Sauce kurz sämig kochen, mit Muskat und Zitronensaft abschmecken und das Gemüse darin erhitzen. Kalbsbries in Scheiben schneiden, anrichten, mit der Gemüsesauce überziehen und mit Trüffelscheiben garnieren. Dazu weiße oder grüne Bandnudeln servieren.

SCHWEINENIEREN sind preiswert und können eine Delikatesse sein, wenn wir sie so zubereiten, daß sie saftig und nicht trocken werden. Nach dem Beispiel auf dieser Seite können auch Nieren von Kalb, Rind und Lamm schnell angedünstet und kurz geschmort werden. Gut schmecken Nieren auch mit feinen Streifen frischer oder eingelegter Gurke in einer Sauce mit Senf, leicht süßsauer abgeschmeckt. Nieren immer ganz frisch und gut ausgeblutet beim Fleischer des Vertrauens kaufen und frisch zubereiten. Dann riechen und schmecken sie angenehm würzig. Das oft empfohlene Wässern laugt die Nieren nur aus und vermag unangenehmen Geruch nicht restlos zu entfernen.

SCHWEINENIEREN
auf Feinschmecker Art

4 Schweinenieren
5 geschälte Schalotten
2 abgezogene Knoblauchzehen
je 1 rote und grüne Paprikaschote
2 Tomaten, 2 EL Öl
je 10 cl Bordeaux und Fleischbrühe
je 3 EL Sherry und Sahne
1 TL Salz, 1/2 TL Pfeffer
1 EL Paprika edelsüß

Die Nieren wie in der Bildfolge vorbereiten. Schalotten und Knoblauch fein würfeln. Paprikaschoten vierteln, entkernen und würfeln. Tomaten am Stielansatz keilförmig einschneiden, brühen, enthäuten, vierteln, entkernen und in Würfel schneiden. Die Schweinenieren wie nebenstehend zubereiten und sofort danach servieren. Dazu Kartoffelpüree und vielleicht auch grünen Salat mit Vinaigrette reichen.

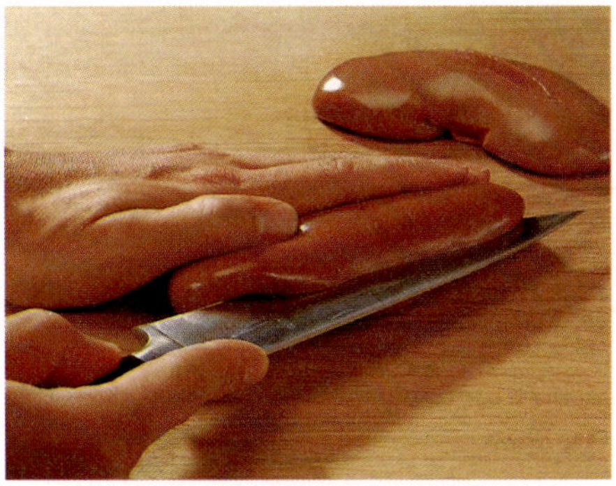

1 **Schweinenieren aufschneiden.** Waagerecht in zwei Hälften schneiden. Auch Nieren von Lamm, Rind und Kalb so aufschneiden, damit Sehnen und Röhrchen entfernt werden können.

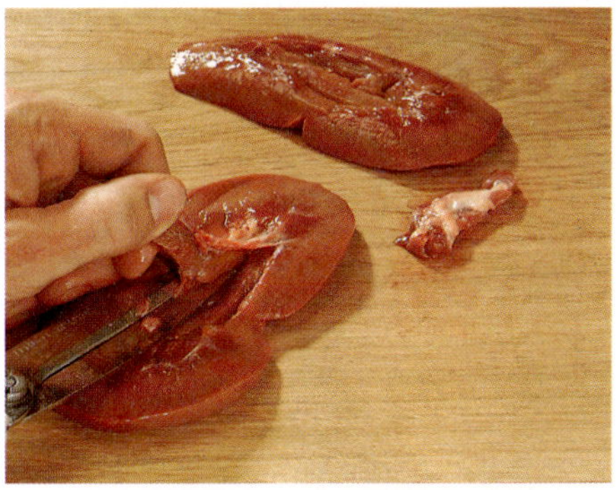

2 **Die weißen Teile entfernen,** dazu ein spitzes Messer oder eine Schere benutzen. Die Sehnen anfassen, knapp darunter abschneiden. Das saftige Fleisch waschen und abtrocknen.

3 **Die Nieren schnetzeln.** Mit der Schnittfläche auf die Arbeitsplatte legen und mit einem scharfen Messer in 1/2 cm dicke Streifen schneiden, nach Wunsch mit Mehl bestauben.

4 **Die Nieren andünsten.** Zuerst Schalotten und Knoblauch würfeln und über mäßiger Hitze in Öl glasig dünsten. Die Nieren darin unter ständigem Wenden 3 Minuten dünsten.

5 **Paprika und Tomaten** dazugeben und daruntermischen. Rotwein und Brühe am Rand der Pfanne langsam angießen, damit der Inhalt kochend bleibt. Noch 3 Minuten schmoren.

6 **Sherry und Sahne** darüberlöffeln, nachdem man sie miteinander verrührt hat. Aufkochen, von der Hitze nehmen und mit Salz, Pfeffer und Paprika pikant abschmecken.

FLEISCH UND INNEREIEN

KALBSNIEREN in jeder Form immer nur kurz braten und nicht langsam bei geringer Hitzc im eigenen Saft schmoren lassen, weil sie dann zäh und trocken werden. Deshalb das Kochgeschirr zuerst gut heiß werden lassen, dann das Bratfett darin erhitzen und nur soviel auf einmal braten, daß alle Stücke den Pfannenboden berühren. Schnell unter ständigem Wenden hell anbraten und wieder aus dem Fett heben. Aus dem Bratfett mit weiteren Zutaten wie Wein, Fleischbrühe, Sahne und Gewürzen eine würzige Sauce zubereiten und das angebratene Fleisch darin wieder erhitzen, aber nicht kochen. Im Ganzen gebraten oder gegrillt sind Kalbsnieren fertig, wenn beim Anstechen klarer Fleischsaft austritt, der nicht mehr rosa ist.

KALBSNIEREN
im Speckmantel

500 g Kalbsnieren (2 Stück)
Salz und Pfeffer
100 g Frühstücksspeck in dünnen Scheiben
2 Zwiebeln
250 g Champignons
1 EL Öl, 30 g Butter
4 EL trockener Sherry
1/8 l brauner Fond
1/8 l Crème fraîche

Die Nieren waagerecht durchschneiden, alle weißen Teile mit einem spitzen Messer oder einer spitzen Schere abschneiden. Die Nieren kalt waschen und in Küchenkrepp sehr gut abtrocknen. Die Schnittflächen mit je 1/4 TL Salz und Pfeffer bestreuen, die Nieren in Speck einhüllen, mit Bindfäden umwickeln und zusammenbinden.
Zwiebeln schälen und fein würfeln. Champignons putzen und in Scheibchen schneiden. Öl im Bratentopf über guter Mittelhitze heiß werden lassen. Die Nieren hineinlegen und unter öfterem Wenden 10 Minuten braten. Auf eine vorgewärmte Platte legen und zugedeckt heiß halten. Butter und Champignons ins Bratfett geben und unter ständigem Rühren 2 Minuten anbraten. Die Zwiebeln dazugeben und eine Minute braten. Sherry, braunen Fond und Crème fraîche beifügen, kurz aufkochen, mit Salz und Pfeffer abschmecken. Nieren mit ihrem Saft in die Sauce geben und noch 2 Minuten ziehen lassen. Auf vorgewärmten Tellern mit Reis anrichten, dazu grünen Salat mit Sauce Vinaigrette servieren.

Nieren und Leber am besten auf vorgewärmten Tellern anrichten und ganz frisch zubereitet genießen. Links Kalbsnieren einmal im Speckmantel und einmal im Salatmantel, rechts oben Kalbsleber mit Schinkenspeck und Salbei.

KALBSNIEREN
im Salatmantel

500 g Kalbsnieren (2 Stück)
Salz und weißer Pfeffer
40 g Butter
1 großer Kopfsalat
1 l würzige Fleischbrühe
2 cl Weinbrand
1 EL mittelscharfer Senf
1/4 l Sahne
1 Spritzer Zitronensaft

Die Nieren waagerecht bis über die Mitte einschneiden, alle weißen Teile mit spitzer Schere und spitzem Messer abschneiden. Die Nieren kalt waschen, gut abtrocknen und die Schnittflächen mit 1/4 TL Salz und 1/4 TL weißem Pfeffer bestreuen. Butter in einer Pfanne über guter Mittelhitze bräunen, die Nieren hineinlegen und unter öfterem Wenden 5 Minuten anbraten. Von der Hitze nehmen.
Salat putzen, zerteilen und je 8 Blätter auf 2 nasse Tücher legen. Die Nieren darauflegen, mit den Salatblättern umwickeln und fest in die Tücher einschlagen. Jedes Tuch gut zusammenstecken oder -binden. Fleischbrühe aufkochen, die Päckchen hineinlegen und 10 Minuten leise sieden lassen.
Für die Sauce Weinbrand ins Bratenfett geben und kurz kochen. Senf, Sahne und Zitronensaft dazugeben und kochen, bis die Sauce leicht gebunden ist, dann mit Salz und Pfeffer abschmecken. Die Nieren zum Anrichten aus den Tüchern wickeln und in Scheiben schneiden. Dazu die Sauce, in Butter gebratene Champignons und Reis servieren.

LEBER vom Kalb ist ganz besonders zart und wohlschmeckend. Sie schmeckt am besten in heißer Butter und über guter Hitze kurz gebraten, bis sie innen rosa ist und beim Einstechen rosa Fleischsaft austritt. Schweineleber eignet sich besser für Pasteten und Leberknödel, die Leber vom Rind ist weniger zart. Sie enthält mehr Röhrchen und Sehnen, die entfernt werden müssen. Deshalb möglichst nicht als Scheibe braten, die durch das Parieren leicht unschön aussehen würde, und lieber kleingeschnitten zubereiten. Leber immer erst nach dem Braten salzen, weil Salz die Feuchtigkeit herauszieht und die Leber trocken machen würde. Nach Belieben mit wenig Mehl bestaubt braten, damit das Fleisch versiegelt wird.

KALBSLEBER
mit Schinkenspeck

4 Scheiben Kalbsleber à 150 g
4 dünne Scheiben Schinkenspeck
4 Blättchen Salbei
40 g Butter
1/2 TL Salz, 1/4 TL Pfeffer

Die Häutchen der Leber mit spitzem Messer lösen und abziehen. Speck und Salbei auf die Leber legen und mit Holzstäbchen befestigen. Butter in einer Pfanne über mittlerer Hitze braun werden lassen, die Leber mit dem Speck nach oben hineinlegen und in 3 Minuten bräunen. Wenden und von der anderen Seite 2 Minuten braten. Wieder wenden, salzen und pfeffern und auf vorgewärmten Tellern anrichten. Dazu zum Beispiel Bandnudeln mit gehackter Petersilie und Gurkensalat in süßsaurer Sahnesauce reichen.

LEBERRAGOUT
mit Kräutern

600 g Rinderleber
1 TL fein zerriebener Thymian
1 EL feingehackte Petersilie
1 geschälte Zwiebel
1 Scheibe Weißbrot ohne Rinde
40 g Butter
1/2 TL Salz, 1/4 TL Pfeffer
1/4 l Fleischbrühe
1/8 l Weißwein

Die Leber in 1/2 cm dicke Streifen schneiden, dabei Häutchen und Röhrchen entfernen. Die Streifen in Thymian und Petersilie wenden. Zwiebel würfeln und Weißbrot zerbröseln. Butter in einer Pfanne über mittlerer Hitze hell bräunen, die Leber darin unter ständigem Wenden 3 Minuten braten, mit der Siebkelle herausheben, mit Salz und Pfeffer würzen. Zwiebelwürfel und Brot ins Bratfett geben und hellbraun rösten. Mit Brühe und Wein aufgießen und zu einer sämigen Sauce kochen. Die Leber hineingeben, 2 Minuten ziehen lassen, abschmecken und mit Kartoffelpüree oder Salzkartoffeln anrichten. Dazu grünen Salat mit Sauce Vinaigrette.

Saftige Rouladen mit Chinakohl in einer klaren Sauce mit frischem Tomatenfleisch locken zum Zugreifen. Dazu Pellkartoffeln aus einer mehlig kochenden Sorte mit etwas Kümmel zubereiten.

HACKFLEISCH ist mageres Beefsteakhack oder etwas fetteres Hackfleisch von Rind und Schwein — pur oder gemischt. Wer einen Fleischwolf hat, kann es besser und kontrollierter selbst durchdrehen und die weiteren Zutaten gleich mit dazu, damit der Maschineneinsatz doppelt lohnt. Das garantiert auch die nötige Frische, die Hackfleisch schon nach wenigen Stunden verliert.

Für selbst ausgedachte Farcen auch sehnenfreies Fleisch von Lamm und Huhn, Innereien und Speck verwenden. Kleine Reste Fleisch, Wurst und Gemüse darin verstecken und so elegant für Varianten verwerten. Zum Lockern des Teiges statt Reis auch Kartoffeln, Kartoffelpüree und Getreidekörner verwenden, die, in Wasser gegart, mit durchgedreht werden. Das bringt Abwechslung in die triste Küche der Klopse, Frikadellen und Hackbraten, die viel besser als ihr Ruf sein können.

CHINAKOHL-ROULADEN

1/4 l Milch, 40 g Reis
je 150 g Fleisch von Rind, Lamm und Schwein
30 g frischer fetter Speck
2 geschälte Zwiebeln
1 abgezogene Knoblauchzehe
3 EL gehackte Petersilie
je 1 Msp. Oregano und Basilikum
1 Ei, Salz und Pfeffer
12 große Chinakohlblätter
etwas Butter für die Form
1/4 l würzige Rindfleischbrühe
750 g abgezogene Tomaten

Milch aufkochen, den Reis hineinstreuen und zugedeckt über kleinster Hitze in etwa 30 Minuten ausquellen lassen. Hackfleisch wie in der Bildfolge zubereiten, mischen und mit 1 TL Salz und 1/4 TL Pfeffer abschmecken. Petersilie und Knoblauch auf dem Brett ganz fein hacken. Letzteren nicht durch den Wolf treiben, wenn seine daran etwas anhaftenden Düfte störend empfunden werden. Die Rouladen wie gezeigt herstellen, einschichten und garen. Auch mit Butterflöckchen belegen und wenden, wenn sie ringsum gebräunt sein sollen. Statt der Brühe kann man auch mit Salz und Pfeffer gewürzte Sahne verwenden. Den Fond am Ende der Garzeit behutsam abgießen und einkochen, bis er leicht gebunden ist. Tomaten entkernen, würfeln, in der Sauce einmal aufkochen. Mit Salz und Pfeffer abschmecken und vielleicht noch etwas feingehackte Petersilie oder frisches Basilikum dazugeben. Für Rouladen mit Weißkohl oder Wirsing die Blätter etwas länger blanchieren und die dicken Rippen flach abschneiden. Nur wenig länger garen. Kohlrouladen eigenen sich sehr gut zum Einfrieren.

1 **Fleisch durchdrehen.** Fleischwolf am senkrecht nach unten gestellten Arm der Bosch-Küchenmaschine ansetzen. Fleisch, Speck und Zwiebelviertel bei Stufe 4 durchdrücken.

2 **Hackfleisch und folgende Zutaten** in die Rührschüssel geben: gekochten Reis, Gewürze, Ei und Kräuter. Petersilie und Knoblauch nach Wunsch mit durch den Fleischwolf treiben.

3 **Die Farce mischen.** Mit den Knethaken auf Stufe 2 gut verrühren oder mit den Händen verkneten. Statt Reis auch 1 eingeweichtes Brötchen verwenden, das mit durchgedreht wurde.

4 **Chinakohl vorbereiten.** Die Blätter in kochendes Wasser legen, einmal aufkochen, in kaltem Wasser abkühlen. den weniger biegsamen Teil der Rippen keilförmig herausschneiden.

5 **Fleischfarce auf den Kohl geben.** Mit einem Eßlöffel 12 gleich große Hackfleischklöße formen und auf den unteren Teil der nebeneinander gelegten Blätter setzten.

6 **Die Blätter aufrollen.** Die Fleischklöße auf dem mittleren Teil der Blätter bis zum oberen Drittel fest einrollen. Dabei die Seiten der Blätter offen lassen.

7 **Die Rouladen verschließen.** Die seitlichen Blatteile zur Mitte fest einschlagen und mit aufrollen. So sind die Päckchen fest verschlossen und halten ohne Bindfaden zusammen.

8 **In eine Form schichten.** Am besten eine Bratreine verwenden, in der die Rouladen nebeneinander Platz haben. Die Form vorher mit weicher Butter großzügig einfetten.

9 **Fleischbrühe dazugießen,** bis die Rouladen knapp zur Hälfte bedeckt sind. Bei 175°C auf der mittleren Schiene in den Backofen stellen und in etwa 40 Minuten hell bräunen.

WILD UND GEFLÜGEL

Ob geschmorte Wildschweinkeule, Hirschlende, gefüllte Täubchen, Wildente in Orangensauce, Fasan oder Wachtel, von fast allen Vier- und Zweibeinern der freien Wildbahn gibt es in diesem Kapitel Rezeptbeispiele. Auch von den zahmen Vögeln, den Poularden und Hühnern, hier fernöstlich zubereitet. Zum Teil mit selbstgekochtem aromatischem Fond, immer mit spezifischen Gewürzen und Kräutern, die alle Gerichte zum außerordentlichen Genuß werden lassen. Wie zum Beispiel die rosa gebratene, superzarte Hirschlende. Überhaupt: Seit längerer Zeit schon ist man dazu übergegangen, auch Wild so zu garen, daß es einen zartrosa Kern hat und damit englisch zubereitet ist, wie man hierzulande sagt. Ein Fortschritt in der modernen Küche, der mehr Eigengeschmack des Stückes garantiert. Es kommt also mehr Aroma, kommen aber auch mehr gesunde Wirkstoffe auf den Teller. Und die Konsistenz! Solch ein Fleisch zergeht auf der Zunge. Übrigens ist es auch modern, das fettarme Wildfleisch nicht mehr zu spicken. Würzöle und Speck, mit dem es umlegt wird, schützen es jetzt vorm Austrocknen beim Garen. Kürzere Garzeiten machen auch unser Hausgeflügel lecker saftig. »Ich versuche, aus jeder Mahlzeit ein Wunder zu machen«, sagte einmal der große französische Küchenmeister Fernand Point. Machen wir's ihm doch nach.

WILD UND GEFLÜGEL

FÜR GROSSE BRATEN VON WILD sind Keulen und Rücken junger Tiere die richtigen Teile. Sie werden heute nicht mehr gespickt, weil sie dadurch kostbaren Saft verlieren. Das magere Fleisch von Reh, Hirsch und Wildschwein mit Öl einbalsamieren oder mit Speckscheiben bedeckt braten, damit es nicht trocken wird. Immer bei größter Hitze und in sehr heißem Fett anbraten und danach die Hitze auf 150° C reduzieren. Ganz nach Geschmack in kurzer Zeit rosa und saftig werden lassen oder wesentlich länger garen, bis das Fleisch ganz weich und zart ist und sich leicht vom Knochen lösen läßt. Das dauert pro Kilo eine Stunde, auch etwas länger; währenddessen immer wieder mit dem Bratensaft beschöpfen.
Wenn das Fleisch »englisch« werden soll, pro Kilo nur insgesamt 20 Minuten braten, danach salzen, in Alufolie wickeln und im ausgeschalteten Ofen noch 30 Minuten ruhen lassen, damit das Fleisch gleichmäßig heiß und rosig wird und beim Aufschneiden möglichst wenig Saft verliert.

WILDSCHWEINKEULE GESCHMORT

800 g Wildschweinkeule ohne Knochen

50 g fetter Räucherspeck

Salz und Pfeffer, 1/2 TL Curry

1/8 l trockener Riesling

1/8 l Wildfond, 50 g Sellerie

100 g Apfel, 4 EL Crème fraîche

Das Fleisch zusammenrollen und mit einem Faden fest verschnüren. Speck fein würfeln, im Bratentopf stark erhitzen, das Fleisch darin ringsum 10 Minuten anbraten. Mit Salz, Pfeffer und Curry würzen. Weißwein und Fond am Rand des Topfes angießen, so daß sie das Fleisch heiß erreichen. Den Braten eine Stunde zugedeckt über schwacher Hitze schmoren, herausnehmen und warm halten. Inzwischen Sellerie und Apfel schälen und fein würfeln. Zur Sauce gegben, 10 Minuten brausend kochen, mit Crème fraîche verrühren und abschmekken. Extra anrichten, dazu Pfifferlinge, Preiselbeeren und Kartoffelplätzchen (Seite 122).

Püree aus Maronen. Eßkastanien mit spitzem Messer ringsum einritzen. Bei größter Hitze in den Backofen oder bei etwa 170° C in ein Fettbad geben, bis die Schalen abplatzen. Die heißen Maronen mit einem Tuch anfassen, die Schale mit Innenhaut damit packen und auf einmal abstreifen. Salzwasser mit etwas Sellerie aufkochen, die Maronen darin in 45 Minuten gar ziehen lassen. Mit dem Stößel durch ein Sieb drücken und mit etwas Sahne oder Butter aufschlagen. Oder mit etwas Flüssigkeit im Mixer der Bosch-Küchenmaschine pürieren. In jedem Fall heiß servieren.

Glasierte Maronen aus geschälten Maronen zubereiten, die pro Pfund in je 30 g Butter und Zucker geschwenkt werden, bis sie heiß und glänzend sind.

Rotkohl ohne Strunk und dikke Rippen in feine Streifen schneiden, pro Kilo mit 150 g Zwiebelringen in 40 g Gänseschmalz andünsten, bis das Kraut glänzt. 1 EL Essig und je 4 EL Rotwein und Fleischbrühe dazugießen. Mit 1 TL Salz, 1/4 TL Pfeffer, 1 Msp. Nelkenpulver und 1 Lorbeerblatt (später wieder entfernen) würzen, zugedeckt über milder Hitze eine Stunde schmoren. 1 Apfel hineinreiben und das Kraut mit Johannisbeergelee abschmecken.

Pfifferlinge am besten frisch geputzt in leicht gebräunter Butter mit etwas Knoblauch und Petersilie nur 2 Minuten braten, mit Salz und Pfeffer würzen.

Wild als großer Braten, als Steak oder auch als Gulasch schmeckt nicht nur hervorragend, sondern ist sehr mager und leicht bekömmlich. Hier eine Wildschweinkeule mit gefüllten Orangen.

HIRSCHLENDE WINZERIN

1,2 kg Hirschrücken am Knochen

8 Wacholderbeeren

1/2 Lorbeerblatt, 10 Pfefferkörner

1/2 TL Thymian, 2 Nelken

2 EL Olivenöl

Für den Fond:

100 g Zwiebel

je 50 g Möhre und Sellerie

100 g Tomaten, 2 EL Öl

100 g gehackte Champignons

1/2 l trockener Rotwein

2 EL Sherryessig

Für die Sauce:

2 EL Johannisbeergelee

60 g kalte Butter

100 g Walnußkerne

100 g abgezogene Weintrauben

Das Fleisch von den Knochen lösen und sorgfältig enthäuten. Die Gewürze im Mörser fein zerstoßen, die Hälfte davon mit Olivenöl mischen und das Fleisch damit einreiben. Fest in Folie einschlagen und bis zu zwei Tagen kalt stellen. Eine Stunde vor dem Braten aus dem Kühlschrank nehmen, Folie öffnen. Aus den zersägten Knochen, den restlichen Gewürzen und den Zutaten für den Fond nach der Methode auf Seite 15 einen Wildfond zubereiten und auf 1/8 l einkochen. Kurz vor dem Servieren mit dem Gelee erhitzen, nach und nach mit kalten Butterflöckchen verschlagen, mit Salz und Pfeffer abschmecken, Nüsse und Trauben darin erwärmen. Das Fleisch in eine sehr heiße Pfanne legen, zudecken und 2 Minuten anbraten. Wenden, die Hitze stark reduzieren und zugedeckt 6 bis 8 Minuten braten, dabei einmal wenden. Kurz ruhen lassen, schräg aufschneiden, anrichten und mit der Sauce überziehen. Dazu Kartoffelbällchen reichen.

REHKEULE FÖRSTERIN

1 kg Rehkeule

je 1/2 TL Rosmarin, Majoran, Thymian und Pfeffer

4 Wacholderbeeren

1 Lorbeerblatt, 2 EL Öl

100 g dünne Räucherspeckscheiben

50 g Zwiebelwürfel

1/4 l trockener Rotwein, Salz

Für die Sauce:

1/8 l Wildfond

1/8 l Sahne

2 EL Preiselbeerkompott

Die feinen Häutchen der Rehkeule mit spitzem Messer lösen und abtrennen. Kräuter, Pfeffer, Wacholderbeeren und Lorbeerblatt im Mörser fein zerstoßen, mit Öl mischen und die Rehkeule damit einreiben. Speckscheiben darauflegen und mit einem Faden festbinden. Den Bräter bei 250° C erhitzen, das Fleisch hineinlegen und 10 Minuten anbraten, nach 5 Minuten die Zwiebelwürfel beifügen. Rotwein in den Bräter gießen, das Fleisch salzen und die Hitze auf 150° C reduzieren. Die Keule in 25 Minuten rosa braten oder in einer Stunde durchbraten und nach jeweils 10 Minuten mit dem Fond begießen, damit das Fleisch so zart und saftig wird wie auf dem Foto zu sehen ist.
Inzwischen für die Sauce Wildfond und Sahne auf die Hälfte einkochen. Den Fond der Rehkeule restlos aus dem Bräter lösen, dazugeben und kurz verkochen. Preiselbeeren hinzufügen, die Sauce durch ein Sieb streichen und abschmecken.

Birnenkartoffeln nach dem Rezept Kartoffelbällchen (Seite 122) zubereiten. Den Teig zu 3 cm großen Birnen formen und diese mit je einer Nelke spicken.

Äpfel mit einem Ausstecher entkernen, 30 Minuten neben der Rehkeule backen. 80 g Maronen garen, pürieren, mit 1/8 l steifer Sahne und 2 EL Orangenlikör mischen, mit Zucker abschmecken. In die Äpfel spritzen, mit Preiselbeerkompott garnieren.

WILD UND GEFLÜGEL

ENTENBRUST
mit Artischockengemüse

2 vollfleischige Entenbrüste
40 g Butter
1/4 TL Ingwerpulver
Salz und Pfeffer
4 kleine Artischocken
10 g Mehl, 1/8 l Weißwein
1/8 l Sahne
6 grüne, gehackte Oliven
1/4 TL Rosenpaprika
1 Msp. Muskatnuß

Die Entenbrüste mit spitzem Messer auslösen. Zuerst das Brustbein heraustrennen und dann das Fleisch vom Brustkorb abschneiden. 20 g Butter und Ingwerpulver verkneten, das Fleisch damit einreiben und erst 10 Minuten vor dem Servieren braten. Mit der Haut nach unten in eine sehr heiße Pfanne legen und bei etwas gedrosselter Hitze 5 bis 6 Minuten braten. Die Haut braun und knusprig werden lassen und die fleischige Seite nur kurz bräunen. Mit Salz und Pfeffer bestreuen und abseits vom Herd zugedeckt 5 Minuten ruhen lassen. Das Fleisch schräg in dünne Scheiben schneiden und anrichten.

Artischocken längs halbieren, die Stiele knapp unter dem Boden und die Blätter etwa 1 cm darüber abschneiden. Die Böden sofort in kochendem Salzwasser 2 Minuten sprudelnd kochen lassen. In kaltem Wasser rasch abkühlen, das Heu in der Mitte des Bodens abstreifen und die Böden parieren, das heißt schön zurechtschneiden und alle harten Teile entfernen. Restliche Butter zerlassen, mit Mehl verrühren, mit Weißwein und Sahne aufgießen und kochen, bis eine leicht gebundene Sauce entstanden ist. Artischockenböden in Streifen schneiden und mit den Oliven in die Sauce geben. Kurz aufkochen und mit Salz, Pfeffer, Paprika und Muskat abschmecken. Mit den Entenbrüsten und Salzkartoffeln anrichten, dazu vielleicht eine gebratene Tomate, sparsam gewürzt und mit Estragonblättchen geschmückt.

PUTENBRUST
mit Portugiesischer Sauce

600 g Putenbrust
je 1/4 TL Salbei, Basilikum und weißer Pfeffer
je 1/2 TL scharfer Senf und Salz
30 g weiche Butter
Für die Portugiesische Sauce:
1 EL Öl, 40 g Zwiebelwürfel
1/8 l Weißwein
1 abgezogene Knoblauchzehe
600 g Tomaten, Salz und Pfeffer
1 EL gehackte Petersilie

Die Putenbrust enthäuten, wenn das nötig ist. Gewürze mit Senf, Salz und Butter mischen und das Fleisch damit einreiben. Zudecken und eine Stunde ruhen lassen. Kurz vor dem Servieren in eine sehr heiße Pfanne legen, sofort die Hitze stark drosseln und die Putenbrust etwa 12 Minuten braten, bis sie sich so elastisch wie ein rosa gebratenes Steak anfühlt. Bis

Kleine Bratenstücke wie Enten- und Putenbrust am besten am Tisch auf vorgewärmten Tellern anrichten, damit wir sie möglichst frisch und heiß genießen können.

Täubchen mit saftiger Füllung sind eine Delikatesse. Falls man sie nicht bekommt, können sie durch Wachteln ersetzt werden.

zum Aufschneiden abseits vom Herd und zugedeckt noch 10 Minuten ruhen lassen.
Öl im Saucentopf erhitzen, die Zwiebelwürfel darin glasig dünsten. Mit Weißwein aufgießen und zusammen mit Knoblauch kochen, bis die Flüssigkeit fast verdampft ist. Tomaten brühen, abziehen, entkernen und in kleine Würfel schneiden, in den Saucentopf geben und 2 Minuten kochen. Kurz vor dem Anrichten den Bratfond der Putenbrust mit verkochen, Petersilie dazugeben und die Sauce mit Salz und Pfeffer abschmecken. Fleisch in dünne Scheiben aufschneiden und mit der Sauce servieren. Dazu schmecken Butterböhnchen und Kartoffelbällchen (Seite 122).

GEFLÜGELBRÜSTE von wilden und zahmen Tieren sind so mager wie Steaks und werden auch ebenso zubereitet. Ganz zart und gerade recht für eine Portion sind die kleinen Täubchen, Wachteln und Schnepfen. Das nachfolgende Rezept einer gefüllten Taube ist ein gutes Beispiel dafür.

GEFÜLLTES TÄUBCHEN

4 küchenfertige Täubchen
500 g Rosenkohl
50 g gewürfelte Schalotten
1 feingehackte Knoblauchzehe
50 g Butter
1 Ei, 4 EL Sahne
Salz, Pfeffer und Muskat
1/8 l Kalbsfond
1 TL Petersilienblättchen

Die Täubchen waschen und mit Küchenkrepp ausstopfen, damit sie innen ganz trocken werden. Rosenkohl in 2 l brausend kochendem Wasser 7 Minuten sprudeln lassen, abgießen und kurz in kaltem Wasser abkühlen. Die kleinen Köpfchen gut trockentupfen und auf dem Brett feinhacken oder durch den Fleischwolf der Bosch-Küchenmaschine treiben. Schalotten und Knoblauch in 20 g Butter glasig dünsten, den Kohl dazugeben und etwa 2 Minuten darin rühren, bis er zu duften beginnt. Anschließend abkühlen lassen, mit Ei und Sahne mischen und mit Salz, Pfeffer und Muskat abschmecken. Die Täubchen innen und außen salzen und pfeffern, die Kohlfarce hineinstopfen und die Öffnung zunähen.
30 g Butter in einer Pfanne über guter Mittelhitze aufschäumen lassen, die Täubchen hineinlegen und in 5 Minuten ringsum kräftig bräunen. Anschließend in ein feuerfestes Geschirr umsetzen. Den Bratfond mit dem Kalbsfond kurz verkochen und über die Täubchen löffeln. Bei 150 ° C in den vorgeheizten Backofen schieben und etwa 20 Minuten braten. Mit einem stabilen Messer längs in zwei Hälften teilen. An die Beinchen Papiermanschetten stekken, damit man sie beim Zerlegen anfassen kann.
Den Bratensaft kurz mit dem Schneebesen glatt verrühren und abschmecken, die Petersilie hineingeben. Den klaren Fond beim Anrichten über die Täubchen gießen und dazu Kartoffelplätzchen (Seite 122) servieren.

WILD UND GEFLÜGEL

WILDGEFLÜGEL ist im Vergleich zu früher selten und teuer geworden. So manche Art steht schon unter Naturschutz, doch glücklicherweise gibt es noch genug Wildenten, Fasane und gezüchtete Wachteln, die wir mit gutem Gewissen genießen können. Die kostbaren Tiere sollten ihrem Wert entsprechend schonend behandelt werden. Die Rezepte machen Sie vertraut mit empfehlenswerten Zubereitungsarten für junge Tiere, die man an einem biegsamen Brustbein erkennt.

GESCHMORTER FASAN
mit jungem Gemüse

1 junger Fasan (ca. 1 kg)

etwas Mehl zum Wenden

100 g durchwachsener Räucherspeck

200 g geschälte Möhren

100 g geschälte Zwiebeln

je 1/2 TL Salz und Pfeffer

je 1 Zweig Thymian und Rosmarin

4 Wacholderbeeren

1 abgezogene Knoblauchzehe

je 4 Blättchen Majoran und Zitronenmelisse

20 cl kräftiger Rotwein

10 cl Fleischbrühe

125 g Champignons

20 g Butter

4 Frühlingszwiebeln mit Grün

Fasan wie auf Seite 106 beschrieben zerlegen, abtrocknen, in Mehl wenden und überschüssiges Mehl abschütteln. Speck, Möhren und Zwiebeln würfeln. Speck in einer tiefen Pfanne auslassen, den Fasan darin unter ständigem Wenden 10 Minuten anbraten, herausnehmen und Möhren und Zwiebeln im Bratfett glasig dünsten. Gewürze, Rotwein und Brühe dazugeben und 10 Minuten kochen. Die Geflügelteile mit der Haut nach oben in die Sauce legen und zugedeckt 30 Minuten leise schmoren lassen. Dabei die Brüste nach 10 Minuten entnehmen, weil sie dann schon fertig sind. Inzwischen die Pilze putzen und in Butter kurz anbraten. Zwiebeln putzen, längs halbieren und in 3 cm lange Stücke schneiden. Mit Pilzen und Brüsten in die Pfanne geben und 2 bis 3 Minuten erhitzen.

WACHTELN
mit Champignons

4 Wachteln

2 EL Öl

1/2 TL Oregano, 1/4 TL Pfeffer

1 TL Salz

100 g geschälte Schalotten

200 g Champignons in Scheiben

je 4 EL Weißwein und Sahne

1 EL feingehackte Petersilie

Küchenfertige Wachteln auf den Rücken legen und das Brustbein mit dem Handballen brechen. Die Haut zwischen den Schenkeln waagerecht einschneiden und die nach innen gebogenen Schenkel hindurchstecken. 1 EL Öl mit Oregano und Pfeffer mischen, die Wachteln damit einreiben und eine Stunde ruhen lassen. 1 EL Öl in einer Pfanne über mittlerer Hitze heiß werden lassen, die Wachteln darin pro Seite 7 Minuten braten, dabei ab und zu wenden. Salzen und auf eine vorgewärmte Platte legen. Schalotten in die Pfanne geben und über starker Hitze 2 Minuten sautieren. Champignons dazugeben und unter ständigem Wenden 2 Minuten braten. Weißwein, Sahne und Petersilie beifügen und aufkochen. Abschmecken und über die Wachteln geben, die mit Toast eine feine Vorspeise sind.

WILDENTE
mit Orangensauce

2 junge Wildenten à 750 g

100 g frischer Speck in dünnen Scheiben

2 TL Salz, 1/2 TL Pfeffer

1/4 l Wildfond

1/8 l Orangensaft

150 g weißer Porree

Die Enten wie auf Seite 106 beschrieben tranchieren, die Talgdrüsen der Bürzel herausschneiden und entfernen. Speckscheiben in den Bräter legen, darauf die Geflügelstücke mit der Haut nach unten. Bei 200° C im Backofen 10 Minuten braten. Wenden, salzen und pfeffern und die Haut etwa 5 Minuten bräunen. Alle Teile bis auf die Schenkel herausnehmen, diese bei 150° C weitere 30 Minuten garen. Die fertigen Geflügelstücke in eine feuerfeste Form legen. Wildfond und Orangensaft um 1/3 einkochen. Porree in kleine Würfel schneiden. Die Schenkel zu den anderen Geflügelstücken geben. Bratenfond durch ein Sieb zum Wildfond gießen, aufkochen und abschmecken. Porree hinzufügen und die Sauce über die Enten löffeln. Im Backofen 5 Minuten erhitzen. Dazu Kartoffelpüree, grünen Salat und einen leichten Rosé- oder Rotwein genießen.

Geschmorter Fasan schmeckt am besten in seiner Saison vom 1. Oktober bis 15. Januar. Auch frische Wildenten sind nur dann zu haben, während Wachteln ganzjährig zur Verfügung stehen.

GRAVES
1976

WILD UND GEFLÜGEL

SUPPENHÜHNER guter Qualität haben eine straffe, helle Haut, reichlich gelbes Fett und einen gedrungenen Körper. Sie sind 1,5 bis 2,5 Kilo schwer, ihr Fleischanteil steigt mit zunehmendem Gewicht. Das ist gut zu wissen, damit man es bei Preisvergleichen einkalkulieren kann.

TIP: Restliches Fleisch, Haut und rohe Innereien wie Leber, Herz und Magen mit der gleichen Menge von frischem Fleisch durch den Fleischwolf der Bosch-Küchenmaschine treiben, mit Ei und Semmelbröseln binden und mit Salz, Pfeffer und Muskatnuß abschmecken. Aus diesem Teig mit einem Teelöffel Klößchen formen und in Hühnerbrühe 10 Minuten leise siedend garen.

Ein Suppenhuhn garen. Das Huhn nach dem Musterbeispiel für Grundbrühe (Seite 10 f.) kochen. Mit etwas trockenem Weißwein aufsetzen und, entgegen der Regel, über mittlerer Hitze schneller aufkochen, zugedeckt 15 Minuten ziehen lassen und salzen. Auf der ausgeschalteten Elektroplatte 2 Stunden nachgaren und ruhen lassen oder über offenem Feuer nur 5 Minuten länger sieden lassen und das Huhn so energiesparend garen. Das Fleisch wird bei dieser Methode besonders saftig und würzig, weil die Aromen der Brühe beim Abkühlen in dieser Flüssigkeit gut in das Fleisch einziehen.

Schneller ist das Garen auf traditionelle Art: Das Huhn in kochendem Wasser aufsetzen, 1 Stunde leise sieden lassen, aus der Brühe nehmen und zur schnellen Weiterverwendung nur kurz abkühlen lassen.

In der Bratfolie mit etwas Wein entsteht beim Garen im Wasserbad nur wenig konzentrierte Brühe. Huhn in der Folie ohne Kontakt mit dem Topfboden etwa 1 Stunde garen.

1 **Frische und würzige Zutaten** geben Fleisch und Brühe Geschmack. Hier sind es Porree, Möhren, Sellerie, Zwiebel, Thymian, Liebstöckel, Petersilie, Weißwein, Salz und Pfeffer.

2 **Das Huhn ist gar,** wenn die Schenkel sich leicht aus den Gelenken drehen lassen. Mit einer Fleischgabel aus der Brühe heben und mit dem Zerlegen warten, bis man es gut anfassen kann.

3 **Zuerst die Schenkel** vom Körper abbiegen, aus den Gelenken brechen und so ablösen. Die Flügel ebenso vom Rumpf abtrennen. Das Huhn muß dabei auf dem Rücken liegen.

4 **Die Haut des Huhns** mit der Hand abziehen. Die Haut mit dem Daumen auf dem Fleisch zur Seite schieben, wo sie nur zum Teil anhaftet. Hier wird die Brust enthäutet.

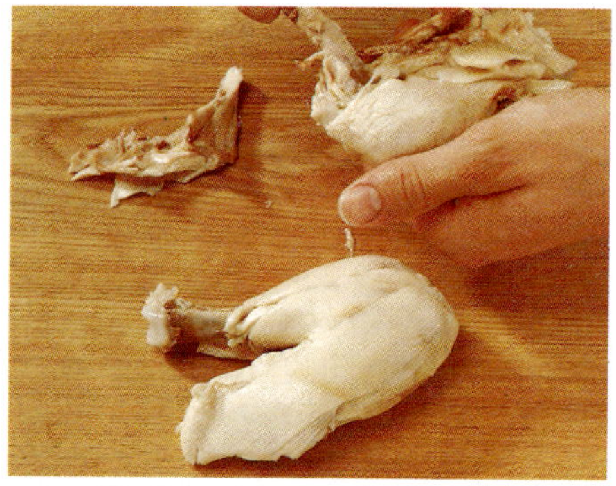

5 **Die Schenkel entbeinen.** Den Röhrenknochen im Oberschenkel und Unterschenkel herausdrehen und die feinen Knochen herausziehen. Das Fleisch dabei fest zusammenhalten.

6 **Die Brust auslösen.** Am mittleren Knochen mit der Messerspitze lösen und mit der Hand abheben, das Schlüsselbein darunter herausziehen. Rumpf und Flügel ebenfalls entbeinen.

7 **Das Fleisch schneiden.** wenn es kalt ist, damit die Schnittflächen schön glatt werden. Die Brüste vielleicht separat verwenden und schräg in dünne Scheiben aufschneiden.

Gekochtes Fleisch fertig geschnitten in etwas Brühe oder Sauce aufwärmen, aber nicht kochen, weil es dabei trocken wird. Saucen dazu aus konzentrierter Hühnerbrühe bereiten, nach Belieben abwandeln und abschmecken.

Hühnerbrust in Kräuter-Velouté ist sehr fein. Velouté (Seite 18) bereiten und je 1 TL Basilikum, Kerbel, Petersilie, Dill und etwas Estragon feingehackt daruntermischen. Mit Muskatblüte abschmecken.

WILD UND GEFLÜGEL

POULARDEN sind größere Hähnchen mit mehr Fleisch als gewöhnlich. Wir bevorzugen sie auch, weil sie preiswerter als Hähnchenteile sind. Tiefkühlware wird über Nacht im Kühlschrank aufgetaut, damit das Fleisch seine Qualität bewahrt. Auf energiesparende Art geraten Poularden besonders zart und saftig, wenn wir sie zerlegen und in einer Pfanne »sautieren«. Das eingedeutschte Wort kommt vom französischen »sauter« (=springen) und bedeutet ständiges Wenden beim Anbraten, das ein gleichmäßiges Garen bewirkt. Da helles Fleisch schneller als dunkles gart, werden die Poulardenbrüste beim anschließenden Schmoren schon früher entnommen, damit sie nicht trocken werden. In diesem Moment auch nach eigenen Ideen frisches Gemüse wie Gurken, Frühlingszwiebeln, Paprikaschoten, junge Erbsen und Sellerie in die Pfanne geben. Zum Schluß nach Belieben das klare Bratfett abgießen und aus dem Fond mit Fleischbrühe oder Wein und Sahne eine Sauce kochen.

POULARDE FERNÖSTLICH

1 Poularde, etwa 1,2 kg schwer
je 3 EL Sojasauce und Sherry
2 TL Weinessig
2 TL Zucker, 1 TL Salz
1/4 TL schwarzer Pfeffer
1/4 TL Rosenpaprika
1 TL Sesamöl
200 g kleine Zwiebelwürfel
Öl oder Butterschmalz

Die Poularde zerlegen und gut abtrocknen. Sojasauce mit Gewürzen und Sesamöl in eine Schüssel geben, dazu die Zwiebeln.
Soviel Öl oder Butterschmalz in einer Pfanne stark erhitzen, daß der Boden bedeckt ist. Die Geflügelteile darin unter ständigem Wenden 15 Minuten anbraten, Gewürzmischung darübergeben. Die Poularde zugedeckt über schwacher Hitze 20 Minuten garen. Dabei gelegentlich mit dem würzigen Fond beschöpfen. Nach 10 Minuten die Brüste entnehmen, kurz vor dem Servieren wieder dazugeben und erhitzen. »Poularde fernöstlich« mit Reis und frischem Salat genießen.

Geflügel tranchieren. Dafür braucht man nur wenige Minuten, ein Holzbrett und ein großes, scharfes Messer mit spitzer Schneide. Wichtig sind die Hände zum Ertasten der Gelenke, damit man beim Schneiden nicht auf harte Knochen trifft.
Hähnchen oder anderes Geflügel mit der Brust nach oben legen. Die Schenkel vom Rumpf wegziehen, die Haut durchschneiden und die Schenkel weiter nach außen biegen, bis das Gelenk herausspringt. Dort durchschneiden. Die Flügel gegen den Rumpf drücken, bis das Schultergelenk sichtbar wird. In Körperrichtung einschneiden, das Gelenk durchtrennen und die Flügel abschneiden. Dann das Messer in den Rumpf stecken und zwischen den Rippen durchschneiden. Auseinanderklappen und so durchschneiden, daß Rücken und Brust getrennt werden. Den Rücken quer in 2 Stücke teilen, die Brust längs spalten.

POULARDE MIT OLIVEN

1 Poularde, etwa 1,2 kg schwer
125 g fetter Räucherspeck
400 g kleine Kartoffeln
1 Zwiebel, 1 Knoblauchzehe
400 g Tomaten
125 g Champignons
100 g schwarze Oliven
2 cl Cognac oder Weinbrand
1 EL Butter
etwas Salz und Pfeffer

Die Poularde tranchieren und mit Küchenkrepp gut abtrocknen. Speck in sehr kleine Würfel schneiden, Kartoffeln schälen und vierteln. Zwiebel und Knoblauch abziehen und fein würfeln. Tomaten kurz in kochendes Wasser tauchen, enthäuten, vierteln und entkernen. Pilze putzen und vierteln, Oliven entsteinen.
Speck in einer tiefen Deckelpfanne über starker Hitze unter öfterem Wenden auslassen, bis die Würfelchen hell gebräunt sind. Die Hähnchenteile hineingeben und ringsum hellbraun anbraten, dabei ab und zu wenden. Kartoffeln, Zwiebeln und Knoblauch nach 10 Minuten dazugeben und 2 Minuten anbraten. Weinbrand oder Cognac und die Tomaten hinzufügen und das Gericht 20 Minuten zugedeckt über schwacher Hitze garen. Nach 10 Minuten die Brüste entnehmen. Butter in einer Pfanne über großer Hitze bräunen, die Pilze darin unter ständigem Wenden 2 Minuten anbraten und mit den Oliven in die Pfanne geben. Am Schluß die Brüste wieder zum übrigen Fleisch legen und kurz erhitzen. Sauce mit Salz und Pfeffer abschmecken.

Poularde mit Oliven sehr heiß genießen, dazu frischen Salat, helles Landbrot und kräftigen Wein.

WILD UND GEFLÜGEL

PFANNENRÜHREN ist eine Methode, die wir von den sparsamen Chinesen gelernt haben. Das Schneiden der Zutaten in schöne, streichholzdünne Stäbchen kostet zwar etwas Zeit, kann aber genauso schön vom Durchlaufschnitzler der Bosch-Küchenmaschine übernommen werden, soweit es sich um feste Zutaten handelt. Das Garen geht dann in Windeseile und ist sehr energiesparend. Unser Rezept für ein pfannengerührtes Huhn ist ein gutes Beispiel, das sich beliebig variieren läßt. Wir können auch das Fleisch einer Ente dafür auslösen, die Marinaden nach eigenem Geschmack abwandeln und dazu Sherry und Gewürze wie Ingwer und Knoblauch verwenden. Das Gemüse muß ganz frisch sein. Geeignet sind vor allem Wurzelgemüse, Pilze, Paprikaschoten, zarte Erbsen, Weißkohl, Porree und die ihm verwandten Zwiebeln.

GEFLÜGEL ZUM PFANNENRÜHREN VORBEREITEN

Masthuhn (Poularde) oder fleischiges Suppenhuhn mit einem schweren Messer längs in zwei Hälften spalten. Das Fleisch mit den Fingern von den Knochen streifen und mit spitzem Messer nur dort abschneiden, wo es durch Sehnen fest mit dem Knochengerüst verbunden ist. Dann mit scharfem Messer in sehr dünne Streifen schneiden und dabei die Sehnen entfernen, die das Fleisch der Schenkel durchziehen. Gerüst und Reste für eine Brühe verwerten, die Haut auch in dünne Streifen schneiden, würzen, knusprig braten und über ein pfannengerührtes Gericht streuen.

SZETSCHUAN-CHICKEN

400 g Hühnerfleisch in Streifen
2 EL helle Sojasauce
1 TL Speisestärke
150 g geschälte Möhren
150 g Frühlingszwiebeln
1 frische rote Chilischote
4 EL neutrales Öl, 1 TL Sesamöl

Das Fleisch mit Sojasauce und Speisestärke mischen und 30 Minuten zugedeckt marinieren. Möhren und geputzte Zwiebeln in streichholzdünne Stäbchen schneiden, Chilischote in feine Ringe und entkernen. Eine schwere Pfanne über starker Hitze heiß werden lassen. Die Hälfte des Öls und wenig später das Hühnerfleisch hineingeben und rühren, bis es nach 1 bis 2 Minuten nicht mehr roh aussieht, hell gebräunt ist und würzig duftet. Sofort aus der Pfanne nehmen, das restliche Öl hineingeben und die Möhren 1 Minute pfannenrühren. Zwiebeln und die scharfe Pfefferschote dazugeben und auch 1 Minute rühren. Dann das Fleisch wieder beifügen und erhitzen. Nach Belieben mit noch etwas Sojasauce abschmecken und sofort servieren.

Chicken Szetschuan wird original in einem Wok über offenem Feuer pfannengerührt. Die ganze Fläche des Topfes wird gleichmäßig heiß, die Hitze kann alle Zutaten schnell durchdringen und in Sekunden garen. Auf der Elektroplatte leistet eine große, schwere Pfanne fast ebenso gute Dienste.

GEBRATENE ENTE
mit Sahnesauce

1 junge Ente (etwa 1,5 kg)

1/8 l brauner Fond

1/8 l Rotwein

Salz, Pfeffer

1/8 l Sahne

1 TL Speisestärke

Die bratfertige Ente waschen und tropfnaß mit der Brust nach unten in einen Bräter legen, in den sie gut hineinpaßt und von nicht allzuviel freiem Raum umgeben ist. Bei 200° C in den Ofen schieben und 60 Minuten braten. Nach 10 Minuten wenden und auch die Brust bräunen. Braunen Fond mit Rotwein aufkochen, kräftig mit Salz und Pfeffer würzen und nach dem Anbraten über die Ente gießen. Hitze auf 150° C reduzieren, Ente zugedeckt garen und zwischendurch öfter mit dem Fond beschöpfen, damit sie schön saftig wird. Dann herausnehmen und zugedeckt heiß halten, den Fond entfetten. Sahne und Speisestärke im Saucentopf verrühren, den heißen Bratenfond dazurühren, kurz aufkochen und abschmecken und in einer Sauciere anrichten. Wenn die Brust rosa bleiben soll, die Ente nach dem Anbraten tranchieren (Seite 106) und die Keulen noch 20 Minuten länger braten. Dann die abgetrennten Stücke wieder beifügen, mit heißem Fond beschöpfen und in 5 Minuten erhitzen. Aus übrigen Knochen für das nächste Mal neuen Fond kochen.

Pfirsiche in Weißwein pochieren (Seite 148). Heiß, mit Johannisbeergelee oder Preiselbeerkompott gefüllt, servieren.

Kroketten wie Mandelbällchen (Seite 122) zubereiten, nur länglich und daumendick formen.

Gebratene Ente wird schön knusprig, wenn wir die Haut kurz vor Ende der Bratzeit mit Salzwasser bepinseln. Dazu auch Rotkohl und glasierte Maronen servieren.

GEMÜSE UND KARTOFFELN

»Man pflegt heute den meisten aus Pflanzenstoffen bereiteten Gerichten den Namen Gemüse zu geben; ich denke, weil man sie meist in einem brei- oder musartigen Zustande aufträgt.« Gegen diese Art, Gemüse bis zur Unkenntlichkeit zu zerkochen und damit Aroma und Wirkstoffe zum Teufel zu jagen, wetterte der Gastrosoph Carl von Rumohr schon 1822 in seinem Buch »Geist der Kochkunst«. Nun könnte man aber diese Kritik heute ins Positive ummünzen. Im Hinblick nämlich auf all die köstlichen Gemüsepürees, wie sie uns zu unserem Eßvergnügen die Erneuerer der deutschen Küche zum erstenmal auftischten. Sie schmecken so vorzüglich, daß ihre Rezepte rasch in den Küchen eßbewußter Bürger nachvollzogen wurden. Auch, weil sie so einfach sind. Im Unterschied zu Rumohrs kritisiertem Mus aber werden moderne Pürees aus extrem kurzgegartem Gemüse zubereitet. Darum schmecken sie auch so gut. Bei der Zubereitung solcher Pürees, wie überhaupt beim Zurichten von Gemüse, leistet die Küchenmaschine ihre guten Dienste, die es uns erlaubt, in kürzester Zeit das Essen auf den Tisch zu bringen. Das gilt auch für die schmackhaften Timbales und Flans, die sowohl Vorspeise, als auch Beilage sein können. In diesem Kapitel stehen auch die besten Kartoffelzubereitungen. Ob aber Gemüse oder Kartoffeln, für beides gilt: Tagesfrisch verbrauchen. Dünn schälen. Nie zerkleinert abspülen oder gar wässern. Gemüse nur kurz garen. Es soll noch Biß haben. Und: Nur Gemüse der Saison verwenden. So entstehen Gaumenfreuden, nur so kann man mit einem vollendeten Geschmack rechnen.

GEMÜSE UND KARTOFFELN

GEKOCHTES GEMÜSE ist Gemüse in seiner reinsten Form und mit der ganzen Fülle seincs arteigenen Geschmacks. Vorausgesetzt, es ist genau auf den Punkt gegart. Das geht am besten mit kleinen Mengen in viel Wasser, in dem das Gemüse sofort nach dem Hineingeben kräftig wallen muß, um so kurz wie möglich zu garen. Je nach Art und Beschaffenheit sind es nur wenige Sekunden oder Minuten. Blattgemüse fällt sofort zusammen und ist dann fertig, zarte Böhnchen brauchen manchmal nur 3 Minuten und bei Rosenkohl können wir schon nach 5 Minuten das größte Köpfchen entnehmen, durchschneiden und prüfen. Das Gemüse ist gar, wenn es durch und durch etwas glasig geworden ist und nicht mehr roh schmeckt. Ganz nach Wunsch kann es mehr oder etwas weniger Biß haben, ganz weich sollte es aber nicht werden.

Einzige und wichtige Würze ist neutrales Salz, das nicht nur den Eigengeschmack erhöht, sondern auch die festen Zellwände aufschließt und alle unerwünschten Stoffe ausschwemmt. Zum Beispiel Schmutzteilchen und Fremdstoffe. Und bei Kohlgemüse werden auf diese Weise Bitterstoffe entfernt, die den strengen Geschmack nehmen und das Gemüse besser bekömmlich machen.

Durch die kurze Kochzeit ist der Verlust an Nährstoffen minimal. Wichtig ist danach sofortiges Servieren oder Abkühlen, damit der Garprozeß nicht weiter fortschreitet. Wir stoppen ihn am schnellsten und schonendsten, wenn wir das Gemüse in Eiswasser geben. Kleine Mengen kühlen auch rasch genug ab, wenn wir sie in einem Sieb oder Drahtkorb unter den kalten Wasserstrahl halten. Dabei ziehen sich die Poren der Außenwände zusammen, die Haut wird wieder straff und das Gemüse leuchtet farbiger als roh. Klar, daß wir es nicht lange im Wasser liegen, sondern rasch abtropfen lassen und weiterverwenden. So gegartes Gemüse — 150-250 g pro Portion — wird erst unmittelbar vor dem Essen

Geputzte Bohnen in einen großen Topf geben. Über starker Hitze zuerst Wasser mit 1 EL Salz pro Liter aufkochen. Nicht mehr als 250 g Bohnen in 2 1/2 l Flüssigkeit geben, die ununterbrochen tüchtig sprudeln soll.

Das gegarte Gemüse mit der Siebkelle in Eiswasser legen, wenige Sekunden abkühlen und dann abtropfen lassen. Zugedeckt kühlen und erst unmittelbar vor dem Servieren erhitzen oder für später einfrieren.

Spargel und Rosenkohl blanchiert oder auf beste Art gekocht bewahren ihre schöne Form und leuchten gleichermaßen intensiv. Wie die meisten anderen Gemüsesorten, die schonend gegart in ihren schönsten Farben erstrahlen.

über Wasserdampf erhitzt oder auch in heißer Butter oder Sahne geschwenkt. Das ist praktisch, weil auf diese Weise ein Übergaren verhindert wird und wir die Möglichkeit haben, das Gemüse schon rechtzeitig zu kochen und auch für den nächsten Tag knackfrisch erhalten können, indem wir es gut verschlossen im Kühlschrank vor Nährstoffverlusten schützen. Gemüse zum Einfrieren auch so vorbereiten und vor Gebrauch rechtzeitig auftauen lassen. Oder direkt aus dem Gefriergerät in den Topf geben und über mäßiger Hitze erwärmen. Dann ist es jedoch ratsam, die Kochzeit etwas zu verkürzen, weil das Gemüse beim Erhitzen nachgart.
So zubereitet, ist frisches Gemüse mehr als eine Beilage für Fleisch und Fisch. Mehrere Sorten auf einmal ergeben ein wundervolles Essen, schlicht ergänzt mit einem Spiegelei. Noch größer ist der Genuß, wenn wir uns eine Sauce hollandaise oder béarnaise dazu leisten! Das knackige Gemüse ist außerdem genau richtig für Pürees und Timbales, für Flans, für Gratins und Salate.
Wenn Gemüse nach dieser Methode noch kürzer gegart wird, sprechen wir von »blanchieren«. Das ist zwingend für Gemüse zum Einfrieren und empfehlenswert für Sorten, die bittere und streng schmeckende Stoffe enthalten. Zum Beispiel Fenchel und Stangensellerie, Weißkohl, weiße Rüben und Grünkohl erst blanchieren und danach dünsten, sautieren oder schmoren. Das geht dann schneller und durch die Zugabe von Fett entwickeln sich nur noch die feinen Aromen. Davon mehr auf Seite 118.
Unserer Aufstellung können Sie entnehmen, wie die einzelnen Sorten am sinnvollsten vorbereitet und gegart werden, damit wir in den vollen Genuß des frischen Gemüses kommen.

Artischocken im ganzen wie auf Seite 22 beschrieben vorbereiten und kochen, Böden wie auf Seite 100.

Blumenkohl in Röschen teilen. Den dicken Stiel aus der Mitte ohne harte Teile in streichholzfeine Streifen schneiden. Beides extra kochen, vor dem Dünsten blanchieren.

Brokkoli in Röschen teilen, dicke Stiele schälen, in Scheiben schneiden. Kleine Exemplare halbieren oder vierteln, damit die Blüten nicht zerfallen, bevor die Stengel gar sind. Kochen oder nach dem Blanchieren dünsten.

Grüne Bohnen im ganzen kochen, wenn sie noch sehr zart sind, dickere auch in Stücke schneiden, wenn man sie so servieren möchte.

Große Bohnen ohne ihre pelzige Hülle kochen und auch aus der hellen Haut schälen, um nur den zarten grünen Kern zu genießen.

Erbsen gepalt blanchieren statt dünsten, wenn sie nicht mehr ganz klein sind. Zuckererbsen im ganzen kochen.

Fenchel geviertelt oder in Streifen geschnitten blanchieren, wenn das Anisaroma weniger intensiv sein soll. Nach Belieben kochen oder dünsten.

Gurken ohne Kerne in Halbringe oder Stäbchen schneiden, dünsten oder schmoren. Nur blanchieren, um sie einem Ragout beizufügen.

Grünkohl von den Rippen streifen und auf jeden Fall blanchieren, bevor er gekocht oder geschmort wird.

Kohlrabi schälen, beliebig schneiden, kochen oder roh dünsten. Von jungen Knollen die Haut unten beginnend abziehen, Herzblättchen fein schneiden und auf das fertige Gemüse streuen.

Paprikaschoten vierteln, ohne Stiel und weiße Häute in Streifen schneiden. Kochen, dünsten oder vorher blanchieren, um das Aroma zu mildern.

Porree putzen, längs einschneiden und kochen, wenn er ganz bleiben soll. Feine Ringe dünsten, sautieren oder im fertigen Essen einmal aufkochen.

Rosenkohl mit gestutztem Stiel und ohne schmutzige Blätter immer kochen.

Rote Bete ungeschält in Wasser garziehen lassen. In kaltem Wasser abkühlen lassen, die Haut darin abstreifen.

Schwarzwurzeln gründlich waschen, schälen und sofort in kaltes Wasser mit etwas Essig und Mehl legen, damit sie weiß bleiben. In Salzwasser kochen. Dicke Stangen in Stücke schneiden und längs vierteln, um sie schneller zu garen.

Sellerie ungeschält in Kochwasser garziehen lassen, danach schälen und beliebig verwenden. Feine Streifen auch kochen oder roh dünsten.

Spargel unter dem Kopf beginnend schälen, die Endstücke abschneiden. Spitzen kann man auch extra kochen, weil sie rascher garen als Stangen.

Spinat verlesen, gut waschen und ohne Stiele blanchieren, wenn es ein sehr feines Gemüse werden soll.

Weiße Rübchen in dünne Streifen schneiden und kochen, um ein feines Gemüse daraus zu machen.

Weißkohl und Wirsing ohne dicke Rippen in Streifen schneiden, kochen oder vor dem Dünsten blanchieren.

Zucchini vorzugsweise dünsten oder sautieren. Nur kleine Früchte mit der Schale in Scheiben schneiden und kochen oder blanchieren.

GEMÜSE UND KARTOFFELN

GRATINS sind eine kleine Mahlzeit für sich. Man kann sie rechtzeitig vorbereiten und das Gemüse bleibt unter einer schützenden Hülle knackig und frisch. Fast jedes blanchierte oder knapp gegarte Gemüse ist geeignet — allein Tomaten kommen roh, nur geschält und entkernt in die Form. Die Gratinform soll einen 3 bis 5 cm hohen Rand haben. Flach eingeschichtete Gemüse brauchen nur eine kurze Backzeit. Dabei sollen die Vitamine geschont werden und möglichst viel goldgelbe Kruste entstehen.

SPARGELGRATIN

500 g Spargel
3/8 l Wasser
1/2 TL Salz
2 Scheiben Zitrone
1 Stengel Petersilie
je 20 g Butter und Mehl
1/8 l Sahne
1/4 Tl weißer Pfeffer
3 Spritzer Worcestersauce
1 Msp. geriebene Muskatnuß
einige Butterflöckchen

Spargel, am Kopf beginnend, schälen, die harten Endstücke abschneiden. Diese und die Spargelschalen mit Wasser, Salz, Zitronenscheiben und Petersilie 10 Minuten kochen. Ein Sieb mit einem Tuch auslegen, das Spargelwasser hineinschütten und die Rückstände gut auspressen. Spargelbrühe zurück in den gesäuberten Topf gießen und aufkochen. Spargel in 5 cm lange Stücke schneiden, in die Brühe legen und vom Aufkochen an etwa 10 Minuten garen. Die Spargelspitzen allerdings nur 5 Minuten lang, weil sie besonders zart sind. Gemüse in ein Sieb schütten und gut abtropfen lassen. Butter in einem Topf über mäßiger Hitze aufschäumen lassen, Mehl hineinrühren und 2 Minuten schwitzen. Spargelwasser dazugießen und mit dem Schneebesen tüchtig rühren, damit keine Klümpchen entstehen. Sahne beifügen und die Sauce etwa 10 Minuten einkochen, bis sie schön gebunden ist. Mit Pfeffer, Worcestersauce, Muskatnuß und vielleicht noch etwas Salz abschmekken. Spargel in eine Gratinform füllen, mit der heißen Sauce überziehen und mit Butterflöckchen besetzen. Bei 200° C etwa 10 Minuten überbacken, doch 5 Minuten länger, wenn die Sauce beim Einschieben in den Ofen schon abgekühlt war.

BLUMENKOHL UNTER DER HAUBE

1 großer Blumenkohl
1 TL Zitronensaft, Salz
1/8 l Wasser, 50 g Butter
65 g Mehl, 3 Eier
50 g geriebener Emmentaler oder mittelalter Gouda
1 Msp. geriebene Muskatnuß

In viel stark kochendes Wasser Salz und Zitronensaft geben, dazu den Blumenkohl, der vom Wasser völlig bedeckt sein muß. Nach 10 Minuten den Kohl mit einer Siebkelle aus dem Topf heben, auf einem Gitter gut abtropfen und ausdampfen lassen. Anschließend in eine Auflaufform setzen, in der er genug Platz hat, daß ein 2 bis 3 cm breiter Rand frei bleibt.
Inzwischen Wasser und Butter mit einer Prise Salz aufkochen. Das Mehl auf einmal hineinschütten und mit dem Holzlöffel rühren, bis eine glatte Masse entstanden ist. Von der Hitze nehmen, das erste Ei, gut verschlagen, hineinmischen. Übrige Eier in die schon abgekühlte Masse rühren, ebenso den Käse und Muskatnuß. Den Blumenkohl mit der Käsemischung überziehen. Bei 200° C in den vorgeheizten Ofen schieben und in etwa 25 Minuten hellbraun backen. Ohne Beilagen heiß genießen oder auch mit rohem oder gekochtem Schinken.

LAUCHGRATIN

500 g weißer Porree (Lauch)
20 g Butter
1/2 TL Salz
1/4 TL Pfeffer
1 Msp. geriebene Muskatnuß
2 Eigelb, 1/8 l Sahne

Porree schräg in zentimeterdicke Scheiben schneiden. Butter in einer tiefen Pfanne über mäßiger Hitze schmelzen, das Gemüse darin 2 Minuten schwenken und anschließend in die Gratinform geben. Salz, Pfeffer und Muskatnuß mit Eigelb und Sahne verquirlen, über das heiße Gemüse gießen und bei 175° C etwa 10 Minuten gratinieren. Hat man das Gemüse schon früher vorbereitet, kann man es auch kalt in die Form füllen und in den Ofen schieben. Dann aber 5 Minuten länger überbacken.

<u>Gratins in Kürze.</u> Möhren, Sellerie, Blattspinat und grüne Bohnen mit 1/4 l Sauce Mornay überbacken. Tomaten, Stangensellerie, Fenchel und Chicorée mit einer Mischung aus 3 Eiern, je 3 EL Semmelbröseln und Parmesan bedecken, mit Butterflocken besetzt gratinieren. Weißkohl, Wirsing, Rosenkohl und Paprikaschoten mit 1/4 l Béchamelsauce überziehen oder mit einer Mischung aus 3 Eiern, 20 cl Milch, Salz und Pfeffer backen.
Für 4 Portionen jeweils 500 bis 750 g Gemüse vorbereiten.

Spargel überbacken ist eine leichte Delikatesse vom frühen Mittag bis zum späten Abend. Ein spritziger Weißwein rundet die kleine Mahlzeit ab.

GEMÜSE UND KARTOFFELN

GESCHNITZELTE BOHNEN

600 g Stangenbohnen
300 g Tomaten
40 g Räucherspeck
1 geschälte Zwiebel
20 g Butter
1 Bund Bohnenkraut
1/8 l Fleischbrühe
Salz und Pfeffer

① Die Spitzen der Bohnen abschneiden. ② Das Gemüse im Durchlaufschnitzler zerkleinern, dafür die Schneidscheibe für grobe Scheiben einsetzen, auf Stufe 1 bis 2 arbeiten und die Bohnen paarweise in die dafür bestimmten Öffnungen stecken, damit schräge, glatte Schnitzel entstehen. Tomaten brühen, häuten, entkernen und würfeln. Speck und Zwiebeln, ebenfalls gewürfelt, in Butter hell bräunen. ③ Bohnen, Bohnenkraut, Tomaten und Fleischbrühe dazugeben, aufkochen und zugedeckt 10 Minuten dünsten. Mit Salz und Pfeffer abschmecken. ④ Die Bohnen umrühren und noch wenig länger dünsten, wenn sie noch zu fest sind. Zum Beispiel zu Matjes und Pellkartoffeln servieren.
Geschnitzelte Bohnen auch in Sahne dünsten und viel feingehackte Petersilie vor dem Anrichten daruntermischen. Immer mit Bohnenkraut garen, um den Geschmack der Bohnen zu intensivieren. Das Kraut dazu gebündelt hineingeben, damit es beim Anrichten leicht wieder entfernt werden kann.

PÜRIERTES GEMÜSE ist eine besonders attraktive Beilage für kostbares, rosa gebratenes Fleisch. Alle festen Gemüse und Hülsenfrüchte sind dafür geeignet. Sie werden nur knapp gegart und püriert oder weichgekocht und durch ein Sieb gestrichen. Kurz vor dem Servieren in etwas Butter erwärmen, mit Sahne cremig rühren und beliebig würzen sowie mit frischen Kräutern verfeinern. Wunderbar zu Lamm schmeckt zum Beispiel weißes Bohnenpüree mit Knoblauch und Petersilie, ganz schlicht abgeschmeckt mit Salz und Pfeffer.

Timbales und Flans sind lockere, leichte Speisen, die in kleinen Förmchen im Wasserbad gegart und anschließend gestürzt werden. Sie können als Beilage oder mit einer passenden Sauce als Vorspeise serviert werden. Zartes Gemüse wie Spinat und Erbsen dazu nur blanchieren und mit gewürzter Eier-Sahne bedecken. Gemüse wie Bohnen, Broccoli und Möhren püriert dafür verwenden.

PÜREE VON GRÜNEN BOHNEN

600 g grüne Bohnen
3 l Wasser, 3 EL Salz
1 Bund Bohnenkraut
20 g Butter, 4 EL Sahne
weißer Pfeffer
1 TL feingehackte Petersilie

Bohnen putzen und in sprudelnd kochendes Salzwasser geben, dazu das Bohnenkraut. Das Gemüse je nach Zartheit 3 bis 6 Minuten kochen, abgießen und schnell in kaltem Wasser abkühlen. Gut abgetropft und grob geschnitten im Mixer pürieren. Butter über mäßiger Hitze schmelzen, das Bohnenpüree darin eine Minute dünsten. Sahne dazugeben, das Püree salzen, pfeffern und mit Petersilie bestreut anrichten.

BROCCOLI-TIMBALE
mit Walnuß-Sauce

300 g Broccoli
15 g Butter
4 EL Hühnerbrühe
2 Eier, 5 cl Sahne
Salz, weißer Pfeffer
weiche Butter zum Einfetten
4 Timbaleförmchen (je 1/8 l) oder stabile Tassen

Broccoli geputzt abwiegen, in kleine Stücke schneiden. Butter über geringer Hitze schmelzen, Broccoli darin glasig dünsten, mit der Brühe aufgießen und zugedeckt 5 Minuten dünsten. Etwas abkühlen lassen, im Mixer der Bosch-Küchenmaschine pürieren, auch Eier, Sahne und Gewürze hineingeben und kurz unterrühren. Förmchen oder Tassen mit weicher Butter einfetten und mit Püree füllen. In ein heißes Wasserbad setzen und bei 200°C 20 bis 25 Minuten backen. Heiß stürzen und als Vorspeise reichen.

Für die Walnuß-Sauce 6 frische Nüsse knacken, die Kerne grob hacken und in 10 g Butter leicht anrösten. Mit 20 cl Geflügel-Velouté (Seite 18) aufkochen und mit etwas gemahlener Muskatblüte abschmecken.

Broccoli-Timbale, etwas besonders Feines und Leichtes, ist mit Walnuß-Sauce eine elegante Vorspeise oder Beilage zu erlesenem Fleisch.

Für Gemüseflans das gegarte Gemüse löffelweise durch den Deckel in den laufenden Mixer der Bosch-Küchenmaschine geben. Hier sind es 300 g geschälte und gewürfelte Möhren, die in 15 g Butter angedünstet und mit 4 EL Fleischbrühe gegart werden. Das Gemüse fein pürieren, 2 Eier und 5 EL Sahne dazugeben, beliebig würzen. Möhren mit etwas Salz, Zucker und Muskat abschmecken. — Flans und Timbales auch aus Rosenkohl, Steckrüben, Wirsing, Sellerie und Blumenkohl zubereiten. Dazu schmeckt cremige Velouté, die passend zum Gemüse mit Gewürzen und Kräutern abgeschmeckt wird.

Flans einfüllen und garen. Förmchen oder Tassen, die 1/8 l gut fassen, mit weicher Butter einfetten. Das Gemüse hineinfüllen, wie Broccoli-Timbale garen und anschließend heiß stürzen.

GEMÜSE UND KARTOFFELN

DÜNSTEN,
SAUTIEREN UND SCHMOREN
sind Garmethoden, bei denen Fett als Geschmacksträger eine wichtige Rolle spielt. Dafür geeignet sind vorzugsweise saftige Fruchtgemüse wie Gurken und ihre Verwandten, Poree und Wurzelgemüse. Außerdem blanchiertes Gemüse (Seite 112), das wir mit Hilfe dieser Methode geschmacklich noch intensivieren können, zum Beispiel durch die Art des Fettes, in dem wir vorher auch Zutaten wie Zwiebeln oder Knoblauch andünsten, die gut zu vielen Gemüsesorten passen.
Gewürze werden grundsätzlich nur sparsam verwendet, weil sie den Eigengeschmack schnell überdecken. Wir nutzen Petersilienstengel zusammen mit einem Zweig Thymian gebündelt beim Dünsten und Schmoren, weil sie den Gemüsegeschmack unterstützen. Ebenso Bohnenkraut zum Kochen aller Bohnen und Kohlgemüse mit wenig Kümmel in einem Säckchen, weil er für bessere Bekömmlichkeit sorgt. Bei Petersilie bevorzugen wir glatte Sorten, weil sie würziger sind. Das feingehackte Kraut nicht zu knapp über jedes fertige Gemüse streuen, um es geschmacklich zu verbessern. Wir hacken alle Kräuter immer sehr fein, weil sie so am meisten Aroma hergeben. Auch die klassische Mischung aus frischem Kerbel, Schnittlauch, Petersilie und etwas Estragon (fines herbes) verstärkt, sparsam verstreut, den Gemüseduft noch zusätzlich.
Salz und Pfeffer gehören erst gegen Ende der Garzeit an das Gemüse, ebenso gemahlene Muskatblüte (Macis), die wir statt der herberen Muskatnuß für feines Kohlgemüse vorziehen. Desgleichen für Möhren, die man auch mal mit etwas Kümmel gewürzt versuchen sollte. Was zusammenpaßt, können wir sicher bestimmen, wenn wir Gemüse und Gewürz nebeneinander versuchen.

Beim Dünsten wird rohes oder blanchiertes Gemüse mit Butter oder Öl über mäßiger Hitze geschwenkt, bis es duftet und das Fett aufgesaugt hat. Anschließend im eigenen Saft dünsten oder mit Flüssigkeit wie neutraler Kalbsbrühe auffüllen, bis der Boden 1 bis 2 cm hoch bedeckt ist. Den Topf schließen und das Gemüse über schwacher Hitze leise sieden lassen, bis es »al dente«, also knackig ist. Zwischendurch gelegentlich schwenken, damit oben liegende Stücke auch mal in der Brühe liegen und alles schön gleichmäßig gart und durchzieht. Das fertige Gemüse sofort von der Hitzequelle nehmen und möglichst bald servieren, weil es schnell seine Frische und die knackige Konsistenz einbüßt. Gurkengemüse wird weich und matschig, andere Gemüse zerfallen.

Zum Sautieren und Braten wird Gemüse in der Regel sehr fein geschnitten und nur in kleinen Mengen verarbeitet. Nicht zuviel auf einmal, denn alle Teile müssen Kontakt mit dem Pfannenboden haben, um gleichmäßig zu garen. Ob wir das Gemüse roh oder schon blanchiert verwenden, ist zum Teil auch Geschmackssache. Lesen Sie dazu unsere Aufstellung auf Seite 112. Saftige Zutaten wie Zucchini und Auberginen werden weniger klein zerschnitten, weil sie faserarm sind und deshalb sehr schnell garen. Bei dieser Methode jeweils etwas Fett in einer großen schweren Pfanne über starker Hitze heiß werden lassen, bis es leicht zu rauchen beginnt, am besten neutrales Öl und wenig Erdnußöl, das sehr geschmacksintensiv ist, aber gut zu Gemüse paßt. Das Gemüse ganz trocken hineingeben und mit dem Spatel flott wenden, bis es Farbe zeigt, glasig ist und aromatisch duftet. So ist es auch richtig gegart für pfannengerührtes Essen chinesischer Art (Seite 108).

Beim Schmoren wird Gemüse in Öl, Butter oder Speck kurz angebraten und danach im eigenen Saft oder mit Flüssigkeit gegart. Das kann Wasser oder besser eine Kalbsbrühe sein, die den Eigengeschmack aller pikanten Speisen hebt. Weiter gelten hier alle

GEBRATENE ZUCCHINI
50 bis 100 g feine Zwiebelwürfel in Öl geben, das den Pfannenboden bedeckt und so heiß ist, daß es ein wenig raucht. Unter ständigem Wenden mit dem Holzspatel rösten, bis die Zwiebeln gelb sind. Zucchini in Scheiben beifügen und ebenso flott wenden, bis sie glasig und hellbraun sind. Das Gemüse mit Salz und Pfeffer würzen, mit Parmesan schwenken und von der Hitzequelle nehmen. Auch Auberginen bevorzugt so zubereiten. Ganz frisch gebraten schmeckt's am besten!

Regeln, die schon beim Dünsten vermerkt worden sind.
Da Ausnahmen die Regel bestätigen: Rotkohl schmoren wir auf klassische Art (Seite 98) weich, weil er so am besten schmeckt. Wir schmoren weiterhin die geliebten Kohlrouladen nach Mutters Rezept und kochen Grünkohl immer wieder etwas länger als nötig, weil wir es nach wie vor so lieber mögen. Doch wir tun gut daran, auch diese Gemüse viel weniger fett als früher auf den Tisch zu bringen.
Alle anderen Gemüse werden vitaminschonend und kürzer gegart. Wir geben es immer erst in Topf oder Pfanne, wenn die Tischzeit feststeht. Gemüse mit seinen kurzen Garzeiten gehört ganz frisch zubereitet auf den Tisch. Aufgewärmt schmeckt es (abgesehen von wenigen Ausnahmen) nur noch halb so gut und ist genauso wenig wert. Wir sollten deshalb Reste vermeiden und mit 150 g Gemüse (geputzt gewogen) pro Person lieber knapp kalkulieren. 3 Beispiele für geschmortes und gedünstetes Gemüse finden Sie auf den nächsten Seiten, mehr Gemüse auch bei den Suppen und Eintöpfen (ab Seite 44).

BROKKOLI
in Weinsauce

600 g Brokkoli
30 g Butter
2 feingehackte Knoblauchzehen
10 cl trockener Weißwein
10 cl Orangensaft
1 TL feingeriebene Orangenschale

Brokkoli blanchieren, bis er fast gar ist. Butter in einer tiefen Pfanne über guter Hitze aufschäumen lassen, Knoblauch darin 10 Sekunden andünsten. Mit Weißwein und Orangensaft ablöschen, mit Orangenschale würzen und die Sauce einkochen, bis sie nach etwa 6 Minuten gut gebunden ist. Brokkoli gut abgetropft dazugeben und in der Sauce schwenken, bis er nach etwa 3 Minuten heiß und gar ist. Sofort servieren, dazu vielleicht Lammkoteletts.

HEISSER TIP FÜR PILZE
Diese wasserreichen Gesellen am besten vor dem Braten etwas salzen und zugedeckt erhitzen, bis sie in ihrem eigenen Saft liegen. Dann in einem Sieb gut abtropfen lassen, bis sie ganz trocken sind. Die Brühe stark reduzieren, den Rest den gebratenen Pilzen beifügen oder ein anderes Gericht damit abschmecken.

MÖHREN IN SAHNE

600 g junge Möhren
20 g Butter
10 cl Sahne
Salz, Pfeffer
2 Eigelb
2 EL feingehackte Kräuter (fines herbes)

Möhren schälen, in dünne Scheiben schneiden und mit der Butter über mäßiger Hitze schwenken, bis sie nach wenigen Minuten glasig sind. Sahne dazugeben, mit Salz und Pfeffer würzen und das Gemüse unter gelegentlichem Schwenken im offenen Topf in etwa 5 Minuten garen. Etwas von der heißen Sahne mit den Eigelb verquirlen, abseits von der Hitze unter das Gemüse mischen. Fines herbes beifügen, das Gemüse abschmecken. Zu Kartoffeln und kurzgebratenem Fleisch servieren.

FENCHELGEMÜSE

600 g Fenchel
30 g Butter
1/8 l Kalbsbrühe
Salz, 1 Prise Zucker
1 TL Zitronensaft

Fenchel putzen, in 1 cm breite Streifen schneiden und 3 Minuten blanchieren. Das feine Grün der Knollen feinschneiden. Butter in einer Kasserolle über mäßiger Hitze hell bräunen, den abgetropften Fenchel hineingeben und 1 Minute lang rasch wenden. Mit Kalbsbrühe ablöschen, mit Salz und Zucker würzen und zugedeckt über schwacher Hitze etwa 2 Minuten schmoren. Das Gemüse mit Zitronensaft abschmecken, sofort servieren. Dazu vielleicht gegrilltes Schweinefilet und Kartoffelpüree.

GEDÜNSTETER SPINAT

500 g Spinat
4 Frühlingszwiebeln mit Grün
100 g Petersilie
30 g Butter
1 TL Salz

Spinat putzen, waschen und blanchieren, nach dem Abkühlen sehr gut abtropfen lassen und mit den Händen gut ausdrücken. Zwiebeln putzen, längs halbieren und in feine Halbringe schneiden, Petersilie fein hacken. Butter in einer Kasserolle über mäßiger Hitze aufschäumen lassen, Zwiebeln und Petersilie darin zugedeckt weichdünsten. Nach etwa 10 Minuten den Spinat daruntermischen, mit Salz und vielleicht auch einer Prise Muskatblüte würzen. Gut heiß werden lassen und sofort servieren. Dazu schmeckt Omelette oder gebratene Kalbsleber.

GEMÜSEPFANNE
sizilianische Art

400 g Auberginen, Salz
200 g Zucchini
600 g mehlig kochende Kartoffeln
120 g Stangensellerie
1 Gemüsezwiebel (etwa 200 g)
600 g Tomaten, 4 EL Olivenöl
1 rote Pfefferschote
12 Basilikumblätter

Auberginen in 1 cm große Würfel schneiden, mit 1 EL Salz mischen und nach 30 Minuten mit Küchenkrepp abtrocknen. Zucchini und geschälte Kartoffeln ebenso groß würfeln. Stangensellerie in 1/2 cm breite Halbringe teilen, dabei am dicken Stielende die Haut abziehen, wenn sie hart ist. Zwiebel schälen und in feine Streifen schneiden. Tomaten vierteln, entkernen, im Mixer der Bosch-Küchenmaschine pürieren und nach Wunsch durch ein Sieb streichen, um Schalen zu entfernen. Olivenöl in einer weiten Kasserolle über guter Mittelhitze heiß werden lassen. Auberginen, dann Zucchini und Stangensellerie darin unter ständigem Wenden in 2 Minuten hell bräunen, wieder herausnehmen. Kartoffeln ins Bratfett geben und etwa 5 Minuten ringsum anbraten, die Zwiebeln dazugeben und kurz anrösten. Pfefferschote und Tomatenpüree hinzufügen, zugedeckt über reduzierter Hitze 10 Minuten leise sieden lassen. Das Gemüse dazugeben, zugedeckt 6 bis 8 Minuten garen, gut verrühren und mit Salz abschmecken. Basilikum feingeschnitten daruntermischen.

ERBSENGEMÜSE
französische Art

100 g kleine Schalotten
40 g Butter
1 TL Salz, 1/2 TL Zucker
1/2 Tasse Wasser
4 Stengel Petersilie
1 kleiner Kopfsalat
400 g junge, ausgepalte Erbsen

Schalotten schälen, in Butter bei mäßiger Hitze glasig werden lassen, mit Salz und Zucker würzen. Wasser und Petersilie dazugeben, zugedeckt 10 Minuten dünsten. Vom Kopfsalat nur das feste Herz nehmen, vierteln und zusammenbinden. Zu den Schalotten geben, mit Erbsen bedecken und alles zugedeckt weitere 10 Minuten garen. Petersilienstengel und Bindegarn vom Salatherz entfernen, Gemüse durchschwenken und abschmecken.

SCHMORGURKEN
auf deutsche Art

1 kg reife Gemüsegurken
2 EL Essig, Salz
30 g fetter Räucherspeck
1 Zwiebel, 1/4 l Fleischbrühe
2 EL Zucker, 1/2 TL Pfeffer
20 g weiche Butter, 20 g Mehl

Gurken schälen, längs halbieren, entkernen und in 1/2 cm dicke Scheiben schneiden. Mit Essig und 1 TL Salz gemischt 1 Stunde ruhen lassen. Speck und Zwiebel fein würfeln. Speck knusprig ausbraten, die Würfelchen herausnehmen, Zwiebel im Fett gelb schwitzen. Abgetropfte Gurkenscheiben, Brühe, Zucker und Pfeffer dazugeben, zugedeckt 10 Minuten schmoren. Butter und Mehl verkneten, im Gemüse aufkochen, 10 Minuten ziehen lassen. Mit Speckwürfeln bestreuen.

Gemüsepfanne sizilianisch ist eine kleine, leichte Mahlzeit, die wir bei großem Hunger mit einem schlichten Käsetoast vervollständigen können. Dazu Landbrot mit Butter bestreichen, mit einer dicken Scheibe Raclette oder Emmentaler belegen und backen, bis der Käse zu schmelzen beginnt.

Erbsengemüse, saftig und lecker zu Steaks und Sauce Béarnaise, können wir jederzeit in guter Qualität zubereiten, weil es knackig frische Erbsen aus der Tiefkühltruhe immer gibt.

GEMÜSE UND KARTOFFELN

Die Rezepte auf diesen Seiten sind die besten Beispiele dafür, wie man Kartoffeln beim Braten und Fritieren in knusprige Köstlichkeiten verwandeln kann. Alle Kartoffelgerichte dieser Art gelingen perfekt, wenn das Fett heiß genug ist und sofort brutzelt, wenn die Kartoffeln hineinkommen. Sie sollten ganz trocken sein und von einer festkochenden Sorte stammen, auch für Bratkartoffeln aus gekochten Kartoffeln. Diese sollten am besten am Vortag gekocht worden sein, denn gut durchgekühlt lassen sie sich viel besser in glatte, wenig fettsaugende Scheiben schneiden.

KARTOFFEL-PFANNE

1 kg festkochende Kartoffeln

100 g durchwachsener Speck

2 EL Öl, 1 TL Salz

1/2 TL schwarzer Pfeffer

4 kleine, feste Tomaten

2 EL Zwiebelwürfel

Kartoffeln schälen und auf dem Gurkenhobel oder im Durchlaufschnitzler der Küchenmaschine in dünne Scheiben schneiden, nach Wunsch auch mit sauberer Schale verarbeiten. In einem Küchentuch abtrocknen und vor Verfärbung schützen.
Speck in sehr kleine Würfel schneiden, in einer großen, schweren Pfanne über mittlerer Hitze auslassen und aus dem Fett fischen, bevor sie braun werden. Zwiebeln anbräunen, ebenfalls aus der Pfanne nehmen. Dann Öl dazugeben, wenig später die Kartoffelscheiben. Mit Salz und Pfeffer bestreuen und zugedeckt 10 bis 15 Minuten braten.
Die Kartoffeln erstmals wenden, wenn die Unterseite schön gebräunt ist. Danach öfter wenden und fertig braten. Inzwischen die Tomaten kurz in kochendes Wasser tauchen, abziehen und in Scheiben schneiden. Unter die gebratenen Kartoffeln mischen, Zwiebeln und die Speckwürfelchen wieder in die Pfanne geben. Die Kartoffeln nun unbedeckt noch 3 bis 4 Minuten braten, bis die Unterseite knusprig und braun ist. Mit dieser Seite nach oben anrichten. Dazu kaltes Roastbeef oder Sülze und Remoulade sowie frischen Salat servieren. Auch mit Kräuterquark oder sauer eingelegten Bratheringen zu einer guten, schnellen Mahlzeit vervollständigen.

KARTOFFELBÄLLCHEN

700 g mehlig kochende Kartoffeln

1/2 TL Kümmel

2 EL Sahne, 2 Eigelb

1 Msp. geriebene Muskatnuß

1 TL Salz, 1/4 TL Pfeffer

etwas Mehl, 1 verquirltes Ei

etwa 50 g gehackte Mandeln

10 cl Nußöl oder halb Öl und Butterfett

Kartoffeln mit Wasser bedeckt aufsetzen, mit Kümmel 20 Minuten kochen, kalt abspülen, schälen und durch die Kartoffelpresse drücken. Sahne mit Eigelb und Gewürzen verquirlen, alles unter die heißen Kartoffeln mischen und zu einem glatten Teig kneten. In Folie einwickeln und am besten über Nacht in den Kühlschrank legen.
Aus dem kalten Teig mit bemehlten Händen etwa 2 cm dicke Bällchen rollen. Nacheinander in verquirltem Ei und Mandeln umdrehen, nebeneinander auf eine Platte legen und wieder etwa 1 Stunde kühlen, damit die Panade etwas antrocknet, sich festigt und beim Fritieren haften bleibt.
Das Fett im Fritiertopf oder einer tiefen Pfanne über guter Mittelhitze etwa 190° C heiß werden lassen. Die richtige Temperatur ist erreicht, wenn ein Brotwürfelchen in dem Fett sofort nach dem Hineingeben stark brutzelt und schnell braun wird. Dann die Bällchen langsam eins nach dem anderen hineingleiten lassen, damit das Fett nicht abkühlt und weiterbrutzelt. Die ganze Menge in 2 oder 3 Portionen nacheinander backen, auf Küchenkrepp abtropfen lassen und in einer vorgewärmten Schüssel anrichten. Frisch genießen oder kurze Zeit im Backofen bei 100° C heiß und knusprig halten.
Den Teig der Bällchen auch für Kroketten verwenden, die mit Semmelbröseln paniert werden können. Oder den zu einer Rolle geformten Teig gut durchgekühlt in Scheiben schneiden und in einer Pfanne mit weniger Fett zentimeterdicke Plätzchen davon backen. Den Teig beliebig würzen, zum Beispiel mit geriebenem Käse, gehackten Kräutern, Knoblauch und Zwiebeln, natürlich passend zum Fleisch, zu dem sie serviert werden sollen.

Pommes frites werden ebenfalls in tiefem Fett gebacken. Dafür festkochende Kartoffeln roh von Hand oder mit der Scheibe für Pommes frites des Durchlaufschnitzlers in knapp zentimeterdicke Stifte schneiden, in kaltem Wasser waschen und kurz vor dem Backen in einem Tuch gründlich abtrocknen. In kleinen Portionen im Fettbad bei 190° C etwa 10 Minuten backen. Fertige Pommes frites salzen, zum Abtropfen und Heißhalten in Küchenkrepp einschlagen. So zubereitet, werden Pommes frites besonders knusprig; auch dicke oder dünne Kartoffelscheiben, die im Durchlaufschnitzler rasch zerkleinert sind und entsprechend kürzer fritiert werden.

Gerichte aus Kartoffeln sind meist von herzhaft deftiger Art. Hier im Vordergrund ein kräftiges Bauernfrühstück mit Speck, dahinter Kartoffelbällchen mit Mandelblättchen paniert, die vor allem zu feinen Fleischgerichten passen.

GEMÜSE UND KARTOFFELN

GRATIN DAUPHINOIS
Überbackene Kartoffeln

Rezept für 4 bis 6 Portionen:
1 kg kleine, festkochende Kartoffeln
1 Knoblauchzehe
125 g weiche Butter
2 Eier, 40 cl Milch
1 EL Sahne
Salz und Pfeffer
einige Butterflöckchen

1 **Kartoffeln schneiden.** Die geschälten und abgetrockneten Kartoffeln im Durchlaufschnitzler mit dem Einsatz für grobe Scheiben auf Stufe 1 bis 2 gleichmäßig dick schneiden.

2 **Die Form mit Butter ausstreichen,** nachdem man sie mit einer halbierten Knoblauchzehe ausgerieben hat. Am besten eine feuerfeste Form, die gut zum Eßgeschirr paßt.

3 **Die Kartoffeln einschichten.** Die Scheiben einzeln in die Form legen. An einer schmalen Seite beginnen und jede Scheibe zur Hälfte mit der nächsten Kartoffelscheibe bedecken.

4 **Mit Eiermilch begießen.** Dazu Eier verquirlen, mit Milch und Sahne verrühren und mit Salz und Pfeffer abschmecken. Auf dem Herd über schwacher Hitze 15 Minuten erhitzen.

5 **Der fertige Gratin** ist goldgelb und zeigt braune Spitzen. Er wird bei 180°C auf der zweiten Schiebeleiste von unten 40 Minuten gebacken. Heiß mit Butterflöckchen besetzt servieren.

KARTOFFELN schmecken nur gut, wenn wir sie sorgfältig zubereiten. Sie verdienen es, denn ihr Eiweiß ist hochwertig und kann durch Milch sehr gut ergänzt werden. Die Knollen enthalten wichtige Vitamine der B-Gruppe, reichlich Vitamin A und soviel C, daß wir unseren Bedarf zu 50 Prozent daraus decken. Außerdem sind sie reich an wertvollen Mineralstoffen wie zum Beispiel Kalium, das unter anderem stark entwässernd wirkt. Diese Werte schwanken je nach Sorte nur wenig, so daß wir sie nach ihren Kocheigenschaften einkaufen: Salatkartoffeln, vorwiegend festkochende und mehlig festkochende Kartoffeln. Wir können die einzelnen Sorten nach eigenem Geschmack auswählen.

Für Salzkartoffeln mehlig festkochende Kartoffeln verwenden. Kleine Knollen ganz lassen und große auf elegante Art längs in Viertel schneiden. Die etwa 3 cm dicken Kartoffeln mit 1 EL Salz pro Liter Wasser kalt aufsetzen, rasch aufkochen und 20 Minuten leise siedend garen. Abgießen und kurz dämpfen, damit die äußere Schicht leicht aufrauht. Die Kartoffeln immer ganz dünn, am besten mit dem Sparschäler schälen, damit von den wertvollen Stoffen unter der Schale möglichst wenig weggeschnitten wird.

Für Pellkartoffeln als Beilage auch mehlig festkochende Kartoffeln bevorzugen. Kleine Kartoffeln gleicher Größe in kaltem Wasser mit Salz und etwas Kümmel aufkochen und leise siedend garen, bis sie von einem hineingesteckten Messer wieder abgleiten. Dann von der Hitze nehmen, die Kartoffeln schälen und in eine vorgewärmte Schüssel legen. Abgekühlte Kartoffeln über Dampf oder in wenig heißem Fett wieder erhitzen, damit sie heiß auf den Tisch kommen.

Mehlig festkochende Kartoffeln außerdem für Kartoffelpüree und -suppen, für Klöße und Puffer bevorzugen. Auch für Bällchen, Kroketten und Pommes frites verwenden, wenn man sie lieber weich mag.

Für Salate und zum Braten Salatkartoffeln oder vorwiegend festkochende Kartoffeln in der Schale garen. Immer schon am Vortag kochen, kurz abschrecken, heiß schälen, ausgebreitet ausdampfen lassen und gut durchkühlen, weil sie sich kalt besser in saubere, glatte Scheiben schneiden lassen.
Kartoffelscheiben oder -würfel zum Braten über guter Mittelhitze in heißes Fett geben und braten, bis die Unterseite gut gebräunt ist. Dann erstmals wenden und weiterbraten, inzwischen ab und zu behutsam wenden, damit die Kartoffeln nicht zerbrechen. Mit Salz und Pfeffer würzen und in den letzten Minuten Zwiebelwürfelchen und auch ein wenig Majoran oder Thymian hinzufügen. Öl, Butter und ausgelassener Speck sind die zum Braten am besten geeigneten Fette.
Für Kartoffelsalat die geschnittenen Knollen zuerst mit etwas würziger Fleischbrühe übergießen, leicht schwenken und durchziehen lassen, damit die Kartoffeln den Geschmack annehmen. Anschließend, wenn nötig, abtropfen lassen und in einer Sauce eigener Wahl mischen. Gut schmeckt eine Sauce aus Sahne mit Weinessig, Zwiebel, Salz, Pfeffer, ein bißchen Zucker und viel Petersilie. Besonders leicht ist ein Kartoffelsalat mit einer Vinaigrette (Seite 33), temperiert oder lauwarm serviert. Je nach Geschmack weitere Zutaten in den Salat geben wie feingehackte Gewürzgurke, gehackte Eier, Tomatenscheiben, gerösteten Speck oder gekochte Selleriewürfel.
Für Ofenkartoffeln ausgereifte Kartoffeln mit höherem Stärkeanteil auswählen. Mittelgroße Knollen längs halbieren, mit der beliebig gewürzten Schnittfläche auf das Backblech legen und bei 180°C etwa 25 Minuten backen. Große Kartoffeln in Alufolie, die etwa 200 g wiegen, brauchen im Ofen etwa 75 Minuten zum Garen. Kocht man sie auf dem Herd 10 Minuten vor, spart man Energie und die halbe Backzeit.

KARTOFFELPÜREE

1 kg mehlig kochende Kartoffeln

Salz, etwa 1/4 l Milch oder Sahne

1/4 TL geriebene Muskatnuß

20 bis 40 g Butter

Die Kartoffeln schälen und große Knollen halbieren oder vierteln, damit alle Stücke etwa gleich groß sind und die gleiche Garzeit haben. Das gilt grundsätzlich für Salzkartoffeln, die leicht zerfallen, wenn sie zu lange gekocht werden.
Kartoffeln mit kaltem Salzwasser bedeckt über mittlerer Hitze aufkochen, über reduzierter Hitze 20 Minuten leise sprudeln lassen, abgießen, zurück auf die Herdplatte setzen und trocken schwenken.
① Die Kartoffeln in der Rührschüssel mit einem Stampfer fein zerquetschen. Anschließend mit dem Schneebesen oder dem Rührbesen der Bosch-Küchenmaschine bei mittlerer Geschwindigkeit aufschlagen.
② Heiße Milch oder Sahne nach und nach zugießen, bis das Püree die gewünschte Konsistenz hat.
③ Muskatnuß frisch ins Püree reiben und dafür eine kleine Metallreibe benutzen. So würzt Muskat am angenehmsten.
④ Butterstückchen zum Schluß zum Püree geben und gut verschlagen. Je besser die Qualität, um so weniger ist nötig, damit man sie durchschmeckt.
Frisches Kartoffelpüree immer reichlich zubereiten, denn erfahrungsgemäß wird viel davon gegessen, wenn es wie hier zubereitet wird.
Nach Belieben mit frisch gehackten Kräutern (zum Beispiel Petersilie), gerösteten Bröseln oder Nüssen bestreuen oder gebräunte Zwiebelringe darüberlegen.

REIS UND NUDELN

Die Nudeln stammen aus dem Reisland. Aber Reis ist auch im Nudelland zuhause. Die Rede ist von China und Italien, die im unentschiedenen Wettstreit liegen, die Erfinder der Nudeln zu sein. Daß Reis schon nach ältesten Quellen mindestens seit 2800 Jahren vor Chr. angebaut wird, ist nachgewiesen. Er ist heute noch das wichtigste Nahrungsmittel der Welt für immerhin eine Milliarde Menschen und damit unserem »täglich Brot« gleichzusetzen. Wen wundert's deshalb, wenn die Chinesen sagen, daß eine Mahlzeit ohne Reis einem schönen, aber einäugigen Mädchen gleicht. Über das Wissen über Reis und Nudeln hinaus geht es uns vor allem darum, beides lecker zuzubereiten. Es läßt sich ja deshalb so fabelhaft damit experimentieren, weil diese Nahrungsmittel vergleichsweise neutral schmecken und daher mit vielerlei Zutaten eine gelungene Harmonie eingehen. Wir bieten zum Beispiel Risotto in Variationen und eine kostbare Reispfanne brasilianische Art, für die man nicht nur Weißwein, sondern sogar zartes Hummerfleisch verwendet. Und Nudeln — auch selbstgemachte — mit Saucen gibt es eine Menge. Allen voran die Trenette mit der Pesto alla Genovese, dieser kalten Käse-Basilikumsauce, die unvergleichlich gut ist. Dazu gibt es weitere überraschende Kombinationen. Man kann ein totales Nudelvergnügen daraus machen.

REIS UND NUDELN

REIS guter Qualität ist geschält, aber unpoliert und hat noch seine Silberhaut, die wichtige Mineralstoffe und Vitamine enthält. Für pikante Zubereitungen sollten wir Carolina-Reis und Langkornreis bevorzugen, auch als »parboiled« Reis, bei dem durch ein spezielles Verfahren die wertvollen Stoffe ins Korn eindringen, bevor es geschliffen und poliert wird, um beim Garen weniger leicht zu kleben. Nicht so fein, aber mit allen Vitaminen, Mineralstoffen und Ballaststoffen ist sogenannter Naturreis, der mit brauner, manchmal auch roter Samenschale und seinem Keim zu haben ist. Er braucht deshalb eine wesentlich längere Garzeit, nämlich 45 bis 50 Minuten. Ebenso lang gart schwarzer Wildreis, der nußartig schmeckt und als besondere Delikatesse gilt, auch mit weißem Reis gemischt.

Für 4 Portionen als Beilage rechnet man 200 g Reis, als Hauptgericht doppelt soviel. Reis in 2 l kochendes Wasser schütten, dazu 20 g Salz und etwas Öl, damit der Reis nicht schäumt und überkocht. Einmal umrühren und über geringer Hitze 18 Minuten kochen, im Sieb abtropfen lassen und kurz vor dem Essen in heißem Fett schwenken und erhitzen oder über Wasserdampf.

Gesünder ist gedünsteter Reis, weil sein Kochwasser nicht weggeschüttet wird. 200 g Reis in einem Topf über mäßiger Hitze trocken oder in Fett unter ständigem Rühren glasig werden lassen, aber nicht bräunen. 1/2 l Brühe oder Wasser heiß oder kalt dazugießen und den Reis über geringer Hitze in 20 Minuten ausquellen lassen. Den Topf geschlossen halten, damit kein Dampf entweichen kann. Risotto auf einfache Art mit Butter, Olivenöl, Zwiebel und eventuell mehr Brühe zubereiten, wenn man ihn als eigenständiges Gericht servieren oder mit kleingeschnittenen Zutaten verfeinern möchte, wie zum Beispiel mit Gemüse, Pilzen, Fleisch und Schinken, die man extra dünstet und mit dem fertigen Reis mischt.

RISOTTO
auf Mailänder Art

50 g Butter
30 g feingehackte Zwiebel
30 g gewürfeltes Rindermark
1 gewürfelte Knoblauchzehe
250 g Rundkornreis
1/8 l Weißwein
3/4 l Hühnerbrühe
1/4 TL Safranpulver oder -fäden
45 g frisch geriebener Parmesan

1 **Zwiebel und Rindermark** anschwitzen. 30 g Butter in einem großen Topf über mäßiger Hitze schmelzen, Zwiebel und Rindermark darin rühren, bis sie glasig sind. Knoblauch hinzufügen.

2 **Rundkornreis einstreuen** und unter ständigem Rühren glasig dünsten. Am besten italienischen Reis nehmen, der harte und ovale Körner hat, nicht den runden Milchreis.

3 **Weißwein dazugießen** und kochen, bis die Körnchen ihn ganz aufgenommen haben. Nach Wunsch trockenen Weißwein einer beliebigen Sorte durch Fleischbrühe ersetzen.

4 **Brühe in kleinen Portionen** dazugießen, verrühren und über schwacher Hitze vom Reis aufsaugen lassen. Fein zerriebenen Safran in einem Teil der abgeschmeckten Brühe auflösen.

5 **Risotto ist fertig,** wenn er — je nach Sorte — in 20 bis 35 Minuten körnig, weich und noch etwas feucht ist. Abseits vom Herd mit restlicher Butter und Parmesan mischen.

REISPFANNE
auf brasilianische Art

Rezept für 8 Portionen:

1 Hähnchen (etwa 1200 g)
300 g gepökelter Schweinenacken
6 EL Olivenöl
Tabasco und Salz
2 geschälte Zwiebeln
1 abgezogene Knoblauchzehe
1 kleine Dose Tomaten
1 EL Tomatenmark
1 EL Paprika edelsüß
1 TL Safranpulver
1/4 TL Cayennepfeffer
1/2 l Hühnerbrühe
1/8 l trockener Weißwein
400 g Langkornreis
300 g rohe Meeresfrüchte (Hummer oder Garnelen)
100 g geräucherte Würstchen
8 gekochte Artischockenböden (Seite 100)
300 g junge Erbsen

Hähnchen wie auf Seite 106 beschrieben in 8 Stücke zerlegen, Schweinefleisch in 1/2 cm große Würfel schneiden. Beides mit Öl, 1/2 TL Tabasco und 1 TL Salz gründlich mischen und 30 Minuten marinieren. Zwiebeln und Knoblauch fein würfeln, übrige Zutaten bereitstellen.
Eine große, schwere Pfanne über guter Hitze heiß werden lassen. Das Fleisch darin in etwa 5 Minuten ringsum hellbraun anbraten. Zwiebeln und Knoblauch dazugeben und 1 Minute anrösten. Dann Tomaten aus der Dose und Tomatenmark dazugeben und die Gewürze gut daruntermischen. Brühe und Weißwein am Rand der Pfanne langsam angießen, damit die Flüssigkeit am Kochen bleibt. Dann über schwacher Hitze zugedeckt 20 Minuten dünsten. Inzwischen den Reis in 2 l kochendes Salzwasser schütten, 12 Minuten kochen und in einem Sieb abtropfen lassen. Zwischen das Fleisch in die Sauce geben und darüber die übrigen Zutaten legen: Meeresfrüchte in mundgerechten Happen, Würstchen in Scheiben, halbierte Artischockenböden und junge Erbsen. Wieder zudecken, weitere 10 Minuten dünsten, abschmecken und servieren.

REIS UND NUDELN

NUDELN SELBST ZU MACHEN kann zum Hobby werden. Man muß es nur einmal probieren, dann weiß man, wie einfach das ist und wie gut frische Nudeln schmecken. Aus Hartweizenmehl entstehen die feinsten Nudeln, aus Vollkornmehl werden die gesünderen und würzigeren Nudeln gemacht, die auch schneller und anhaltender sättigen. Wer mag, macht seinen Nudelteig ohne Ei und nimmt dafür etwas mehr Öl und warmes Wasser. Nudeln zuzubereiten geht auch ohne Technik, macht aber mehr Spaß mit den hier gezeigten Geräten.

GRUNDREZEPT NUDELTEIG

300 g Mehl

3 Eier

1 TL Salz, 1-2 EL Öl

Mehl auf die Arbeitsplatte sieben, in die Mitte eine Mulde drücken und die übrigen Zutaten hineingeben. Eier und Mehl mit einer Gabel verrühren, bis eine feste Masse entstanden ist. Dann mit den Händen mischen und kneten, bis der Teig glänzend und elastisch ist. Oder Mehl und die übrigen Zutaten in die Rührschüssel geben und mit dem Knethaken zuerst langsam und dann auf Stufe 2 kneten. Den Teig ruhen lassen und mit einem Tuch bedecken, damit er keine Kruste bekommt. Nach einer Stunde oder später ausrollen und beliebig verwenden. Einige Beispiele dafür folgen auf den nächsten Seiten.

1 **Den Teig dünn ausrollen,** dabei die Arbeitsplatte und den Teig gleichmäßig mit Mehl besieben. Die nicht klebende Teigplatte locker zusammenrollen.

2 **Die Bandnudeln schneiden.** Dazu ein scharfes Messer mit dünner Schneide benutzen. Den Teig vorsichtig halten, weil die Nudeln leicht zusammenkleben können.

3 **Die geschnittenen Nudeln** lockern und auf einem Tuch ausbreiten. Trocknen und gut verschlossen aufbewahren oder frisch in viel kochendem Wasser mit etwas Öl kurz garen.

Mit der Nudelmaschine kann man den Teig kneten, ausrollen und in breite oder schmale Bandnudeln schneiden.
Zum Kneten die Walzen so weit wie möglich auseinanderstellen. Die Zutaten nur kurz zusammenkneten, in faustgroße Stücke teilen und 8 bis 10 mal durchdrehen. Immer wieder dünn mit Mehl besieben, damit der Teig nicht klebt. Die Teigstücke nach jedem Durchlassen zu 3 Lagen zusammenfalten und abwechselnd längs und quer durch die Walzen drehen. Der fertig geknetete Teigstreifen soll so breit wie die Walzen sein und matt glänzen.

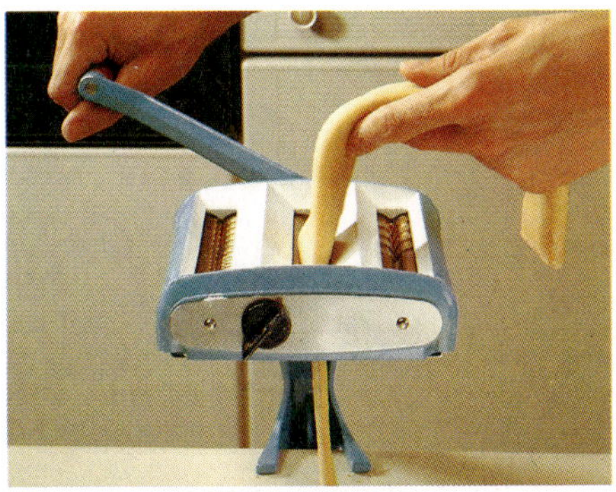

1 **Den Teig ausrollen.** Nach dem Kneten die Walzen von Mal zu Mal 1 bis 2 Stufen enger stellen und den Teig dadurch immer dünner ausrollen, bis er die gewünschte Stärke hat.

2 **Bandnudeln schneiden,** wenn die nebeneinander liegenden Teigstreifen etwas angetrocknet, aber noch elastisch sind. Durch die Walze für breite oder schmale Nudeln drehen.

NUDELN AUS VOLLKORNMEHL

400 g Weizen

1 EL Sojamehl, 2 Eier

1 TL Salz, 3 EL Öl

5 EL warmes Wasser

Weizen in einer entsprechenden Maschine mehlfein mahlen, durchsieben und dabei 100 g Kleie im Sieb zurückbehalten und anderweitig verwenden, zum Beispiel für Müsli oder zum Panieren und für leckere Auflaufkrusten. Ersatzweise Weizenmehl höherer Ausmahlungsgrade wie Type 1050 und 1200 im Reformhaus besorgen. Den Teig wie im Grundrezept beschrieben mischen und kneten oder in der Rührschüssel der Küchenmaschine zubereiten. Den glatten, elastischen Teig zu einer Kugel rollen und dünn mit Öl bestreichen, damit die Oberfläche nicht antrocknet. Eine angewärmte Schüssel darüberstülpen und den Teig eine Stunde ruhen lassen. Anschließend beliebig ausrollen, formen und verwenden.

1 **Weizen mahlen.** Die Getreidemühle am Arm der Küchenmaschine befestigen, der senkrecht nach oben steht. Die Führung für das Mehl auf den Vorsatz schieben. Bei Stufe 3 arbeiten.

2 **Das Mehl sieben,** damit der weiße Anteil mit dem Kleber in die Schüssel fällt und die Kleie zurückbleibt, die im Teig nicht genug ausquillt, um ihn gut zu binden.

3 **Das Wasser dazugeben,** wenn Mehl und die übrigen Zutaten in der Schüssel sind. Es sollte Körpertemperatur haben, um die Quellstoffe des Mehls, den Kleber, zu mobilisieren.

4 **Den Teig kneten.** Dafür den Knethaken einsetzen und zuerst langsam rühren, bis das Mehl gebunden ist. Dann auf Stufe 2 kneten, bis ein glatter, elastischer Teig entstanden ist.

REIS UND NUDELN

NUDELN ergeben mit mehr oder weniger würzigen und bindenden Zutaten oder Pasten (italienisch Pesto) gemischt immer ein schnelles, feines Essen. Einige Beispiele mögen die eigene Phantasie anregen, die auch Reste aus dem Kühlschrank elegant mit einbeziehen kann. Dort sollte auch stets ein Stück Parmesan bereitliegen, weil Käse frisch gerieben am besten schmeckt.

TRENETTE AL PESTO

Für Pesto alla Genovese:

5 geschälte Knoblauchzehen

50 g Pinienkerne

1 gehäufter TL Salz

120 g frische Basilikumblätter

50 g geriebener alter Pecorino

80 g geriebener Parmesan

1/4 TL Pfeffer

1/4 l Olivenöl

Für die Nudeln:

400 g Trenette

Salz und etwas Öl

Die Knoblauchzehen und Pinienkerne in einem großen Mörser mit Salz bestreuen und fein zerstoßen, bis eine cremige Masse entstanden ist. Basilikum in Streifen schneiden, dazugeben und auch zerstoßen. Käse und Pfeffer hineinarbeiten, dann das Öl nach und nach dazugießen und verrühren. Die Paste kurz vor dem Servieren nach Belieben mit etwas Kochbrühe von den Nudeln verrühren, um sie dickflüssig zu machen. Auch nur Parmesan verwenden, wenn man den Geschmack milder schätzt. Oder für eine pikante Variante 3 bis 4 Sardellenfilets mit verarbeiten. Pesto auch im Mixer der Küchenmaschine zubereiten und harten Käse im Durchlaufschnitzler mit der feinen Raspelscheibe reiben; immer frisch verwenden, weil er dann viel aromatischer ist.

Trenette sind flache, dünne Bandnudeln, die frisch und selbstgemacht besonders gut schmecken, aber auch in guter Qualität fertig zu haben sind und zum Beispiel durch Spaghetti ersetzt werden können und Spaghetti al Pesto ergeben. Die Nudeln wie hier beschrieben mit Salz und Öl kochen, in einem Durchschlag kurz abtropfen lassen und zurück in den Topf geben. Mit soviel Pesto durchschwenken, bis alle Nudeln gleichmäßig davon überzogen sind.

NUDELN PERFEKT KOCHEN

Für 4 Portionen 2 Liter Wasser mit 2 EL Salz in einem großen Topf aufkochen. In das sprudelnde Wasser 400 g Nudeln geben, dazu etwas Öl, damit sie nicht schäumen und überkochen. Die Nudeln einmal umrühren und voneinander lösen, wenn sie zusammenkleben. Im offenen Topf leise sieden lassen, bis sie weich sind und noch einen festen Kern haben, den sogenannten Biß, »al dente« nennen es die Italiener. Am besten zur Probe öfter einzelne Nudeln entnehmen.
Frische Nudeln sind schon nach 3 bis 4 Minuten fertig. Gekaufte Nudeln — die besten sind aus Hartweizengrieß — brauchen etwa 10 Minuten Garzeit. Die gekochten Nudeln mit einer Holzgabel oder einer Siebkelle aus dem Topf heben, abtropfen lassen und anrichten. Oder in einen Durchschlag geben, kurz mit warmem Wasser abbrausen, abtropfen lassen und in zerlassener oder brauner Butter schwenken und nochmals erhitzen.

Fadennudeln mit Parmaschinken. 50 g Butter schmelzen, 150 g Parmaschinken in fadendünnen Streifen hineingeben, mit schwarzem Pfeffer würzen und kurz erwärmen, aber nicht braten, weil er dann hart und trocken wird. Mit Fadennudeln schwenken, die frisch gekocht und heiß sind.

Grüne Nudeln mit Sardellenpaste. 100 g Sardellen in Salz und 100 g Kapern eine Stunde wässern, gut abgetrocknet auf ein Brett legen, dazu 2 geschälte Knoblauchzehen und 100 g schwarze, entsteinte Oliven. Fein hacken oder im Mixer pürieren. 1/8 l Olivenöl und 6 EL feingehackte Petersilie dazugeben, mit schwarzem Pfeffer abschmecken; mit den gekochten Nudeln anrichten.

Feine Bandnudeln mit Pilzen. 250 g frische Champignons, Steinpilze oder Maronen putzen und in dünne Scheibchen schneiden. Butter in einer großen Pfanne aufschäumen lassen. Knoblauch hineinquetschen und die Pilze hinzufügen. Eine Minute schwenken, mit Sahne aufkochen, mit Salz und Pfeffer abschmecken und nach Belieben feingehackte rote Paprikaschoten hineingeben. Die Pilze mit den gekochten Nudeln mischen.

Bandnudeln mit Mohn. 2 EL Mohn und 60 g Mandelblättchen in 40 g Butter oder Hühnerfett andünsten, Bandnudeln darin schwenken, mit Salz und Pfeffer würzen.

Makkaroni mit Käse. Je 60 g Greyerzer, Emmentaler, milden Butterkäse und Parmesan reiben oder in feine Streifen schneiden. Gekochte Makkaroni in 50 g Butter schwenken, mit Käse, Salz und Pfeffer gemischt in eine Auflaufform füllen. Im Backofen bei 200° C etwa 5 bis 10 Minuten überbacken, bis der Käse schmilzt.

Trenette al pesto aus der italienischen Küche sind ein klassisches Beispiel dafür, wie phantasievoll Nudeln zubereitet und serviert werden können.

MIT SAUCEN sind Nudeln eine Mahlzeit für sich. Die jeweilige Sauce wird sorgfältig abgeschmeckt und nicht zu stark gewürzt, denn sie soll den feinen Geschmack der Nudeln ergänzen, nicht überdecken. Doch sollte für ein vollwertiges Essen frischer Salat dazu gereicht werden.

SPAGHETTI ALLA CARBONARA

400 g Spaghetti

2 ganze Eier, 2 Eigelb

50 g Parmesan

100 g frischer Schinkenspeck

15 g Butter, 1/8 l Sahne

1 TL Salz, 1/4 TL Pfeffer

Spaghetti kochen und kurz abtropfen lassen. Eier und 25 g Parmesan gut verschlagen. Speck in feine Streifen schneiden und in einer großen Pfanne über mittlerer Hitze 1 Minute anbraten. Butter, Sahne, Salz und Pfeffer dazugeben und aufkochen, die Nudeln darin schwenken, bis sie wieder ganz heiß sind. Eier-Käse-Mischung abseits vom Herd darunterrühren, damit sie die Sauce bindet und nicht gerinnt. Übrigen Parmesan dazu servieren.

ROHE TOMATENSAUCE

750 g Tomaten, 1 Bund Basilikum

3 geschälte Knoblauchzehen

10 cl Olivenöl

Salz und Pfeffer

Tomaten kurz in kochendes Wasser tauchen, abziehen, vierteln, entkernen und in kleine Würfel schneiden. Basilikumblättchen fein schneiden. Knoblauch längs durchteilen, den grünen Trieb entfernen. Die Zehen unter einer Messerklinge fein zerquetschen, mit Tomaten und Basilikum mischen, Öl hineinrühren. Die Sauce mit Salz und Pfeffer abschmecken, zugedeckt im Kühlschrank etwa 30 Minuten durchziehen lassen.

BOLOGNESER FLEISCHSAUCE

40 g Parma- oder gekochter Schinken

30 g Butter

200 g mageres Hackfleisch vom Rind

1/4 l frische Tomatensauce (S. 16)

1 Stück dünn abgeschälte Zitronenschale

2 EL Sahne

Salz und Pfeffer

1 Msp. geriebene Muskatnuß

Schinken so fein wie möglich würfeln. Butter über guter Hitze im Schmortopf hell bräunen, Hackfleisch und Schinken darin unter ständigem Wenden leicht anbraten. Die Hitze reduzieren, die Tomatensauce zum Fleisch rühren und aufkochen. Zitronenschale hineingeben. Die Sauce 30 Minuten schwach kochen lassen, Zitronenschale entfernen. Sahne in die Sauce rühren und mit Salz, Pfeffer und Muskat abschmecken. Mit Spaghetti und frisch geriebenem Parmesan servieren oder für andere Nudelgerichte verwenden.

ITALIENISCHE SAUCE

Salsa italiana

150 g Kalbshirn

1/8 l Fleischbrühe

1 Kräuterbündel (Petersilie, Thymian, Liebstöckel, Lorbeerblatt)

2 Eigelb, 4 EL Öl

2 EL Zitronensaft

Salz und Pfeffer

Kalbshirn in der Brühe mit dem Kräuterbündel rasch aufkochen und darin abkühlen lassen. Das kalte Hirn durch ein Sieb streichen, mit dem Schneebesen rühren und die übrigen Zutaten hinzufügen. Soviel Brühe dazugeben, bis die Sauce die gewünschte Konsistenz hat. Mit Salz und Pfeffer abschmecken und nach Belieben feingehackte Petersilie hineingeben. Die Sauce kann man auch im Mixer der Bosch-Küchenmaschine zubereiten. Anschließend durch ein Sieb streichen.

KALTE SCHNITTLAUCHSAUCE

1 Brötchen

2 hartgekochte Eigelb

1 rohes Eigelb, 1/8 l Öl

2 EL Weinessig

6 EL Schnittlauchröllchen

Salz und Zucker

Brötchen ohne Rinde in Wasser kalt einweichen und gut ausdrücken. Festes Eigelb zuerst durch ein Sieb streichen, dann das Brötchen. Beides mit dem rohen Eigelb mischen und das Öl langsam dazugießen, dabei tüchtig mit dem Schneebesen rühren. Essig und Schnittlauch dazugeben und mit Salz und Zucker abschmecken. Die Sauce kann man auch im Mixer zubereiten.

Spaghetti alla Bolognese machen Appetit auf andere Gerichte mit Nudeln, die so schnell fertig sind und so gut schmecken. Die Saucen dafür sollen wie hier gezeigt gut gebunden sein, die Nudeln sanft überziehen, aber nicht davon ablaufen.

REIS UND NUDELN

CANNELLONI
mit Pilzen

1 Zwiebel, 100 g Möhre
150 g Stangensellerie
250 g Champignons, 4 EL Öl
400 g Rinderhackfleisch
1 TL Salz, 1/4 TL Pfeffer
1 EL Petersilie, 1 TL Majoran, 1 Ei
Nudelteig (Seite 130)
1/8 l Sahne
80 g geriebener Tilsiter
40 g Butter

Zwiebel, Möhre (geschält) und Sellerie im Durchlaufschnitzler der Küchenmaschine grob raspeln und geputzte Pilze in dicke Scheiben schneiden. Oder die Zutaten mit einem Messer fein würfeln. 2 EL Öl in einer Pfanne erhitzen, Hackfleisch darin mit 2 Gabeln auseinanderzupfen, hell bräunen und in eine Schüssel geben. 2 EL Öl und das Gemüse in der Pfanne glasig rühren, mit den Pilzen 2 Minuten braten, zum Hackfleisch geben. Gewürze, Kräuter und das Ei daruntermischen, abschmecken. Nudelteig dünn ausrollen, in 10 cm große Quadrate schneiden, etwas antrocknen lassen, kochen und nebeneinander legen. Die Füllung darauf verteilen, einrollen und die Cannelloni dicht nebeneinander in eine gebutterte Form legen. Sahne, Käse und Butterflöckchen darübergeben und bei 200° C in etwa 20 Minuten goldgelb backen.

GRÜNE LASAGNE
mit Sauce Bolognese

150 g Spinat, Salz
300 g Mehl, 3 Eier, 2 EL Öl
Bologneser Fleischsauce (Seite 135)
Béchamelsauce (Seite 19)
80 g geriebener Parmesan

Spinat verlesen, entstielen und die Blätter in Salzwasser 5 Minuten kochen. In ein Sieb schütten, kalt abbrausen, abtropfen lassen und in einem Tuch trocken auspressen. Spinat durch ein feines Sieb drücken und zusammen mit Mehl, Eiern, Öl und Salz wie auf Seite 130 einen Nudelteig zubereiten. Wenn nötig, mit etwas mehr Mehl fester oder mit etwas mehr Öl geschmeidiger machen. Nach dem Ruhen dünn ausrollen, passend für die Form in große Stücke schneiden und in reichlich Salzwasser »al dente« — bißfest — kochen. Die Nudelscheiben kurz mit kaltem Wasser überbrausen und abtropfen lassen. Fleischsauce, Nudeln und Béchamelsauce in der genannten Reihenfolge in die Auflaufform schichten und mit der weißen Sauce abschließen. Mit Parmesan bestreuen, bei 200° C in den Backofen schieben und in etwa 20 Minuten nur wenig braun überbacken. Käse, der zu dunkel gebräunt ist, schmeckt bitter.

RAVIOLI
mit Kräuterkäse gefüllt

300 g Ricotta oder trockener Quark, 1 Eigelb
4 EL gehackte Kräuter (Petersilie, Basilikum, ein wenig Salbei und Rosmarin)
Salz und Pfeffer
Nudelteig (Seite 130)
1 Eiweiß
40 g Butter, Parmesan
Tomatensauce (Seite 16)

Frischkäse mit Eigelb und Kräutern mischen, mit Salz und Pfeffer abschmecken. Die Hälfte des Nudelteiges dünn ausrollen, darauf 4 cm große Quadrate mit einem Messerrücken markieren. Je 1 Teelöffel Füllung in die Mitte der Quadrate setzen, den Teig dazwischen mit verquirltem Eiweiß bestreichen. Restlichen Teig ausrollen, darüberlegen und die Zwischenräume mit einer 1 cm breiten Leiste zusammendrücken, störende Luftblasen durch Nadelstiche entfernen. Die Ravioli mit dem Teigrädchen ausradeln. In kochendem Salzwaser 12 Minuten garen, in ein Sieb schütten und abtropfen lassen. Butter zerlassen und die Ravioli kurz darin schwenken. Mit geriebenem Käse und Tomatensauce servieren.

GNOCCHI
mit Spinat

700 g Spinat, Salz
80 g Butter
200 g Ricotta oder trockener Quark
100 g geriebener Parmesan
Pfeffer, geriebene Muskatnuß
2 Eier, etwa 100 g Mehl

Spinat verlesen, entstielen, in reichlich Salzwasser zusammenfallen lassen. Abgießen, mit kaltem Wasser abbrausen, auf einem Sieb abtropfen lassen und in einem Tuch trocken pressen. Anschließend fein zerhacken und mit 20 g heißer Butter mischen. In die Rührschüssel geben, dazu Ricotta oder Quark, 40 g Parmesan, etwas Salz, Pfeffer und Muskat sowie die Eier. Mit dem Holzlöffel oder dem Knethaken der Küchenmaschine langsam verrühren und soviel Mehl hineinkneten, daß ein weicher, geschmeidiger Teig entsteht, der 1 Stunde kühl ruhen soll. Reichlich Salzwasser aufkochen, mit einem Teelöffel vom Teig Klößchen abstechen und ins Wasser gleiten lassen. Etwa 7 Minuten ziehen, aber nicht kochen lassen. Gnocchi sind fertig, wenn sie sich fest anfühlen. Mit der Siebkelle herausheben, abtropfen lassen und in eine gebutterte Auflaufform setzen. Restlichen Käse und übrige Butter darüber geben und bei starker Hitze überbacken, bis der Käse geschmolzen ist.

SPÄTZLE

300 g Mehl
3 Eier
1/2 TL Salz
knapp 1/8 l Wasser
40 g Butter

Den Teig wie in der Bildfolge abschlagen und vom Brett schaben. Auch durch ein spezielles Sieb mit großen Löchern drücken, durch den Spätzledrücker geben oder auf dem Spätzlehobel schaben. Immer direkt in das siedende Wasser fallen lassen und nur kleine Portionen auf einmal garen. Zum sofortigen Gebrauch im Durchschlag sammeln und in heißer oder brauner Butter schwenken. Zum späteren Gebrauch die Spätzle kalt abbrausen, abtropfen lassen, auf einem Tablett ausbreiten und zugedeckt kühlen. Sie sollen weder aneinander kleben noch austrocknen. Dann kurz vor dem Servieren in der Butter schwenken oder erhitzen.

1 **Alle Zutaten** in die Rührschüssel geben: Mehl, dann Eier, Salz und Wasser. Mit dem Knethaken langsam rühren, bis das Mehl gebunden ist und nicht mehr staubt.

2 **Den Teig rühren,** bis er schön geschmeidig ist und Blasen wirft. Die Knethaken bei Stufe 2 rotieren lassen oder den Teig von Hand mit einem Holzlöffel schlagen.

3 **Spätzle vom Brett schaben.** Etwas Teig auf ein nasses Brett streichen und mit einem Messer Teigstreifen in siedendes, nicht sprudelndes Salzwasser schaben.

4 **Spätzle sind gar,** wenn sie aufsteigen und an der Oberfläche schwimmen. Mit Sieblöffel herausheben. In mehreren Portionen garen, im Durchschlag sammeln.

KNÖDEL

KNÖDEL heißt es im Süden, Klöße im Norden. Gemeint sind die kugeligen Beilagen, die so gut zu urdeutschen Braten mit Sauce schmecken. Die meisten macht man heute aus Fertigmischungen, die sich gut variieren lassen. Und traditionelle Rezepte werden leichter realisiert, weil man zum Reiben der Kartoffeln die Bosch-Küchenmaschine einsetzen kann.

PILZE IN SAHNESAUCE

500 g Pilze, 50 g Butter
50 g feingewürfelte Schalotten
1 EL Mehl, 1/2 l Sahne
1 Löffelspitze Fleischextrakt
Salz und Pfeffer
4 EL feingehackte Petersilie

Pilze eigener Wahl sorgfältig putzen und in halbzentimeterdicke Scheiben schneiden. Nur waschen und gut abtrocknen, wenn sie sandig sind. Butter in einer Pfanne über großer Hitze aufschäumen lassen. Die Pilze hineingeben und unter ständigem Rühren 1 bis 2 Minuten anbraten. Dann auf ein Sieb schütten und den aufgefangenen Saft zurück in die Pfanne gießen. Zwiebeln und Mehl beifügen und 1 Minute rühren. Sahne und Fleischextrakt mit dem Schneebesen hineinrühren. Es soll eine gebundene Sauce entstehen. Die Pilze dazugeben und kurz ziehen lassen, mit Salz und Pfeffer abschmecken, mit Petersilie mischen und sofort servieren.

Serviettenknödel mit Pilzen in Sahnesauce sind ein Gedicht! Dazu paßt kühler, trockener Weißwein. Den Teig auch mit geröstetem Speck zubereiten und kleine Knödel daraus formen. Dann 20 Minuten garen.

SERVIETTENKNÖDEL

8 Brötchen vom Vortag
1/4 l lauwarme Milch
100 g Butter, 6 Eier
1 TL Salz, 1 Msp. Muskat
Pfeffer nach Belieben
4 EL feingehackte Petersilie
1 EL feingeschnittenes Basilikum
Tuch oder Serviette (80 x 80 cm)
fester Bindfaden
etwa 3 l Salzwasser zum Garen

1 **Brötchen würfeln.** Mit dem Sägemesser zuerst Scheiben und Streifen schneiden, dann würfeln. Auch altbackenes Weißbrot verwenden, das frisch etwa 350 g gewogen hat.

2 **Lauwarme Milch dazugießen,** bei sehr trockenem und hartem Brot die Menge etwas erhöhen. Zugedeckt ziehen lassen, damit das Brot die Milch gleichmäßig aufsaugen kann.

3 **Eigelb und 80 g Butter** in der Rührschüssel bei Stufe 2 bis 3 mit dem Rührbesen schaumig schlagen. Salz, frisch geriebene Muskatnuß und vielleicht Pfeffer dazugeben.

4 **Den Teig mischen.** Feingehackte Kräuter und Schaummasse zum Brot geben. Zwiebel in 20 g Butter andünsten, beifügen, alles mit dem Gummiteigschaber gründlich mischen.

5 **Eiweiß dazugeben,** das der Schlagbesen der Bosch-Küchenmaschine zu steifem Schnee aufschlägt, während man den Teig mischt. Mit einem Holzlöffel behutsam unterheben.

6 **Den Knödel einbinden.** Das Tuch brühen und auswringen. Den geformten Teig darauflegen und locker einschlagen, weil er beim Garen aufgeht. Seiten des Tuches zusammenbinden.

7 **Den Knödel hängend garen,** am besten an einem Holzlöffel festgebunden, mit der Tuchöffnung nach oben. In stark kochendes Wasser hängen, zugedeckt 1 Stunde schwach kochen.

8 **Der fertige Knödel** wird aus dem Tuch gewickelt und in dicke Scheiben geschnitten, die ganz zart und luftig sind. Was übrig bleibt, in Butter oder Speck aufbraten!

FRÜCHTE UND DESSERTS

Geliebte Süßspeisen. Sie sind die verwöhnten Kinder der neuen Küche, das glänzende Finale eines Menüs und der heiß ersehnte Schlußpunkt eines täglichen Mittagessens. Eine gute Mahlzeit ohne Dessert aber ist eine unvollendete kulinarische Symphonie. In den feinen Restaurants unserer Zeit werden Desserts gleich im Dutzend auf Servierwagen angeboten. Alle von köstlicher Qualität, wie auch die Speisen in diesem Kapitel.

Sicher ist ihre Zubereitung eine kleine Mühe. Aber keine vergebliche. Denn das genußvolle Löffeln, strahlende Augen und zufriedene Gesichter sind das beste Lob. Interessant übrigens zu wissen, daß Männer — nächst Kindern — erwiesenermaßen die größten Süßschnäbel sind. Da ist es gleich, ob ihnen Cremes oder Fruchtsalate, Sorbets oder Parfaits, Soufflés oder Omelettes angeboten werden oder gar die köstlich-aromatische Rote Grütze (unser Bild). Hauptsache, sie sind von bester Herkunft. Die Rezepte dazu stehen auf den nächsten Seiten. Mit Phantasie weitere zu entwickeln, macht Spaß und wird am Tisch so manchen die Worte Alfred Walterspiels bestätigen lassen: »Die Kochkunst ist wie die Musik dazu angetan, Freude zu bereiten.«

FRÜCHTE UND DESSERTS

VANILLE-GRUNDCREME

Die Vanille-Grundcreme, in der Fachsprache englische Creme genannt, kennen wir, nach traditionellem Rezept zubereitet, viel eher als Vanillesauce bester Qualität. Die angenehm dickflüssige Creme schmeckt zu vielen Desserts und ist gleichzeitig die Basis für viele Cremespeisen, zum Beispiel für die international berühmte Bayerische Creme und für alle Sorten von gutem Cremeeis.
Für sich allein schmeckt die gekühlte Sauce, die nicht länger als 2 Tage zugedeckt im Kühlschrank ihre Frische bewahrt, zu roter Grütze und Kompottfrüchten, zu Frucht- und Weinsülzen und zu feinen Cremes mit Fruchtsaft, Kaffee oder Schokolade. Kurz vor dem Servieren wird sie noch einmal aufgeschlagen. Nach Belieben kann man zusätzlich etwas steife Schlagsahne darunterziehen, wenn man sie luftiger und milder möchte.

6 Eigelb

100 g Zucker

1/2 l Milch

1/4 Vanilleschote

Die Eier sorgfältig trennen, so daß nicht der geringste Rest von Eiweiß daran hängen bleibt. Den Zucker dazugeben und mit dem Schneebesen oder in der Rührschüssel der Küchenmaschine langsam rühren, bis sich der Zucker vollkommen aufgelöst hat. Weiterarbeiten wie in der Bildfolge gezeigt.
Damit die Creme bindet, diese in einen Topf gießen, über schwacher Hitze rühren und dabei mit dem Löffel am Topfboden kreisen, damit nichts ansetzt. Wenn die Creme andickt und als dünne Schicht auf dem Löffel stehenbleibt, den Topf von der Hitzequelle nehmen und in Eiswasser setzen. Ab und zu umrühren, bis die Creme abgekühlt ist, damit sich keine Haut bildet. Durch ein feines Sieb passieren, wenn die Sauce ganz glatt sein soll. Auf diese Weise verschwinden auch die kleinsten Klümpchen, die sich leicht bilden können. Vanille-Grundcreme nicht aufkochen, denn dann gerinnt das Eigelb und setzt sich in der Milch ab — die Sauce ist verdorben.

VANILLECREME
mit Stärkebindung

Diese Grundcreme, in der Fachsprache Konditor-Creme, ist das, was der Volksmund »Pudding« nennt: Also eine gestürzte oder geschmeidig gerührte Creme, die zum volkstümlichsten Dessert wurde. Wohl auch deshalb, weil sie fast problemlos zubereitet werden kann. Das Eigelb ist eigentlich schon eine Verfeinerung für die beliebte Speise, die etwas altertümlich, aber richtiger, »Flammeri« heißt.

100 g Zucker

40 g Speisestärke

4 Eigelb

1/2 l Milch

1/2 Vanilleschote

Die Hälfte des Zuckers und die Speisestärke in eine kleine Schüssel ge-

1 **Eigelb und Zucker vorbereiten.** Eigelb ohne jeden Rest Eiweiß in die Rührschüssel geben, dazu den genau abgewogenen Zucker. Den Rührbesen einsetzen und hineinschwenken.

2 **Die Eigelbcreme rühren.** Auf niedrigster Stufe rühren, bis sich der Zucker völlig aufgelöst hat. Das dauert etwa 10 Minuten. Nicht mit dem Schlagbesen schaumig schlagen.

3 **Vanillemilch dazugießen.** Milch und das ausgeschabte Mark der Vanilleschote zusammen aufkochen, noch heiß zur Eigelbcreme gießen, während der Rührbesen seine Runden dreht.

4 **Die Creme bis zur Rose abziehen.** In einen Topf gießen und unter ständigem Rühren erhitzen, bis sie leicht andickt und beim Herausheben des Löffels darauf liegenbleibt.

ben. Eigelb sorgfältig vom Eiweiß trennen, so daß es ohne gallertartige Eiweißreste ist, weil sie Klümpchen in der Creme verursachen. Eigelb und 1/4 der Milch mit Speisestärke und Zucker glatt verrühren, damit alle Zutaten gut vermischt sind.
Inzwischen Milch in einen Topf geben, den restlichen Zucker über die ganze Oberfläche streuen, damit er gleichmäßig auf den Boden sinkt und die Milch vor dem Ansetzen bewahrt. Das ausgeschabte Mark der aufgeschlitzten Vanilleschote dazugeben und die Milch ohne umzurühren über mäßiger Hitze zum Kochen bringen. Die Ei-Stärke-Mischung noch einmal umrühren, weil sich Speisestärke schnell wieder am Boden absetzt. Dann langsam und gleichmäßig in die kochende Milch gießen und ständig mit dem Schneebesen am Boden kreisend rühren, bis die Creme Blasen wirft und gut gebunden und homogen ist. Sofort von der Hitzequelle nehmen, in kalt ausgespülte Puddingförmchen füllen und nach dem Erkalten stürzen. Als Grundcreme zur weiteren Verwendung in eine Schüssel umfüllen und erkalten lassen. In beiden Fällen mit etwas Puderzucker besiebt, damit sich keine Haut bildet.
Die Creme nach dem Kochen auf Eiswasser kalt rühren, wenn sie ihre cremige Konsistenz behalten soll. Oder abgekühlt durch ein feines Sieb streichen, damit sie wieder streichfähig wird. So kann sie überall verwendet werden, wo eine cremige Unterlage oder Füllung gebraucht wird. Zum Beispiel bei Obsttörtchen und anderen Desserts. Die Vanillecreme mit Stärkebindung ist auch Lockerung für Buttercreme und mit Schlagsahne verrührt wird sie zur Füllcreme. Bitte frisch verbrauchen, weil sie sich auch gut gekühlt nicht länger als 2 Tage hält.

Schokoladenflammeri mit Vanillesauce und frischen Himbeeren — ein Dessert, das nicht nur Kinderherzen höher schlagen läßt.

SCHOKOLADEN-FLAMMERI

40 g Speisestärke
2 Eigelb
100 g Zucker
1/2 l Milch
1/2 Vanilleschote
60 g Kuvertüre
2 Blatt kalt eingeweichte Gelatine
4 Förmchen oder Tassen
etwas Puderzucker

Speisestärke, Eigelb ohne die geringsten Eiweißreste, Zucker und etwas Milch gut verquirlen. Die restliche Milch in einem Topf mit der aufgeschlitzten Vanilleschote zum Kochen bringen. Inzwischen die Kuvertüre im heißen Wasserbad auflösen, in die Milch rühren. Die angerührte Speisestärke noch einmal umrühren, langsam in die Schokoladenmilch gießen und dabei ständig mit dem Schneebesen im Topf kreisen, bis die Creme aufwallt und gut gebunden ist. Von der Hitzequelle nehmen, die gut ausgedrückte Gelatine darin auflösen. Förmchen oder Tassen kalt ausspülen, die heiße Creme hineingießen, mit etwas Puderzucker bestauben und zugedeckt im Kühlschrank in etwa 2 Stunden festwerden lassen. Zum Servieren stürzen und mit Vanillesauce oder einer Fruchtsauce servieren.
Schokoladenflammerie, der nicht gestürzt werden soll, kann auch mit steifgeschlagenem Eischnee luftiger zubereitet werden, den man nach dem Aufwallen der Creme hinzufügt.

TIP: Für Buttercreme 35 g weiche Butter und etwa 150 g Zucker mit dem Schneebesen oder dem Rührbesen in der Küchenmaschine auf mittlerer Stufe rühren, bis sich der Zucker vollkommen aufgelöst hat. Vanille- oder Schokoladencreme über Eiswasser rühren, bis sie so kühl wie die Buttercreme ist. Löffelweise hinzufügen und gut verrühren.

BAYERISCHE CREME

1/4 l Milch
1/2 Vanilleschote
2 Eigelb
50 g Zucker
4 Blatt Gelatine
1/4 l Sahne

Zuerst aus Milch, Vanillemark, Eigelb und Zucker eine Vanille-Grundcreme (Seite 142) zubereiten. Die Gelatine in kaltem Wasser weich werden lassen, ausdrücken und zur heißen Vanillecreme geben. Rühren, bis sich die Gelatine vollständig aufgelöst hat, dann durch ein feines Sieb laufen lassen, damit eventuell vorhandene Klümpchen zurückbleiben. Die Gelatine kann um 1 Blatt reduziert werden, wenn die Creme leichter und luftiger werden soll und nicht zum Stürzen bestimmt ist. Die Schüssel mit der Creme in eine zweite mit Eiswürfeln stellen, um das Abkühlen zu beschleunigen. Ab und zu umrühren und inzwischen die Sahne steifschlagen. Die Creme ständig langsam rühren, sobald sie nur noch lauwarm ist. Vom Eis nehmen, wenn sie leicht dickflüssig ist. Sofort die Sahne darunterziehen und die Creme in Gläsern anrichten oder in eine etwa 3/4 l fassende Form füllen. Dabei mehrmals aufstoßen, damit dicke Luftblasen entweichen können. Die Creme gut kühlen und frühestens nach 2 Stunden stürzen. Dafür die Form kurz in heißes Wasser tauchen und die Creme auf einen Teller gleiten lassen. Mit einer Fruchtsauce oder Kompottfrüchten genießen.

<ins>Bayerische Creme mit Schokolade</ins>
Dafür Vanille-Grundcreme (Seite 142) aus 4 Eigelb, 150 g Zucker, 30 cl Milch und dem Mark einer Vanilleschote zubereiten, 4 Blatt Gelatine darin auflösen. 30 cl Sahne steifschlagen, unter die festwerdende Creme ziehen. 1 Drittel der Creme in 8 Förmchen von 10 cl Inhalt verteilen.
Während die Vanillecreme abkühlt, 80 g Kuvertüre im heißen Wasserbad schmelzen und anschließend abkühlen lassen, bis sie fast kalt, aber noch flüssig ist. Die Kuvertüre und

1 **Auf Eis kalt rühren.** Grundcreme mit aufgelöster Gelatine über Eis langsam rühren, bis sie dickflüssig wird. Dann sofort herausnehmen. Inzwischen die Sahne steifschlagen.

2 **Die Sahne untermischen.** Jetzt darf die Creme weder zu flüssig noch zu fest, weder zu warm noch zu kalt sein. Sonst wird die Sahne wieder flüssig oder es gibt keine homogene Masse.

3 **Die ideale Konsistenz** ist erreicht, wenn die Creme dickflüssig vom Löffel fließt. Sofort in Förmchen oder Gläser füllen, weil sie schnell an Geschmeidigkeit verliert und fest wird.

4 **Die Creme anrichten.** Die Form kurz in heißes Wasser tauchen und die Creme auf einen Teller stürzen. Zum Beispiel wie hier mit einer Sauce aus Himbeeren servieren.

3 cl Benedictine oder Weinbrand unter die restliche Creme melieren. In einen Spritzbeutel mit Lochtülle füllen, 1 cm tief in die helle Creme tauchen und die dunkle Creme hineindrücken. So verteilt sich die Vanillecreme ganz automatisch am Rand. Nach dem Kühlen stürzen.

FRUCHTSAUCEN können auf vielerlei Art zubereitet werden. Geeignet sind alle Früchte, am besten Beeren, Aprikosen, Pfirsiche und Pflaumen sowie die Exoten Mango und Kiwi. Je vollreifer die Früchte, um so weniger Zucker brauchen die roh pürierten Früchte. Manche Früchte wie Orangen und Pflaumen kann man kurz kochen, damit die Sauce aromatischer und gehaltvoller wird. Sie braucht dann aber mehr Zucker.

Am besten wählt man frische Früchte der Saison und nur notfalls gute Konfitüre oder Gelee, die mit Wein, Fruchtsaft oder Likör verrührt und abgeschmeckt werden. Die Rezepte sind Beispiele für Saucen nach eigenen Ideen. Sie sind ausreichend für je 4 bis 6 Portionen.

Orangensauce
Die Schale einer ungespritzten Orange dünn abschälen, in sehr feine Streifen schneiden, in Wasser aufkochen und im Sieb kalt abspülen. Die blanchierten Orangenstreifen mit 20 cl frisch ausgepreßtem und durch ein Sieb gegossenem Orangensaft sowie 90 g Zucker 3 bis 4 Minuten kochen und mit 3 cl Grand Marnier oder einem anderen Orangenlikör verrühren. Kalt mit oder ohne Schalen servieren.

Himbeersauce
200 g vollreife Himbeeren im Mixer pürieren und durch ein feines Sieb passieren, damit die Kernchen zurückbleiben. 80 g Zucker mit 8 cl rotem Burgunder und 1 Stückchen Zitronenschale aufkochen, das Himbeerpüree hineingeben und 3 bis 4 Minuten kochen. Die Zitronenschale entfernen und die Sauce heiß oder kalt servieren.

Aprikosensauce
250 g vollreife Aprikosen blanchieren, enthäuten, halbieren und entsteinen. Das Fruchtfleisch im Mixer pürieren, dabei 2 EL Zitronensaft, 2 cl Aprikosenlikör und 1 cl Weinbrand hinzufügen. Die Sauce mit Puderzucker abschmecken.

Preiselbeersauce
65 g Zucker mit 8 cl Wasser aufkochen. 300 g vollreife Preiselbeeren dazugeben und in etwa 5 Minuten garen. Die Sauce durch ein Sieb streichen, mit 2 cl Rum und 1 Msp. Zimt würzen, abkühlen lassen und kurz vor dem Servieren mit 80 g Crème fraîche verrühren.

Ananassauce
400 g Fruchtfleisch einer mittelgroßen Ananas im Mixer pürieren. 125 g Zucker und 6 EL Wasser aufkochen, das Mark einer halben Vanilleschote und 2 Drittel Fruchtpüree dazugeben und 2 Minuten kochen. Dann 2 cl Cognac oder Weinbrand und das übrige Fruchtpüree hineinrühren und die Sauce kalt werden lassen.

Erdbeersauce
250 g vollreife Erdbeeren pürieren und durch ein Sieb streichen. 125 g Orangenkonfitüre erwärmen, bis sie flüssig wird. Abseits vom Herd 2 cl Rum dazugeben, die Sauce abkühlen lassen und mit dem Fruchtpüree mischen.

Bayerische Creme mit Schokolade mit Sahne und geraspelter Schokolade garnieren. Dazu eine Fruchtsauce — auf dem Teller sind es Himbeersauce, Aprikosensauce und Zabaione (Seite 147).

FRÜCHTE UND DESSERTS

LIMETTENCREME

Rezept für 4-6 Portionen:

7 cl Milch

3 Eigelb

150 g Zucker

3 Blatt kalt eingeweichte Gelatine

3/8 l Sahne

1/8 l Limettensaft (4 Früchte)

2 cl Orangenlikör

Milch, Eigelb und Zucker mit dem Schneebesen oder in der Rührschüssel der Küchenmaschine mit dem Rührbesen schaumig schlagen, bis sich der Zucker aufgelöst hat. In eine Edelstahlschüssel umfüllen und in ein knapp siedendes Wasserbad hängen. Creme in etwa 5 Minuten dicklich schlagen, Gelatine ausdrücken und in der heißen Creme auflösen. Schüssel in Eiswasser umsetzen. Jetzt Sahne steifschlagen und anschließend die Creme rühren, bis sie dickflüssig wird. Sahne darunterziehen, Limettensaft und Orangenlikör vermischen und hineinrühren. Creme sofort in Gläser füllen und kühlen. Nach Belieben mit Kirschen oder Ananasstückchen garnieren.

WEINCREME

Rezept für 4-6 Portionen:

3 Eigelb

110 g Zucker

1/4 l Milch

4 Blatt kalt eingeweichte Gelatine

1/8 l Weißwein

2 cl Weinbrand

1/2 ungespritzte Zitrone

1/4 l Sahne

Aus Eigelb, Zucker und Milch eine Grundcreme (Seite 142) zubereiten. Ausgedrückte Gelatine in der heißen Creme auflösen, die Schüssel in Eiswasser setzen. Weißwein, Weinbrand, fein abgeriebene Schale und den Saft der Zitrone dazugeben. Jetzt die Sahne steifschlagen. Die Creme in wenigen Minuten kalt rühren, bis sie andickt. Dann die Schlagsahne darunterziehen und die Weincreme in Gläser füllen. Bis zum Servieren kühlen und nach Belieben garnieren, zum Beispiel mit Sahne, Kirschen und Schokolade, die von einem Block abgeschabt werden kann.

MARACUJACREME

Rezept für 4-6 Portionen:

4-6 Passionsfrüchte

500 g Himbeeren

2 Blatt Gelatine, 1/4 l Sahne

4-5 EL Zucker

3 Eigelb, 2 cl Arrak

Passionsfrüchte halbieren, das Fruchtfleisch aus den Schalen schaben und durch ein Sieb in eine Edelstahlschüssel streichen. Die Himbeeren verlesen, nur wenn nötig waschen, auf Küchenkrepp abtropfen lassen. Die Früchte in 4 Gläser füllen und in den Kühlschrank stellen. Gelatine in kaltes Wasser legen, Sahne steifschlagen, ebenfalls in den Kühlschrank stellen. Die Schüssel mit dem Fruchtmark in knapp siedendes Wasser hängen. Zucker und Eigelb dazugeben, mit dem Schneebesen in 3 bis 5 Minuten zu einer feinschaumigen Creme schlagen. Gelatine ausdrücken und darin auflösen. Schüssel in Eiswasser umsetzen und die Creme 2 bis 3 Minuten kalt schlagen. Arrak hineinrühren, die Sahne locker darunterziehen. Die Creme über die Himbeeren füllen. Nach Belieben mit gerösteten Mandelblättchen garnieren.

MOUSSE AU CHOCOLAT

Rezept für 4 Portionen:

2 Tafeln Edelbitter-Schokolade

6 cl starker Kaffee (Mokka)

5 Eier, 50 g Zucker

30 g Vanillezucker

1/8 l Sahne

Die Schokolade in kleine Stücke brechen, in einem Schälchen in warmes Wasser setzen und schmelzen lassen. Kaffee hineinrühren und abkühlen lassen, bis die Schokolade nur noch lauwarm ist. Eier trennen. Eiweiß zu steifem Schnee schlagen, dabei den Zucker einrieseln lassen. Eischnee kühl stellen. Nun Eigelb mit Vanillezucker schaumig rühren, bis sich der Zucker aufgelöst hat. Sahne mit dem Schneebesen steif schlagen. In die lauwarme Schokolade zuerst die Eigelbcreme, dann die Schlagsahne mit dem Schneebesen unterrühren. Eischnee mit dem Kochlöffel vorsichtig darunterheben, damit der Schnee nicht zu viel an Volumen verliert. Die Mousse zugedeckt im Kühlschrank festwerden lassen. Mit flüssiger oder geschlagener Sahne servieren.

ZITRONENCREME

Rezept für 4-6 Portionen:

3 Eier, 150 g Zucker

2 ungespritzte Zitronen

4 EL Weißwein

200 g Doppelrahmfrischkäse

1/4 l Sahne

Eier trennen, Eigelb und 100 g Zucker in einen Topf mit dickem Boden geben, dazu fein abgeriebene Schale und Saft der Zitronen sowie den Weißwein. Über schwacher Hitze mit dem Schneebesen rühren, bis die Creme feinschaumig ist und andickt. Anschließend in Eiswasser setzen und ab und zu rühren, bis sie abgekühlt ist. Inzwischen Frischkäse sahnig rühren und Sahne steifschlagen. Eiweiß mit dem Schneebesen oder in der Rührschüssel der Bosch-Küchenmaschine mit dem Schlagbesen auf Stufe 4 schlagen, Zucker langsam einrieseln lassen, weiter schlagen, bis der Schnee ganz fest ist.

Die Eigelbcreme mit dem Käse verrühren, dann die Sahne und danach den Eischnee darunterziehen. Die Zitronencreme in Gläser füllen, kühlen und bald servieren.

ZABAIONE

Rezept für 4 Portionen:

4 Eigelb, 1 Ei

120 g Zucker

8 cl Marsala

Eigelb, Ei und Zucker mit dem Schneebesen oder in der Rührschüssel der Küchenmaschine mit dem Rührbesen auf niedrigster Stufe cremig, nicht schaumig rühren, bis sich der Zucker aufgelöst hat. In eine Edelstahlschüssel umfüllen und in einen Topf mit knapp siedendem Wasser hängen. Die Schüssel darf den Topfboden nicht berühren. Marsala nach und nach dazugießen und die Creme mit dem Schneebesen ständig schlagen, bis sie das doppelte Volumen erreicht hat und etwa 45° C warm ist. Das Lieblingsdessert der Italiener sofort in 4 Gläser füllen und warm servieren.

Weinschaumcreme kann man auch mit Weißwein, Sekt oder Sherry zubereiten. Will man sie kalt als Sauce servieren, in der Schüssel über Eiswasser wieder kalt schlagen, damit sie möglichst wenig von ihrem Volumen verliert.

PFIRSICHE IN BORDEAUX

4 große Pfirsiche
1/2 l roter Bordeaux
60 g Zucker
1/2 Zimtstange
2 cl Cognac oder Weinbrand

Zuerst die Pfirsiche blanchieren. Dazu hält man sie mit der Siebkelle kurz in kochendes Wasser, wie abgebildet. Dann enthäuten, halbieren und entsteinen. Rotwein mit Zucker und Zimt aufkochen, die Pfirsiche hineingeben und knapp unter dem Siedepunkt 5 Minuten garen. Herausheben, den Sud etwa 5 Minuten sprudelnd kochen lassen, Cognac oder Weinbrand und die Pfirsiche wieder hineinlegen. Zugedeckt abkühlen und ziehen lassen. Auch Pflaumen und Kirschen kann man auf diese traditionelle Art in Rotwein pochieren. Fein schmecken Äpfel, Birnen und Stachelbeeren in Weißwein. Eine Delikatesse sind Trockenfrüchte wie Pflaumen, Aprikosen, Feigen oder Äpfel in Rotwein mit Honig, ein wenig Zimt und Nelken gegart. Für diese ganz feinen Kompottfrüchte wird das Wasser durch Wein ersetzt!

1 **Pfirsiche abziehen.** Die Früchte kurz in kochendes Wasser tauchen, kalt abspülen. Die Haut läßt sich dann leicht abziehen. Auch Aprikosen und Pflaumen so enthäuten.

2 **Früchte pochieren.** In einem Rotweinsud mit Zucker und Zimt die Pfirsiche knapp unter dem Siedepunkt garen und im eingekochten Sud mit Cognac parfümieren.

ROTE GRÜTZE ist ein beliebtes Essen im Sommer. Doch die Zeit der Grützen beginnt schon im Frühjahr mit dem ersten Rhabarber. Dann folgen Stachelbeeren und endlich Johannisbeeren und Himbeeren, die weitaus beliebtesten und aromatischsten Früchte für eine gute rote Grütze, allen voran die schwarze Johannisbeere.

ROTE GRÜTZE MIT FRÜCHTEN

(Abbildung Seite 140 f.)

200 g rote Johannisbeeren

200 g schwarze Johannisbeeren

200 g Himbeeren

gut 1/2 l Wasser

100 g Stachelbeeren

120 g Zucker

60 g Speisestärke

250 g frische Beeren (Himbeeren, weiße und rote Johannisbeeren)

Johannisbeeren von den Stielen streifen, mit Himbeeren und Wasser aufkochen, abseits vom Herd zugedeckt 10 Minuten ziehen lassen. Die Früchte durch ein Sieb streichen und die Rückstände mit dem Teigschaber gut durchdrücken. Den Saft mit Wasser auf 1 l ergänzen, mit Stachelbeeren und Zucker aufkochen, kalt angerührte Speisestärke dazugeben und unter Rühren kurz aufwallen lassen. Die Grütze abkühlen, bis sie nur noch lauwarm ist. Dann die frischen Früchte daruntermischen und das ganze zugedeckt im Kühlschrank fest werden lassen. Mit frischer Milch, Sahne oder Vanillesauce genießen.

KOMPOTT IN DER MELONE

800 g gemischtes Obst wie Aprikosen, Birnen, Johannisbeeren, Äpfel, Kirschen, Pfirsiche, Kiwis, Stachelbeeren und Zwetschgen

3/4 l Wasser, 100 g Zucker

1 Zimtstange, 3 bis 4 Nelken

1 Stück ungespritzte Zitronenschale

1 Wassermelone

Frisches Obst der Saison putzen und in gleichmäßig große Stücke schneiden, kleine Früchte wie Kirschen nur entsteinen, Stachelbeeren und Johannisbeeren ganz lassen. Steinobst wie Aprikosen, Pfirsiche und Zwetschgen blanchieren, enthäuten und entsteinen. Kernobst wie Äpfel und Birnen schälen, vierteln und das Kerngehäuse herausschneiden. Die Haut der Kiwis je nach Reifegrad dünn abschälen oder einfach abziehen. Wasser mit Zucker, Zimt, Nelken und Zitronenschale 10 Minuten kochen. Das Obst hineingeben, 2 bis 3 Minuten knapp unter dem Siedepunkt garen und zugedeckt im Sud abkühlen lassen. Von der Melone einen Deckel abschneiden, Melone aushöhlen, Rand mit einem Messer dekorativ einschneiden. Das Kompott in die Melone füllen und diese zugedeckt im Kühlschrank gut durchkühlen. Nach Belieben auch das entkernte Fruchtfleisch der Melone ins kalte Kompott mischen.

POCHIERTE FRÜCHTE und Kompott sollten auf schonendste Art knapp gegart werden, damit sie ihren Geschmack voll entfalten können und die Vitamine erhalten bleiben. Am besten werden sie in einem mehr oder weniger gewürzten Zuckersirup gegart, in dem sie ihre Form gut bewahren, so daß sie nicht nur lecker schmecken, sondern auch so aussehen.

FRÜCHTE UND DESSERTS

PARFAIT ist eine Eiscreme, die zu den besten Eisdesserts gehört. Bereitet man es im Haushalt zu, ist dies in einer Kastenform am einfachsten, auch läßt es sich so gut portionieren. Je nach geschmacksgebenden Zutaten, kann man die verschiedensten Variationen herstellen.

VANILLE-PARFAIT

Rezept für etwa 10 Portionen:

6 Eigelb, 200 g Zucker

1/4 l Milch

1 Vanilleschote

350 g Sahne

Eine Form von 1,5 l Inhalt

Dieses Parfait besteht aus einer Vanillegrundcreme mit Schlagsahne. Die Grundcreme wird wie englische Creme (Seite 142) zubereitet, dann heiß mit dem Schneebesen oder in der Schüssel der Küchenmaschine mit dem Rührbesen bei mittlerer Geschwindigkeit etwa 15 Minuten gerührt, bis die Creme abgekühlt und ganz luftig ist. Im Kühlschrank kalt werden lassen. Dann die steifgeschlagene Sahne mit dem Teigschaber behutsam unter die kalte Creme ziehen, damit die Masse möglichst wenig von ihrem Volumen verliert. In eine vorgekühlte Form füllen und mindestens 3 Stunden einfrieren. Zum Anrichten kurz in warmes Wasser tauchen, das Parfait aus der Form stürzen und in Scheiben schneiden. Mit frischen Früchten und Saucen (Seite 145) servieren.

Mokka-Parfait mit 30 g Kaffee zubereiten. Die Milch für die englische Creme zuerst kochend über den Kaffee gießen, 5 Minuten ziehen lassen und anschließend durch ein Tuch passieren. Die Mokkamilch für die Grundcreme verwenden, diese kaltschlagen und mit 2 cl Cognac oder Weinbrand würzen. Weiter wie Vanille-Parfait zubereiten. Mit frischen Kiwis und Schlagsahne anrichten.

SORBETS wurden früher grundsätzlich nur aus Säften, Wein oder Champagner gefroren, heute verwendet man dafür auch gern das Püree frischer Früchte, kurz im Mixer püriert und nach Wunsch auch passiert, damit Kerne und Schalenreste zurückbleiben. Für guten Geschmack und die richtige Konsistenz sorgt Zuckersirup, an den Gewürze wie Ingwer, Zimt und die Schale von Zitrusfrüchten ihr Aroma optimal abgeben, schneller geht es mit Puderzucker, der sich rasch auflöst. Man kann Sorbets mehr oder weniger süß zubereiten oder auch mit süßem Eischnee oder Schlagsahne mischen. In einer Sorbetiere werden sie besonders leicht und cremig, doch es geht auch — wie hier gezeigt — mit Hilfe des Tiefkühlfaches.

SORBET VON NEKTARINEN

Rezept für etwa 8 Portionen:

200 g Zucker

1/2 Zimtstange

2 bittere Mandeln

30 cl Wasser

500 g pürierte Nektarinen

Saft einer Limette oder Zitrone

Zucker, Zimt, Mandeln und Wasser aufkochen, abkühlen lassen und durchseihen. Etwa 700 g Nektarinen blanchieren, häuten, halbieren und entsteinen. Das Fruchtfleisch pürieren, den Saft der Zitrusfrucht und den Zuckersirup hineinmischen. Das Püree in eine weite Schüssel aus Edelstahl füllen, weil Metall die Temperatur besser leitet als Glas, Porzellan oder gar Kunststoff. Die Schüssel ins Gefriergerät stellen und das Sorbet mit dem Schneebesen oder dem Handrührgerät immer wieder umrühren, wenn sich nach jeweils 30 Minuten an der Oberfläche eine Eisschicht gebildet hat. Je öfter es durchgerührt wird, um so geschmeidiger wird das Sorbet. In der Zwischenzeit für die rote Sauce Johannisbeersaft mit Zucker, Zimt und Zitronenschale leicht einkochen. Das Sorbet mit dem Löffel oder Spritzbeutel in vorgekühlte Gläser füllen und die kalte Sauce darübergießen.

1 **Das Sorbet gefrieren.** Die Mischung aus pürierten Früchten und würzigem Zuckersirup in das Gefriergerät stellen und nach etwa 30 Minuten zum ersten Mal sehr gut durchrühren.

2 **Wiederholt rühren,** wenn das Sorbet an den Seiten und der Oberfläche fest geworden ist. Je öfter man rührt, um so länger dauert es — aber um so geschmeidiger wird die Konsistenz.

GRANITÉS erinnern an gestoßenes Eis, wie auch der Name bezeugt: französisch Granité oder Gramolate, italienisch Granita — ähnlich ist es persischem Sharbate, dem ursprünglichen Sorbet. Wein, Sekt oder Saft von säuerlichen Früchten wird, nur mäßig gesüßt, gefroren. Durch die geringe Zuckermenge bilden sich Kristalle, die man grobkörnig oder fein gefrieren kann.

ROTWEIN-GRANITÉ

Rezept für etwa 8 Portionen:

180 g Zucker, 20 cl Wasser

Saft einer Limette oder Zitrone

Saft einer Orange

einige Blättchen Zitronenmelisse

1 Flasche roter Burgunder (0,7 l)

Sahne zum Garnieren

Zucker, Wasser, den Saft der Zitrusfrüchte und die Melisseblättchen 3 Minuten kochen. Abkühlen lassen, mit dem Burgunder mischen, in ein flaches Gefäß geben, die Melisseblättchen entfernen. Im Tiefkühlfach gefrieren lassen, dabei stündlich rühren, bis es die gewünschte Körnung hat. Zum Servieren mit einem Löffel abschaben, in gekühlte Gläser füllen und mit Sahne sowie Melisseblättchen garnieren, auch mit frischen Früchten der Saison.

Granité ist in der Körnung grob bis fein. Am Rand gefriert es am ersten, hier kann es entnommen werden. Oder man rührt die Kristalle immer wieder in den flüssigen Teil zurück.

FRÜCHTE UND DESSERTS

BISKUITOMELETTE

Rezept für 4 Portionen:
2 Eigelb
1/2 TL abgeriebene Zitronenschale
Mark von 1/2 Vanilleschote
4 Eiweiß, 80 g Zucker
30 g Mehl
30 g heiße, braune Butter
20 g Butter zum Backen
Puderzucker zum Bestauben

Zuerst den Backofen auf 200° C vorheizen. Eigelb mit Zitronenschale und Vanillemark verrühren. Eiweiß mit dem Schneebesen oder in der Schüssel der Küchenmaschine mit dem Schlagbesen zu Schnee schlagen. Zucker einrieseln lassen und weiterschlagen, bis der Schnee ganz fest ist. Eigelbcreme dazugeben und mit dem Teigschaber unterziehen, anschließend das gesiebte Mehl und zuletzt die heiße Butter hineinmischen. Butter in einer Pfanne über mittlerer Hitze schmelzen, den Teig hineingeben und mit dem Teigschaber glattstreichen. In 1 bis 2 Minuten von unten bräunen und anziehen lassen, dann 10 Minuten im Ofen backen. Mit Obstsalat oder Früchtekompott füllen und mit Puderzucker bestauben.

1 **Eigelb und Eischnee mischen,** wenn der Schnee ganz fest ist und der Zucker sich darin aufgelöst hat. Den Schnee behutsam mit dem Löffel unter die Eigelbmasse ziehen.

2 **Mehl unterheben.** Das gesiebte Mehl auf die Masse geben und vorsichtig darunterziehen. Die heiße Butter ebenso vorsichtig unterheben. Butter zum Backen in einer Pfanne erhitzen.

3 **Den Teig glattstreichen,** wenn man eine Portion in der Pfanne hat. Das Omelette kann man auch auf dem Herd, zugedeckt mit einem Deckel, über schwacher Hitze backen.

4 **Das Omelette falten,** am sichersten mit einem Pfannenmesser. Vorher füllen, vielleicht wie hier mit einem Salat aus Kiwis und Erdbeeren, pafümiert mit Orangenlikör.

WARME DESSERTS sind sehr variabel, weil man sie in der Zubereitung geschmacklich gut verändern kann. Zusätzlich kann man sie noch mit vielen fruchtigen, cremigen Beilagen kombinieren. Sehr fein, aber ungewöhnlich, ist Vanilleeiscreme zu Mohr im Hemd.

MOHR IM HEMD

Rezept für 10 bis 12 Portionen:
100 g Schokolade/Kuvertüre
6 Eigelb, 100 g Zucker
Mark von 1/2 Vanilleschote
100 g feingeriebene Mandeln
50 g Semmelbrösel
6 Eiweiß
Eine Puddingform von 1/2 l Inhalt
Butter und Puderzucker für die Form

Zuerst die Form gleichmäßig einfetten und mit Puderzucker ausstreuen. Backofen auf 170° C vorheizen, ein Wasserbad erhitzen. Schokolade zerbröckeln, im Wasserbad auflösen, mit Eigelb, der Hälfte des Zuckers und Vanillemark in der Rührschüssel mit dem Schneebesen oder dem Rührbesen der Küchenmaschine schaumig rühren. Mandeln und Semmelbrösel mischen. Eiweiß zu Schnee schlagen, restlichen Zucker einrieseln lassen und weiterschlagen bis der Schnee steif ist. 1/4 davon in die Eigelbcreme rühren, dann die Mandel-Bröselmischung und den übrigen Eischnee vorsichtig darunterheben. Sofort in die Form füllen und diese verschließen. Im Wasserbad in den Ofen auf dem Grillrost auf die unterste Schiene stellen. Die Form soll nur bis 2 cm unter dem Rand im Wasser, das nicht kochen darf, stehen. 40 Minuten garen. Dem »Mohr« ein weißes Hemd aus halbsteifer Sahne anziehen oder auch heiße Schokoladensauce dazu servieren.

LIMETTENSOUFFLÉ

Rezept für 4 Portionen:

20 cl Milch

je 50 g Butter und Mehl

5 cl Limettensaft (2 Früchte)

abgeriebene Schale von 1 Limette

2 cl Zitronenlikör

1 Eiweiß, 4 Eigelb

4 Eiweiß, 70 g Zucker

1 Soufflëform von 1,3 l Inhalt

Butter und Zucker für die Form

Puderzucker zum Bestauben

Zuerst die Form gleichmäßig einfetten und mit Zucker ausstreuen. Backofen auf 200° C vorheizen, ein Wasserbad auf 80° C erhitzen. Milch zum Kochen bringen. Butter und Mehl verkneten, in kleinen Portionen in die Milch rühren, bis eine geschmeidige Masse entstanden ist. Limettensaft und -schale sowie den Zitronenlikör daruntermischen. Topf von der Hitze nehmen, ein ungeschlagenes Eiweiß hineinrühren. Die Masse in einer Schüssel lauwarm abkühlen lassen. Eigelb nach und nach dazugeben und eine glänzende Creme rühren. Eiweiß und Zucker zusammen, entgegen der Regel, erst langsam, dann schneller zu festem Schnee schlagen. 1/4 davon in die Soufflémasse rühren, den Rest behutsam unterheben. Den Teig sofort in die Souffléform füllen, diese ins vorbereitete Wasserbad setzen, das bis zur Hälfte der Form reichen muß, und das Soufflé 40 Minuten backen. Sofort mit Puderzucker besieben und servieren, denn auch ein perfektes Soufflé fällt nach einiger Zeit etwas zusammen und verliert an Schönheit, nicht aber an Wohlgeschmack.

Limettensoufflé kann man sehr gut variieren und mit Zitronensaft und anderen Aromen wie Vanille, Kakao und Nüssen zubereiten. Die Form muß einen glatten, senkrechten Rand haben, damit das Soufflé beim Garen gleichmäßig hochziehen kann. Sie darf nicht höher als bis 1 cm unter den Rand gefüllt werden, damit das Soufflé nicht aus der Form läuft.

BACKEN MIT KLASSISCHEN TEIGEN

Behaupten wir es einfach rundweg: Nie war Backen so einfach und problemlos wie heutzutage. Der Beweis für diese Behauptung präsentiert sich funktionstüchtig in Gestalt der Küchenmaschine. Das muß ja mal von einem gesagt werden dürfen, der Großmutters Sandkuchenteig noch mit Muskelkraft und Sehnenbelastung mit der Hand gerührt und gerührt und gerührt hat. Und nun zu der Erkenntnis gekommen ist: Beim Backen beweist dieses äußerst handliche Gerät seine ganze Stärke. Schließlich ist es nicht übertrieben, zu sagen, daß eigentlich alles ganz von allein geht: der Rührteig, die Biskuit-, die Baisermasse, ja sogar der Hefeteig. Was im übrigen niemanden daran hindern soll, von Hand zu rühren. Großmutters Methoden funktionieren ja auch bei klassischen Teigen. Wir stellen sie in diesem Kapitel sozusagen als Rüstzeug vor, damit Sie daraus eigene Kreationen schaffen können. Sie finden aber auch solche Spezialitäten wie die zuckersüße Japonais-Torte, eine Weiterentwicklung der Baisermasse, hier mit geriebenen Nüssen und mit zartester Mokka-Buttercreme gefüllt. Oder die Bûche de Noël, den reich garnierten »Baumstamm« aus der französischen Backstube, wie er im Nachbarland zu Weihnachten auf die Kaffeetische kommt. Dabei brauchte, was gebacken ist, eigentlich gar keine Vollendung durch Füllungen und Garnierungen. Denn Gebackenes ist ja an sich vollkommen. Aber der Reiz, aus Vollkommenem einen Superhit zu machen, liegt in der menschlichen Natur. Vor allem in der der Kuchenbäcker.

BACKEN
MIT KLASSISCHEN TEIGEN

SCHNELLER RÜHRKUCHEN

500 g Mehl
1 Päckchen Backpulver
250 g Butter oder Margarine
250 g Zucker
1 Msp. Salz
fein abgeriebene Schale einer Zitrone
4 Eier
20 cl Milch

Den Teig wie bei den Bildern beschrieben rühren. Eine Kastenform von 35 cm Länge einfetten und mit Bröseln ausstreuen oder besser mit Pergamentpapier auslegen. Der fertige Kuchen gleitet dann problemloser aus der Form und trocknet nicht so schnell aus, da ihn das Papier davor beschützt. Die Form bis zu 3/4 ihrer Höhe mit Teig füllen und auf der unteren Schiebeleiste in den Backofen geben. Den Kuchen bei 200° C etwa 60 Minuten backen. Mit einem Holzstäbchen prüfen, ob er tatsächlich gar ist. 10 Minuten später aus der Form stürzen und nach Belieben mit Puderzucker bestauben oder mit einem Guß überziehen.

1 **Alle Zutaten** in die Rührschüssel der Küchenmaschine geben. Backpulver und Mehl hineinsieben. Dann weiches Fett, Zucker, Salz, abgeriebene Zitronenschale, Eier und Milch hinzufügen.

2 **Die Zutaten verrühren.** Mit höchster Geschwindigkeit 1 Minute rühren. Dann Teig mit dem Teigschaber vom Rand lösen und nochmals mit höchster Drehzahl 2 Minuten weiterrühren.

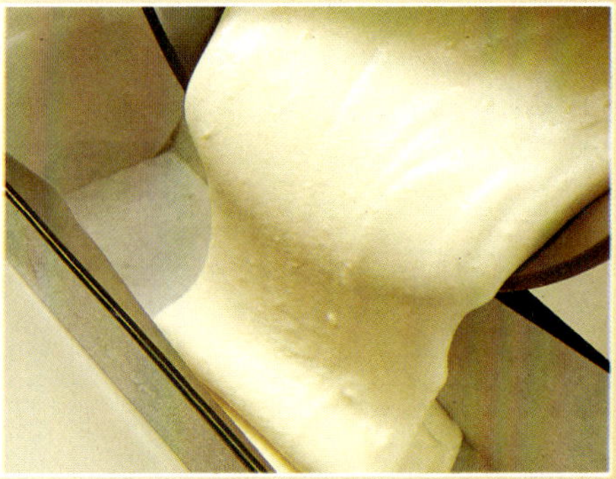

3 **Den Teig einfüllen,** hier in eine mit Pergamentpapier ausgelegte Form. Ihre Umrisse auf das Papier zeichnen und die zum Boden führenden Linien mit der Schere einschneiden.

MARGARETEN-KUCHEN

250 g Butter

100 g Marzipan-Rohmasse

140 g Zucker

1/2 Vanilleschote

6 Eigelb, 6 Eiweiß

120 g Mehl

80 g Speisestärke

weiche Butter und Brösel für die Form

150 g Aprikosenmarmelade

180 g Puderzucker

2 cl Zitronensaft oder Rum

Eine Margaretenkuchenform oder Springform von 26 cm ∅

Butter, Marzipan-Rohmasse und 1/3 des Zuckers auf einer Arbeitsplatte mit dem Holzspatel zu einer weichen Masse verarbeiten. Diese in die Rührschüssel geben, dazu das Vanillemark. Mit dem Rührbesen bei Stufe 2 rühren, dabei Eigelb nach und nach zugeben. Die feinschaumige Creme in eine große Schüssel umfüllen, die Rührschüssel reinigen, damit sie völlig fettfrei ist. Eiweiß in dieser Schüssel mit dem Schlagbesen bei mittlerer Geschwindigkeit zu Schnee schlagen. Den restlichen Zucker einrieseln lassen und dann auf höchster Stufe weiterschlagen, bis der Schnee ganz fest und glänzend ist. Vom Eischnee 1/3 behutsam unter die Eiermischung heben. Der Schnee soll so wenig wie möglich von seinem Volumen verlieren. Mehl und Speisestärke darübersieben, mit dem übrigen Eischnee vorsichtig darunterziehen.

Rechtzeitig die Margaretenkuchenform oder eine Springform mit weicher Butter einfetten und kurz in den Kühlschrank stellen, damit das Fett wieder fest wird. Die Form mit feinen, gesiebten Biskuit- oder Semmelbröseln ausstreuen. Dabei die Form abdecken und mehrmals drehen und wenden, so daß alle Flächen gleichmäßig mit Bröseln bedeckt werden. Überschüssige Brösel zurück in den Vorrat nehmen. Den Backofen auf 190° C vorheizen.

Den fertigen Teig sofort in die vorbereitete Form füllen und behutsam glattstreichen, damit er beim Backen schön gleichmäßig aufgeht. Auf Mitte in den vorgeheizten Ofen schieben und in 50 bis 60 Minuten goldbraun backen. Nach 10 Minuten aus der Form stürzen und mit heißer Aprikotur (Aprikosenmarmelade, durch ein Sieb passiert) bestreichen. Puderzucker mit Rum oder Zitronensaft glatt verrühren, den Kuchen anschließend damit bestreichen und nach Belieben den Rand mit gerösteten Mandelblättchen einstreuen.

MARMORKUCHEN

250 g Butter oder Margarine

250 g Zucker

4 Eier, 500 g Mehl

1 Päckchen Backpulver

50 g geriebene Mandeln

20 cl und 4 EL Milch

50 g geriebene Schokolade

40 g Kakao, 2 EL Rum

Den Teig wie in der Bildfolge oder auf klassische Art rühren. Dann zuerst Fett und 200 g Zucker sahnig rühren, die Eier eins nach dem anderen hinzufügen. Mehl mit Backpulver und Mandeln mischen, abwechselnd mit 20 cl Milch dazugeben. 4 EL Milch mit 50 g Zucker, Schokolade, Kakao und Rum verrühren, 1/3 des Teiges daruntermischen. Die Hälfte des hellen Teiges in eine gefettete Kranzform geben, darüber den braunen und dann wieder hellen Teig. Mit einer Gabel wellenförmig durch den Teig ziehen, damit die Marmorierung entsteht. Die Form bei 180° C in den Backofen schieben. Den Kuchen 80 Minuten backen und noch warm aus der Form stürzen.

BACKEN
MIT KLASSISCHEN TEIGEN

BISKUITBODEN
am Beispiel einer Himbeertorte

Eine Springform, 24 cm ∅

etwas Butter für die Form

5 Eiweiß, 100 g Zucker

5 Eigelb, 25 g Zucker

1 Prise Salz

100 g Mehl

100 g Speisestärke

Den Teig wie gezeigt in der Küchenmaschine oder von Hand mit dem Schneebesen aufschlagen. Backofen rechtzeitig einschalten, damit der Teig sofort gebacken werden kann. Den Boden erst am nächsten Tag teilen und füllen, damit er sich noch festigt und so besser verarbeiten läßt.

Zum Füllen einer Himbeertorte braucht man 250 g frische Himbeeren. Die schönsten davon zum Garnieren zurücklegen. 3/4 l Sahne mit 50 g Zucker steifschlagen. Außerdem 60 g Schokolade, 2 cl Orangenlikör und 60 g Puderzucker für die Schokoladensahne und etwas Kakao zum Bestauben bereitstellen. Wie in der Bildfolge gezeigt verwenden.

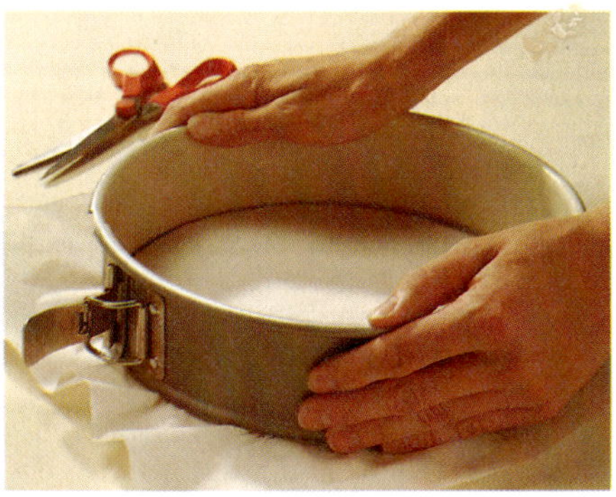

1 **Die Form vorbereiten.** Boden der Form mit Pergamentpapier belegen, in den Ring einsetzen. Nur Papier in der Form einfetten, aber nicht den Rand. Papierzipfel außen abschneiden.

2 **Eiweiß steifschlagen.** Mit dem Schlagbesen der Küchenmaschine auf mittlerer Stufe beginnen, Zucker einrieseln lassen; danach schneller schlagen, bis sich der Zucker aufgelöst hat.

3 **Eigelbcreme rühren.** Eigelb, Salz und 25 g Zucker kurz mit dem Schneebesen verrühren, nicht schaumig schlagen. Nach Belieben mit Vanille oder anderen Gewürzen aromatisieren.

4 **Der fertige Schaum** glänzt wie Seide und ist so steif, daß man ihn schneiden kann. Beim Aufschlagen von Hand Puderzucker verwenden, damit es schneller geht.

5 **Etwas Schnee zur Eigelbcreme** rühren. Dazu den Schlagbesen abnehmen und die Eigelbcreme damit umrühren. So löst sich der Schnee daraus und verbindet sich mit der Creme.

6 **Eischnee melieren,** sagt der Fachmann, wenn wie hier der Schnee unter die Eigelbcreme gezogen wird. Zügig mit Spatel oder Holzlöffel von unten nach oben durchmischen.

7 **Mehl und Speisestärke** nach und nach über die schaumige Masse sieben und behutsam mit kreisenden Bewegungen unterrühren. Dafür am besten einen Holzlöffel benutzen.

8 **Den Teig glattstreichen,** wenn man ihn in die Form gefüllt hat. Dazu Teigschaber oder Winkelpalette benutzen, mit denen man auch Rand und Ecken gut erreicht.

9 **Den Boden backen.** Den luftigen Biskuit sofort nach dem Einfüllen in den vorgeheizten Backofen schieben. Bei 200° C etwa 35 Minuten backen und in der Form auskühlen lassen.

10 **Mit Zwirn zu teilen,** ist eine gute Methode, wenn ein Tortenmesser fehlt. Den Faden um den Boden legen, die beiden Enden kreuzen und den Faden langsam durch den Kuchen ziehen.

11 **Mit dem Messer zu teilen,** ist die andere Methode. Die Klinge muß dabei länger als der Durchmesser des Bodens sein. Beim Teilen das Messer sägend durch den Biskuit ziehen.

12 **Schokoladensahne** auf den ersten Boden streichen. Schokolade schmelzen, mit Likör und 30 g Puderzucker kalt zu dicker Creme rühren. Mit 1/3 der Sahne mischen.

13 **Für Himbeersahne** die Früchte in 30 g Puderzucker schwenken, mit 1/3 der steifen Sahne kurz verrühren, dabei die Beeren etwas zerdrücken. Zwischen den 2. und 3. Boden streichen.

14 **Die Torte einstreichen.** Etwas Sahne auf Oberfläche und Rand verteilen. Kurz kühlen, dann 2/3 der übrigen Sahne auf die Torte streichen. Mit dem Garnierkamm verzieren.

15 **Die Torte garnieren.** Die Oberfläche mit Kakao besieben. Die restliche Sahne in den Spritzbeutel mit Sterntülle füllen und Tupfen im Kreis setzen. Mit Früchten garnieren.

16 **Die fertige Torte** noch am selben Tag genießen. Bis zum Servieren zugedeckt kühlen, weil Sahne leicht fremde Gerüche aufnimmt. Zwischen den Tupfen aufschneiden.

BACKEN MIT KLASSISCHEN TEIGEN

BISKUITROULADE

6 Eigelb
90 g Zucker
1 Msp. Salz
etwas abgeriebene Zitronenschale
4 Eiweiß
90 g Mehl

Zuerst den Backofen auf 230° C einschalten. Eigelb mit 1 EL des Zuckers, Salz und Zitronenschale verrühren, nicht schaumig schlagen. Den Biskuitteig zubereiten wie in der Bildfolge beschrieben. Nach Belieben zum Schluß 40 g geschmolzene, abgekühlte Butter hinzufügen. Dadurch wird die Roulade geschmeidiger, aber weniger voluminös. Beim Backen auf mittlerer Schiebeleiste und bei hoher Temperatur erstmals nach 6 Minuten nachsehen, ob der Teig schon elastisch und durchgebacken ist. Unbedingt nach Sicht und nicht länger als nötig backen, weil die Roulade sonst zu trocken wird und beim Aufrollen bricht.

1 **Eiweiß zu Schnee schlagen.** Mit dem Schlagbesen auf mittlerer Stufe beginnen, restlichen Zucker einrieseln lassen, Geschwindigkeit steigern. Der Schnee muß schnittfest sein.

2 **Eigelbcreme dazugeben.** Die Creme aus Eigelb, Zucker, etwas abgeriebener Zitronenschale und einer Messerspitze Salz mit einem Holzspatel vorsichtig unter den Eischnee ziehen.

3 **Das Mehl untermischen.** Nach und nach das Mehl über die schaumige Masse sieben und mit langsam kreisenden Löffelbewegungen behutsam darunterheben.

4 **Den Teig auf ein Blech geben,** am besten mit einem Teigschaber. Das Blech wird vorher mit Pergamentpapier belegt und mit weicher Butter bepinselt.

5 **Den Teig glattstreichen** und dafür Teigschaber oder Winkelpalette benutzen. Bei 230° C höchstens 10 Minuten backen, nach 6 Minuten die erste Garprobe machen.

6 **Auf ein feuchtes Tuch stürzen,** wenn der Teig wenig gebräunt, elastisch und nicht mehr weich ist. Sofort das Papier abziehen, nach Wunsch mit Marmelade bestreichen.

7 **Die Roulade aufrollen** und dabei das Tuch zur Hilfe nehmen. Roulade mit dem Tuch anheben und auf eine Platte rollen. Mit dem Tuch bedeckt abkühlen lassen.

Was an Weihnachten bei uns der Stollen, ist in Frankreich der Baumstamm. Seine Garnierungen sind zusätzliche Kunstwerke, an deren Entstehung die ganze Familie teilnimmt.

BÛCHE DE NOËL

Bûche de noël oder Baumstamm ist ein französisches Weihnachtsgebäck. Der Stamm ist heller Biskuit mit dunkleren »Jahresringen« in den Farben des Holzes. Und das ist immer eine Buttercreme, mal mit Schokolade, mal mit Kaffee oder Nußbutter. Garnitur sind Blüten und Blätter sowie Pilze aus Marzipan und/oder Schokolade. Man kann auch wie hier gezeigt Blätter und Stiele mit heller Creme spritzen, mit gehackten Pistazien bestreuen und mit Schokoladentalern und kandierten Kirschen garnieren.

1 Biskuitroulade (Seite 160)
Für die Creme:
1/2 l Milch
1 Vanilleschote
3 Eigelb, 40 g Speisestärke
140 g Zucker
350 g Butter, 120 g Schokolade

Eine Biskuitroulade wie auf der Seite nebenan backen, auf ein feuchtes Tuch stürzen und mit einem zweiten feuchten Tuch bedeckt abkühlen lassen, damit sie weich bleibt und beim Aufrollen nicht bricht. Sie muß vollkommen kalt sein, wenn man sie mit Buttercreme füllt.

Aus Milch, Vanillemark, Eigelb, Speisestärke und Zucker eine Grundcreme wie auf Seite 142 beschrieben zubereiten. Mit etwas Puderzucker bestaubt abkühlen lassen, damit sich keine Haut bildet. Die kalte Creme durch ein Sieb streichen und mit dem Schneebesen wieder glatt und cremig rühren. Weiche Butter in die Rührschüssel der Küchenmaschine geben und mit dem Rührbesen bei mittlerer Geschwindigkeit sahnig und ganz hell rühren. Schokolade zerkleinern und im Wasserbad auflösen. Auf Eiswasser umsetzen, ab und zu rühren, bis die Schokolade abgekühlt ist. Schokolade und Grundcreme löffelweise in die Butter geben und verrühren.
Die Hälfte der Buttercreme auf den kalten Biskuit geben und mit dem Teigschaber glatt verstreichen, dabei den Teig an den Rändern etwa 2 cm frei lassen. Mit Hilfe des Tuches aufrollen, auf ein Brett legen, dünn mit Creme bestreichen und mit Hilfe von 2 Paletten auf eine Platte heben. Die Creme in einen Spritzbeutel mit kleiner Sterntülle geben und auf die Oberfläche des Baumstammes gerade Streifen spritzen. Weiter nach Phantasie garnieren, vielleicht auch wie gezeigt mit schräg abgeschnittenen Stücken von Biskuitroulade, die Aststümpfe darstellen sollen.

SCHOKOLADEN-ROULADE

8 Eiweiß, 180 g Zucker
Mark einer halben Vanilleschote
100 g Kuvertüre
60 g Mehl

Den Teig wie für Biskuitroulade zubereiten. Zuerst Eiweiß zu Schnee schlagen, dann Zucker und Vanillemark hinzufügen. Kuvertüre auflösen und lauwarm in die Masse geben, die dabei stark an Volumen verliert. Das Mehl unterheben und den Teig mit glatter Spritztülle Nr. 9 in Streifen auf gefettetes Pergamentpapier spritzen. Bei 200° C 10 bis 12 Minuten backen und erst 5 bis 10 Minuten danach auf Pergamentpapier stürzen, damit sie nicht daran kleben bleibt. Auskühlen lassen und zum Beispiel mit Himbeermarmelade bestreichen und mit Vanille- oder Mokka-Buttercreme füllen, die man mit etwas Kirschwasser aromatisiert hat.

BAISERMASSE

nach bewährtem Grundrezept

1/4 l Eiweiß (von etwa 8 Eiern)

250 g Zucker (feine Raffinade)

200 g Puderzucker

30 g Speisestärke (Weizenpuder)

Die Baisermasse wie in der Bildfolge beschrieben zubereiten. Auf eine Unterlage aus Pergament- oder Backtrennpapier Böden oder kleine Gebäckstücke am besten mit dem Spritzbeutel setzen. Ein Löffel eignet sich nicht so gut, weil die Masse sehr klebrig ist. Die Menge ergibt 6 Böden mit 26 cm Durchmesser oder 30 kleine Gebäckstücke. Sie werden bei 120° C 3 Stunden gebacken und sollten danach im ausgeschalteten Ofen oder bei stark reduzierter Wärme über Nacht trocknen. Falls sich das Papier nach der Trockenzeit nicht leicht abziehen läßt, auf der Rückseite etwas befeuchten. Nach kurzer Zeit löst es sich dann problemlos. — Aus Baiser- oder Meringuemasse auch Schalen für Desserts und Törtchen backen. Je nach Wunsch mehr oder weniger süß zubereiten, auch Obstkuchen damit überziehen und überbacken. Für Garnituren Baisermasse aus 150 g Eiweiß und 200 g Puderzucker auch im heißen Wasserbad aufschlagen, bis sie 45 bis 50° C warm ist. Sie wird dabei sehr zart und cremig.

Baiser, französisch Meringue, ist feinstes Schaumgebäck. Hier ist es mit der Sterntülle auf das Backblech gespritzt worden. Das Gebäck mehr trocknen als backen. Bei 120° C in den Backofen schieben, die Hitze nach drei Stunden auf 60° C reduzieren und die Baisers über Nacht trocknen lassen. Sie sind zum Beispiel ein leckeres Dessert mit halben, in Wein gedünsteten Äpfeln und Vanillesauce.

1 **Eiweiß zu Schnee schlagen.** Mit dem Schneebesen oder in der Rührschüssel mit dem Schlagbesen bei mittlerer Drehzahl einen weißen, lockeren Schnee schlagen.

2 **Zucker nach und nach einrieseln** lassen. Dabei auf die kleinste Stufe zurückschalten, damit der Zucker nicht hinausgeschleudert wird. Danach mit höchster Drehzahl schlagen.

Auch im kleinen Haushalt lohnt es sich, Gebäck auf Vorrat herzustellen. Völlig trocken aufbewahrt, bleibt Baiser lange Zeit zart und knusprig. Doch muß man das Gebäck vor fremden Gerüchen schützen, weil es sie sehr leicht aufnimmt.

3 **Wenn der Zucker aufgebraucht ist,** auf mittlerer Stufe weiterschlagen, bis sich der Zucker aufgelöst hat, der Schnee seidig glänzt und der Schläger deutliche Spuren zieht.

4 **Puderzucker und Speisestärke** auf Pergamentpapier sieben und dem Schnee beifügen. Die Masse mit dem Holzspatel gründlich mischen, bis keine Klümpchen mehr sichtbar sind.

5 **Den Spritzbeutel füllen,** dabei den Beutelrand umschlagen, die Masse mit dem Teigschaber einfüllen. Die Masse nach unten schütteln, den Beutelrand darüber zusammendrehen.

6 **Beim Spritzen** den Beutel mit einer Hand halten und die Masse herausdrücken, mit der anderen Hand führen. Hier wird ein Baiserboden mit Lochtülle Nr. 7 gespritzt.

Mit würzenden Zutaten wie Kaffee und Schokolade kann die Baisermasse geschmacklich abgewandelt werden. Berühmt ist die Variante mit Mandeln oder Nüssen:

JAPONAISBÖDEN

6 Stück für 2 Torten á 24 cm ∅

10 Eiweiß

320 g Zucker

250 g geröstete, geriebene Mandeln oder Haselnüsse

50 g Mehl

100 g Puderzucker

1 TL Vanillezucker

Eiweiß und Zucker wie in der Bildfolge zu steifem Schnee schlagen, Mandeln oder Nüsse mit Mehl, Puderzucker und Vanillezucker mischen und unter den süßen Schnee ziehen. Die Böden auf Pergamentpapier spritzen oder streichen und bei 160 bis 170° C hellbraun backen. Dabei die Ofentür einen Spalt offen halten, damit der entstehende Dampf abziehen kann. Bei der für Baiser ungewöhnlich hohen Temperatur werden die Böden besonders knusprig und das Aroma von Nüssen und Mandeln entfaltet sich gut. Während der Backzeit von etwa 30 Minuten muß das Gebäck öfter kontrolliert werden, damit es wie gewünscht gerät. Man kann die Hitze auch bis 120° C reduzieren und die Böden entsprechend länger backen, was bei geringen Temperaturen mehr ein Trocknen bedeutet. Oder die Japonaisböden bei 190° C nur wenige Minuten backen und anschließend bei etwa 60° C im Ofen trocknen.
Für die traditionelle Japonaistorte zwei Böden auf der gewellten Seite mit je 1/3 Mokka-Buttercreme bestreichen und übereinanderlegen. Den dritten Boden mit der glatten Seite nach oben darauflegen, die Ränder glatt abschneiden und die Torte ringsum dünn mit der restlichen Mokka-Buttercreme bestreichen. Mit feingeriebenen, gerösteten Mandeln bestreuen und diese mit einer Palette andrücken. Auf die Mitte den traditionellen rosa Tupfen aus Fondant setzen. Dazu etwas Fondantmasse im Wasserbad auf etwa 35 Grad erwärmen und mit etwas rotem Saft verrühren, bis sie dickflüssig ist.

> TIP: Baisertörtchen, -schalen und -böden mit geschmolzener Schokolade oder Kuvertüre überziehen, um sie vor dem Aufweichen zu schützen. So kann man sie rechtzeitig mit Obst, Kompott und Sahne füllen oder Eiscreme darin anrichten und kurze Zeit zurück ins Gefriergerät stellen.

MOKKA-BUTTERCREME

30 g Kaffee

1/4 l Milch

20 g Speisestärke

2 Eigelb

70 g Zucker

2 EL Puderzucker

175 g Butter

Kaffee mit 20 cl kochender Milch übergießen, 5 Minuten ziehen lassen, durch ein feines Tuch filtern und auspressen. Mit der Mokkamilch wie auf Seite 142 eine Grundcreme kochen, mit Puderzucker bestreuen und kalt werden lassen. Anschließend die Butter cremig rühren, dann die Mokka-Grundcreme löffelweise dazugeben und gut verrühren. Butter und Creme sollten die gleiche Temperatur haben, damit die Buttercreme gelingt und nicht gerinnt.

BACKEN MIT KLASSISCHEN TEIGEN

MÜRBTEIG

Für 2 Tortenböden:

380 g Mehl

200 g Butter

130 g Puderzucker

1 Ei, 1 Msp. Salz

Mehl auf die Arbeitsplatte sieben und in der Mitte eine Mulde formen. Weiche Butter in großen Stücke hineingeben, ebenso Puderzucker, Ei, Salz und vielleicht Vanillemark oder fein abgeriebene Zitronenschale. Diese Zutaten von Hand oder mit 2 Gabeln verkneten. Dann alles mit einem großen Messer hackend zu einer krümeligen Masse verarbeiten, die auch mit dem Knethaken der Küchenmaschine gerührt werden kann (siehe Fotos). Die von Hand oder maschinell entstandenen Streusel mit den Händen rasch zu einem glatten Teig verkneten und zu einer Kugel formen. In Folie hüllen und im Kühlschrank eine Stunde ruhen lassen. Dann etwas Mehl auf die Arbeitsplatte (am besten aus kühlem Marmor) sieben. Den Teig so kurz wie möglich geschmeidig kneten und sofort ausrollen. Teig um die Rolle wickeln und über der Form abrollen. Mit einem Teigbällchen andrücken und den Boden mit einer Gabel einstechen, damit beim Backen keine Blasen entstehen. Zum Blindbacken mit Pergamentpapier auslegen und mit Hülsenfrüchten füllen, damit der Boden in Form bleibt. 10 Minuten bei 190° C backen.

LINZERTORTE

240 g geriebene, geröstete Mandeln

180 g Mehl

250 g Butter, 160 g Puderzucker

2 Eigelb, 2 EL Milch

1 Msp. Nelkenpulver

1/2 TL Zimt

Mark einer Vanilleschote

1 große Backoblate

200 g Johannisbeermarmelade

1 Eigelb zum Bestreichen

Mandelblättchen zum Bestreuen

Den Teig von Hand wie Mürbteig zubereiten, dabei zuerst Mehl und Mandeln mischen. Oder den Teig in der Küchenmaschine kneten. Die Torte wie in der Bildfolge beschrieben zubereiten. Dabei kann man die große Backoblate auch durch kleine Lebkuchenoblaten ersetzen, indem

Mürbteig in der Küchenmaschine auf Stufe 2 kneten. Zuerst weiche Butter, Zucker und Gewürze 2 Minuten, dann mit dem Ei in 3 bis 4 Minuten eine glatte Masse kneten. Die Maschine stoppen, Mehl hinzufügen und auf Stufe 1 verrühren. Auf Stufe 2 zu einer krümeligen Masse kneten.

Linzertorte ist die Vollendung eines Mürbteiges mit Gewürzen und geriebenen Mandeln.

man sie entsprechend zurechtschneidet. Sie sollen verhindern, daß die Marmelade in den Boden sickert und dieser nicht knusprig wird. Bei 200° C 10 Minuten vorbacken, dann bei 160° C in 65 Minuten fertig backen.

1 **In die Schüssel** Puderzucker, weiche Butter, Eigelb, Milch und Gewürze geben. Mit dem Knethaken auf Stufe 2 glatt vermischen. Die Hälfte der Mandeln dazugeben und verrühren.

2 **Restliche Mandeln** mit Mehl mischen und dazugeben. Zuerst sehr langsam verrühren, damit das Mehl nicht staubt. Stufe 2 einstellen, wenn das Mehl im Teig gebunden ist.

3 **Weiter rühren,** bis alles gut vermischt ist. Den Teig zu einer Kugel formen, zugedeckt 1 Stunde kühlen. Dann die Hälfte davon ausrollen und eine Springform damit auslegen.

4 **Die Backoblate als Isolierschicht** hineinlegen. Einen 1 cm breiten Teigrand frei lassen und mit Eigelb bestreichen, das man mit etwas Sahne oder Milch verquirlt hat.

5 **Eine Teigrolle als Rand** in die Form legen. Für eine Form mit 26 cm ∅ einen 82 cm langen Strang aufrollen, auf der Oblate abrollen und am Rand festdrücken.

6 **Die Marmelade verstreichen,** nachdem man sie auf die Oblate gegeben hat. Am besten geht es mit einem Teigschaber aus Kunststoff, weil er handlich und elastisch ist.

7 **Teiggitter auflegen.** Etwa 1 cm dicke Stränge rollen. In gleichmäßigen Abständen gitterförmig auf die Torte legen, mit Eigelb bestreichen. Den Rand mit Mandelblättchen bestreuen.

BACKEN MIT KLASSISCHEN TEIGEN

1 **Brandmasse abbrühen.** Wasser, Butter und Salz aufkochen, gesiebtes Mehl auf einmal hineinschütten. Mit dem Holzlöffel rühren, bis sich ein glatter Kloß vom Topfrand löst.

2 **Eier dazugeben.** Einzeln zur abgekühlten Masse geben und verrühren — mit dem Holzlöffel oder leichter und schneller in der Schüssel der Bosch-Küchenmaschine mit dem Knethaken.

3 **Rosetten formen.** Den Brandteig in einen Spritzbeutel mit Sterntülle füllen, große Rosetten mit genügend Abständen auf ein mit Butter gefettetes Backblech spritzen.

WINDBEUTEL

1/4 l Wasser
100 g Butter, 1 Msp. Salz
250 g Mehl
5-6 Eier
1/2 l Sahne
2 Päckchen Vanillezucker
Puderzucker

Windbeutel werden aus Brandteig gebacken. Zuerst Wasser, Butter und Salz kochen und mit dem Mehl abbrennen, bis sich ein Kloß bildet und eine weiße Haut am Topfboden entstanden ist. Daher der Name Brandteig, aus dem auch Spritzkuchen, Flockentorte und Profiteroles gemacht werden. Die Brandmasse leicht abkühlen lassen. Die Eier einzeln unter den Teig rühren, bis er geschmeidig ist, schön glänzt und noch so fest ist, daß er sich gut spritzen oder formen läßt. Wie hier gezeigt, große Rosetten spritzen oder entsprechende Häufchen mit dem Eßlöffel auf das gefettete Blech setzen. Backen wie bei Bild 4 beschrieben. Windbeutel zum Füllen auseinanderschneiden und (auf klassische Art) süße Schlagsahne hineinspritzen. Mit Puderzucker besieben.

4 **Windbeutel backen.** Brandteig braucht Dampf im Ofen, der auf 220°C vorgeheizt wird. Das Backblech auf Mitte hineinschieben, eine Tasse Wasser auf den Boden gießen, die Tür sofort schließen und während der Backzeit von 15 bis 20 Minuten nicht öffnen. Dann gehen die Windbeutel schön in die Höhe, werden luftig und saftig. Heiß vom Blech heben und auf einem Kuchengitter auskühlen lassen.

1 **Pergamentpapier fetten.** Weiches Pflanzenfett oder Butter gleichmäßig dünn mit dem Pinsel auf das Papier streichen. Kurz in den Kühlschrank legen, damit das Fett fest werden kann.

2 **Ringe spritzen.** Den Teig in einen Spritzbeutel mit großer Sterntülle (Nr. 10) geben, gleichmäßig große Ringe auf das Papier spritzen, dabei genügend Zwischenräume lassen.

3 **Kuchen ins Fett geben.** Das Papier mit den anhaftenden Ringen hochheben, umdrehen und auf das Fett senken, damit die Fettschicht vom Papier schmilzt und die Kuchen sich lösen.

SPRITZKUCHEN

1/4 l Milch

100 g Butter, 1 Msp. Salz

1 TL Zucker

230 g Mehl

5-7 Eier

Pergamentpapier

Pflanzenfett zum Einfetten und Ausbacken

Puderzucker zum Bestauben

Brandmasse wie für Windbeutel abbrennen und beim Abkühlen mit einem feuchten Tuch zudecken, damit keine Haut entsteht. Eier einzeln hineinrühren, bis der Teig weich ist, doch beim Spritzen noch Konturen behält. Wie gezeigt, Ringe spritzen und in das Fett geben. Oder mit dem Eßlöffel Teigklöße abstechen und direkt in das Fett streifen. Zum Backen Fett in einem flachen Topf über guter Mittelhitze heiß werden lassen (170-180°C). Es soll mindestens 6 cm hoch im Topf stehen und noch nicht rauchen. Die Spritzkuchen wie bei Bild 4 backen, auf einem Kuchengitter abtropfen lassen. Ganz frisch mit Puderzucker bestaubt genießen.

4 **Spritzkuchen ausbacken.** Reichlich wasserfreies Fett in einem flachen Topf erhitzen, bis an einem hineingetauchten Holzlöffel kleine Bläschen aufsteigen. Oder das Fett in eine Friteuse geben, in der man die Temperatur exakt auf 175°C einstellen kann. Spritzkuchen zuerst im geschlossenen Topf ausbacken, dann mit einer Fleischgabel wenden und ohne Deckel fertig backen. Mit einer Siebkelle herausheben.

BACKEN MIT KLASSISCHEN TEIGEN

HEFETEIG ist für süßes wie pikantes Backwerk gleich gut geeignet. Mit weißem Mehl gerät er am leichtesten, und bei steigendem Anteil von Vollkornmehl wird er würziger, aber auch weniger locker. Er gelingt immer, wenn man ihn vor Zugluft schützt und lange genug bei Zimmertemperatur gehen läßt. Dabei teilen sich die Hefezellen, Stärke wird in Traubenzucker und danach in Alkohol und Kohlendioxyd umgewandelt, so daß viele Bläschen entstehen, die den Teig locker und luftig machen. Nach dem Formen nochmals zu doppelter Größe aufgehen lassen, bevor man Hefeteig backt, denn in der Hitze des Backofens werden die Lockerungsvorgänge bald gestoppt.

GRUNDREZEPT HEFETEIG

500 g Mehl, 30 g Hefe

1/4 l lauwarme Milch (etwa 35° C)

60 g Butter, 60 g Zucker

2 Eier, 1 TL Salz

Hefeteig wie in der Bildfolge zubereiten und beliebig abwandeln. Er ist vielfältig verwendbar, zum Beispiel für Blechkuchen, Brötchen und kleine Gebäckstücke mit oder ohne Füllung.

1 **Lauwarme Milch** mit zerbröckelter Hefe und etwas von dem Mehl verrühren, das man zuerst in die Schüssel gibt. Mit etwas Mehl bestauben, zugedeckt 15 Minuten gehen lassen.

2 **Der fertige Vorteig** hat sein Volumen verdoppelt und zeigt deutliche Risse. Die geschmolzene, lauwarme Butter mit Zucker, Eiern und Salz gut verrühren und dazugießen.

3 **Den Teig kneten,** bis er geschmeidig ist und sich vom Schüsselrand löst. Knethaken einsetzen, erst langsam kreisen lassen, bis das Mehl verrührt ist, dann Stufe 2 einstellen.

4 **Eine Teigkugel** mit den Händen formen, in der Schüssel mit Mehl bestauben und mit einem Tuch bedeckt je nach Raumtemperatur 15 bis 30 Minuten gehen lassen.

5 **Das doppelte Volumen** hat der fertig aufgegangene Teig. Er wird besonders feinporig, wenn man ihn nochmals knetet und weitere 15 bis 30 Minuten zugedeckt gehen läßt.

MOHNSTOLLEN

1 Grundrezept Hefeteig
300 g gemahlener Mohn
1/2 l Milch
40 g Speisestärke, 1 Eigelb
100 g Zucker, 30 g Butter

Den Teig wie beschrieben zubereiten und gehen lassen. Mohn mit 3/4 der Milch aufkochen, 10 Minuten quellen lassen. Restliche Milch mit Speisestärke, Eigelb, Zucker und weicher Butter verrühren. Zur Mohnmasse gießen, unter ständigem Rühren kurz aufkochen und abkühlen lassen. Den Hefeteig zu einem 30 x 40 cm großen Rechteck ausrollen. Mohnfüllung daraufstreichen und den Stollen von beiden Längsseiten nach innen aufrollen. Auf gefettetem Backblech zu doppelter Größe aufgehen lassen. Dann 15 Minuten bei 220° C und weitere 45-50 Minuten bei 200° C backen. Nach Belieben mit heißer Aprikosenmarmelade oder Zuckerglasur bestreichen.

HEFETEIG IM SCHNELLVERFAHREN

Alle Zutaten dürfen auf einmal in die Rührschüssel der Bosch-Küchenmaschine gegeben werden. Die Butter wird weich verwendet, man spart so das Schmelzen. Den Teig zuerst auf kleinster Stufe mit dem Knethaken rühren, bis das Mehl verrührt ist. Dann auf Stufe 2 weiter rühren, bis sich der geschmeidige Teig vom Schüsselrand löst. Langsamer und länger als üblich gehen lassen. Das Gebäck daraus wird locker und leicht, nur seine Form bewahrt es nicht so gut.

Einen Zopf flechten und backen. Nur fester Hefeteig ist dafür geeignet, weil er sich gut formen läßt, sehr elastisch ist und nicht so leicht reißt. Für einen Zopf 3 gleichlange Stränge formen, die sich zu den Enden hin verjüngen. Nebeneinander auf die Arbeitsfläche legen und von der Mitte aus zum vorderen Ende flechten. Dazu abwechselnd jeweils einen äußeren Strang über den mittleren legen. Den Zopf auf der Arbeitsfläche um 180 Grad drehen und die zweite Hälfte ebenso flechten. Die Endstücke gut zusammendrücken, damit sie sich beim Backen nicht voneinander lösen. Den Zopf zugedeckt zu doppelter Größe aufgehen lassen, dann mit verquirltem Ei bestreichen, mit Hagelzucker bestreuen und bei 210° C etwa 30 Minuten backen, bis er goldbraun ist.

BACKEN MIT KLASSISCHEN TEIGEN

DER GERÜHRTE HEFETEIG wird mit mehr Fett und vielen Eiern zubereitet. Er ist ganz weich und fast flüssig, braucht beim Backen Halt und wird deshalb in kleinen und großen Formen gebacken. Zwei typische Beispiele für diesen Hefeteig sind der altdeutsche Gugelhupf und der französische Savarin.

GUGELHUPF

500 g Mehl, 35 g Hefe

1/8 l lauwarme Milch

150 g weiche Butter

100 g Zucker, 1/2 TL Salz

4 Eier

80 g Rosinen, 2 cl Rum

50 gehackte Mandeln

50 fein gewürfeltes Orangeat

Eine Gugelhupfform, 22 cm ∅

Butter und Semmelbrösel für die Form

Puderzucker zum Bestauben

Dieser beliebte Sonntagskuchen wird nach einem Grundrezept bereitet, das sich mit mehr Rosinen, Korinthen und anderen feingeschnittenen Trockenfrüchten variieren läßt. Auch die Form kann mal mit gehackten Mandeln oder Nüssen ausgestreut werden. Den Teig zubereiten und in der Form aufgehen lassen. Dann bei 200° C in den vorgeheizten Ofen stellen und etwa 45 Minuten backen. Wenn der Kuchen braun genug ist, mit Pergamentpapier abdecken. Er ist fertig, wenn an einem tief hineingesteckten Holzstäbchen kein Teig mehr hängen bleibt. Kurz abkühlen lassen, stürzen und nach dem Auskühlen mit Puderzucker bestauben.

1 **Für den Vorteig** das Mehl in eine Schüssel sieben, Hefe in eine Mulde bröckeln und mit Milch und etwas Mehl verrühren und bestauben. Zugedeckt 15 Minuten gehen lassen.

2 **Weitere Zutaten vorbereiten.** Weiche Butter, Zucker, Salz und 1 Ei in der Rührschüssel mit dem Rührbesen auf Stufe 2 glatt verrühren. Rosinen 1 Stunde in Rum einweichen.

3 **Die Buttermischung aufschlagen.** Auf Stufe 3 arbeiten, die anderen Eier einzeln in kurzen Abständen dazugeben. Die Creme aufschlagen, bis sie ihr Volumen verdoppelt hat.

4 **Den Hefeteig rühren.** Den Knethaken einsetzen. Vorteig und Mehl zur Buttermischung geben, langsam verrühren, dann auf Stufe 2 arbeiten, bis der Teig glänzt und Blasen wirft.

5 **Teig zugedeckt lassen,** bis er das doppelte Volumen erreicht hat. Dann Rum-Rosinen, Mandeln und Orangeat zugeben und mit einem Holzlöffel unter den Teig heben.

6 **Den Teig in die Form geben,** die man vorher mit weicher Butter einfettet und mit Semmelbröseln ausstreut. Wieder zugedeckt gehen lassen, bis sich das Volumen verdoppelt hat.

Savarins sind Hefekuchen, die nach dem Backen mit einer aromatischen, süßen Flüssigkeit getränkt werden. Diese kann man beliebig würzen und alkoholisieren. Auch der Teig kann durch Zutaten wie Zitronat, Orangeat und Rosinen phantasievoll abgewandelt werden. Solch ein getränkter Hefekuchen wurde einst dem großen Gastrosophen Brillat Savarin gewidmet und gehört heute zu den klassischen internationalen Desserts. Es gibt dafür spezielle Ringformen, große mit 16 cm Durchmesser und kleine Portionsförmchen mit 9 cm Durchmesser. Doch auch in einer beliebigen Kranzform gelingen Savarins, die frisch gebacken und lauwarm verpackt gut eingefroren werden können. Grundsätzlich kann auch jeder andere Hefenapfkuchen in einen Savarin umfunktioniert werden.

SAVARIN
mit Trauben und Erdbeeren

350 g Mehl

15 g Hefe

10 cl lauwarme Milch

150 g zerlassene Butter

40 g Zucker, 1/2 TL Salz

1/2 TL abgeriebene Zitronenschale

4 Eier

Zum Tränken:

1/4 l Wasser

80 g Zucker

1 Stück dünne Orangenschale

50 g Bienenhonig

1 TL Zitronensaft

4 cl Weinbrand oder Cognac

Zum Bestreichen:

100 g Aprikosenmarmelade

Zum Füllen:

200 g Weintrauben

1/8 l Wasser

80 g Zucker

Mark von 1/2 Vanilleschote

4 cl Weinbrand oder Cognac

200 g kleine Erdbeeren

1/8 l steife Schlagsahne

Den Vorteig wie in Bild 1 ansetzen und gehen lassen. Lauwarme Butter mit Zucker, Salz, Zitronenschale und Eiern verrühren, auf das Mehl gießen. Mit dem Knethaken auf Stufe 2 oder von Hand schlagen, bis der Teig sehr elastisch ist. Wieder gehen lassen. Eine Kranzform einfetten, mit Mehl bestauben und höchstens zur Hälfte mit Teig füllen. Noch einmal gehen lassen, dann bei 210° C 25 bis 30 Minuten backen. Stäbchenprobe machen.
Zum Tränken Wasser, Zucker und Orangenschale aufkochen und wieder abkühlen lassen. Den Honig in die lauwarme Flüssigkeit rühren und die Orangenschale entfernen. Zitronensaft und Weinbrand oder Cognac dazugeben. Aprikosenmarmelade erhitzen und durch ein Sieb streichen. Den Hefekranz auf ein Gitter stürzen und über eine Schüssel stellen. Mit der aromatischen Flüssigkeit begießen, bis er ganz durchtränkt ist. Dann mit heißer Aprikotur bepinseln, damit er schön glänzend wird. Warm zum Beispiel mit Weinschaumsauce servieren, kalt mit Kompott oder frischen Früchten und Schlagsahne.
Zum Füllen die Weintrauben schälen, kurz in einem Sirup aus Wasser, Zucker und Vanillemark ziehen lassen. Kalt mit Weinbrand oder Cognac und Erdbeeren mischen und nach 10 Minuten in den Savarin füllen. Mit steifer oder halbsteifer Schlagsahne garnieren.

FEINE TORTEN

»Darben und prassen ist gleich schlecht. Genießen ist alles.« Nicht schlecht, sich dieses Wort des großen Brillat-Savarin zu eigen zu machen. Jenes Verfassers der Lehre von den Tafelfreuden (1755—1826), der durchaus ein himmlisches Vergnügen darin sah, Süßes zu genießen. Und feine Torten, Bissen für Bissen auf der Zunge zergehen zu lassen, ist ja ein Genuß an sich. Denkt man nur an die Schwarzwälder Kirschtorte, die sich äußerst appetitlich auf unserem Bild präsentiert. Tortenfans können darüber mit Recht in Verzückung geraten. Denn sie gehört zur Prominenz aus deutschen Backstuben. Und es ist ja auch gar keine Affäre, sie selbst herzustellen: Aus Kakaobiskuit, gefüllt mit Sauerkirschen und Schlagsahne, leicht beschwipst durch Kirschwasser. Ein süßes Gedicht, das Zunge und Gaumen schmeichelt. Und damit befinden sich die anderen Torten dieses Kapitels in durchaus guter Gesellschaft. Ebenbürtig ist natürlich die Buttercremetorte, die zum Liebsten gehört, was bei uns zu Festtagskaffees serviert wird. Seit gut einem Jahrhundert übrigens. Denn unsere Vorliebe für Torten stammt aus dem 19. Jahrhundert, als zeitgenössische Konditoren ihren Stolz darein setzten, mit Können und Kreativität Backwerke zu schaffen, deren Rezepturen ihre Zeit überdauerten und auch in häusliche Rezeptbücher gerieten, von denen für Profis ganz zu schweigen. Wir brauchen ja nur an die Schwarzwälder Torte zu denken, die dafür ein gutes Beispiel ist. Lassen Sie sich doch einfach von uns anregen, kreativ zu werden. Gute Ideen haben schon manchen zum Meister gemacht. Erst studieren, dann experimentieren. Das ist ein gangbarer Weg zur Meisterschaft.

BUTTERCREMETORTE
mit Nüssen

1 Biskuitboden (Seite 158)
Für die Buttercreme:
Vanillecreme mit Stärkebindung (Seite 142)
250 g weiche Butter
100 g Puderzucker
50 g Nougat
90 g Haselnußkerne
Zum Tränken und Garnieren:
40 g Zucker, 4 cl Wasser
2 cl Mandellikör (z. B. Amaretto)
Blockschokolade zum Abschaben
42 geschälte Haselnüsse

Den Tortenboden wie auf Seite 158 beschrieben am Vortag backen, weil er sich noch festigen muß.
Für die Buttercreme vielleicht auch schon eine Vanillecreme zubereiten und zugedeckt im Kühlschrank aufbewahren, weil sie abgekühlt und cremig gebraucht wird.
Für eine Vanille-Buttercreme wie in der Bildfolge Butter mit 80 g Puderzucker und Vanillecreme in der Rührschüssel der Küchenmaschine rühren. Für Buttercreme mit herben Geschmackszutaten mehr Puderzucker verwenden, für die Nußcreme 20 g. Den Nougat im warmen Wasserbad auflösen und wieder abkühlen lassen, bis er fest zu werden beginnt. Alle Haselnußkerne bei 200° C im Backofen rösten, bis die Häutchen platzen. Dann im grobmaschigen Sieb schütteln, damit die Schalen hindurchfallen. Schöne Nüsse zum Garnieren auswählen, die restlichen mahlen. Dafür eine manuelle Mandelmühle verwenden oder den Fleischwolf der Küchenmaschine mit dem dafür bestimmten Reibevorsatz. Dann auf Stufe 3 bis 4 arbeiten und die Nüsse nur in kleinen Mengen einfüllen. Auch den Mixer zum Zerkleinern der Nüsse benutzen. Beste Ergebnisse erreicht man dabei mit einer Füllmenge von 50 bis 100 g. Auf niedriger Stufe beginnen und nach wenigen Sekunden auf die höchste schalten, bis der gewünschte Feinheitsgrad erreicht ist. Nüsse und Nougatcreme in die Buttercreme rühren.
Zucker und Wasser aufkochen, etwas abgekühlt mit Mandellikör mischen, am besten mit einem Amaretto. Biskuit in 3 Böden teilen und beim Zusammensetzen zuerst gleichmäßig mit der Likörlösung befeuchten und dann mit je 1/4 der Buttercreme bestreichen. Die übrige Creme auf die Torte geben, Oberfläche und Rand damit bestreichen und dazu eine Palette benutzen. Wie in der Bildfolge garnieren.

1 **Butter schaumig rühren.** Mit dem Puderzucker zuerst langsam, dann sehr schnell mit dem Rührbesen schlagen, bis sie schaumig ist und deutlich an Volumen zugenommen hat.

2 **Vanillecreme dazugeben,** die ebenso temperiert ist wie die Butter. Nach und nach in kleinen Portionen verrühren, während der Rührbesen bei mittlerer Geschwindigkeit kreist.

3 **Gemahlene Nüsse untermischen,** dabei langsam rühren. Aufgelösten und abgekühlten Nougat hinzufügen und kurz verrühren. Die Torte mit der Creme füllen und bestreichen.

4 **Blockschokolade abschaben,** die kühl und fest ist, nicht zu warm und weich und nicht zu kalt und hart. Das Messer dabei ganz flach ansetzen und dünne Späne raspeln.

5 **Die fertige Torte** ist gleichmäßig mit Schokolade bedeckt. Die Tupfer von zurückbehaltener Creme mit glatter Tülle aufspritzen und geschälte Haselnüsse hineinsetzen.

ZUGER KIRSCHTORTE

2 Japonaisböden mit Mandeln (Seite 163)
4 Eier, 2 Eigelb, 125 g Zucker
90 g Mehl, 40 g Speisestärke
70 g lauwarme Butter
Zum Füllen und Tränken:
Buttercreme wie nebenstehend, mit der Hälfte der Zutaten
12 cl Kirschwasser
70 g Zucker, 6 cl Wasser
Zum Garnieren:
50 g geröstete Mandelblättchen
Puderzucker zum Besieben
12 kandierte Kirschen

Japonaisböden mit Mandeln statt Nüssen (24 cm ∅) backen. Einen ebenso großen Biskuitboden aus Eiern, Zucker, Mehl und Speisestärke (Seite 158) zubereiten, dabei die Butter zum Schluß langsam zum Teig gießen und behutsam verrühren. Die Buttercreme wie nebenstehend zubereiten und zum Schluß mit 2 cl Kirschwasser aromatisieren. Zum Tränken der Torte Zucker und Wasser aufkochen, abkühlen lassen und mit dem restlichen Kirschwasser mischen. Die Torte wie gezeigt zusammensetzen und garnieren.

1 **Den ersten Japonaisboden** mit 1/3 der Buttercreme bestreichen. Das geht am besten mit einer Palette. Biskuitboden schon am Vortag backen und behutsam darauflegen.

2 **Mit Kirschwasser tränken,** das mit Zuckersirup gemischt wurde. Die Lösung mit dem Pinsel nach und nach auftragen, damit sie den Kuchen gleichmäßig durchdringen kann.

3 **Restliche Buttercreme** auf die Torte und an den Rand streichen. Den zweiten Japonaisboden darauflegen. Mandelblättchen an den Rand drücken, Torte mit Puderzucker besieben.

SAHNE RICHTIG SCHLAGEN

Für Schlagsahne sollte die Sahne mindestens 30% Fett enthalten und 2 Tage oder älter sein, weil weniger fette und ganz frische Sahne zu wenig Volumen erreicht und sich sehr bald in flüssige und feste Stoffe teilt, also absetzt. Mit zunehmendem Alter läßt sich Sahne immer besser aufschlagen, wird standhafter und erreicht das 2- bis 3fache Volumen. Gut verschlossen kann man sie bei 5 bis 7° C 10 Tage und länger lagern, bevor sie zu säuern beginnt und beim Schlagen zu Butter werden würde. Hilfsmittel zum Steifhalten verzögern zwar das Absetzen, beeinträchtigen jedoch den guten Geschmack der Sahne. Fremde Aromen nimmt sie leicht auf, daher vor Zwiebelgeruch u. ä. schützen, aber frisch zerdrückte Früchte darunterheben, um ihren Geschmack zu steigern.
Sahne und Geräte vor dem Schlagen grundsätzlich gut kühlen, auch die Schüssel, zum Beispiel aus Edelstahl, die es als Sonderzubehör zur Bosch-Küchenmaschine gibt. Zuerst Sahne und Zucker (30 bis 40 g Zucker für 1/2 l Sahne) in die kalte Schüssel geben. Mit dem Schlagbesen auf höchster Stufe cremig schlagen (Bild 2) und bei Stufe 2 weiterschlagen, bis die Sahne steif und fest ist (Bild 3). Möglichst frisch verwenden.

SCHWARZWÄLDER KIRSCHTORTE

(Abbildung Seite 172 f.)

Für den Tortenboden:

5 Eier, 150 g Zucker
100 g Mehl, 60 g Speisestärke
50 g Kakaopulver, 50 g Butter

Zum Füllen und Garnieren:

460 g Kompott-Sauerkirschen
1/4 l Sauerkirschsaft, 1 Msp. Zimt
2 gehäufte TL Speisestärke
85 g Zucker, 2 cl Wasser
6 cl Kirschwasser, 3/4 l Sahne
Blockschokolade und Puderzucker

Am Vortag Tortenboden wie auf Seite 158 zubereiten. Dazu Kakao in die Mehlmischung geben und lauwarme Butter zum Schluß unter den Teig ziehen. Die Kirschen gut abtropfen lassen. Saft und Zimt aufkochen, Speisestärke mit etwas Wasser verquirlen, hineinrühren und einige Male aufwallen lassen. Von der Hitze nehmen, mit den Kirschen mischen, abschmecken und abkühlen lassen. 16 schöne Kirschen zum Garnieren zurücklegen.
Tortenboden vom Vortag zweimal durchschneiden. 25 g Zucker und Wasser aufkochen, abseits vom Herd mit Kirschwasser verrühren. 60 g Zucker und Sahne zusammen steifschlagen. 1/3 der Sahne in einen Spritzbeutel mit Sterntülle füllen. Den ersten Boden dünn mit Sahne bestreichen, 4 Sahneringe aufspritzen und die Kirschen in die Zwischenräume geben. Den zweiten Boden darüber andrücken, gleichmäßig mit der Kirschwassermischung tränken und mit Sahne bestreichen. Den dritten Boden darüberlegen, ebenfalls tränken. Die Torte mit Sahne bestreichen, obendarauf ringsum Rosetten spritzen und je eine Kirsche darauflegen. Schokolade mit dem Messer dünn abschaben, die Tortenmitte damit bedecken und mit Puderzucker besieben.

FLOCKENTORTE

Für den Teig:
70 g Butter, 1/4 TL Salz
1 TL Zucker, 20 cl Wasser
200 g Mehl, 5 Eier

Zum Füllen:
250 g frische Himbeeren
50 g Puderzucker
1 EL Himbeergeist
1 l Sahne, 80 g Zucker
Puderzucker zum Bestauben

Flockentorte ist eine sehr leichte Sahnetorte, die wir ganz frisch zubereitet genießen sollten, weil sie ihre Knusprigkeit schnell verliert.

Brandteig wie auf Seite 166 zubereiten und wie hier gezeigt auf Backbleche streichen. Die 5 Böden einzeln im Herd bei 220 bis 250° C in kurzer Zeit hellbraun und knusprig backen. Abkühlen lassen, dann wie bei Bild 2 beschrieben vorbereiten.

Die schönsten Himbeeren zum Garnieren reservieren, die restlichen mit Puderzucker und Himbeergeist schwenken und zugedeckt 30 Minuten kühlen. Sahne und Zucker wie nebenstehend steifschlagen, 2/3 davon mit den gewürzten Himbeeren kurz und gründlich mischen. Auf 2 Böden verteilen, glatt verstreichen (Bild 3), zusammensetzen und mit dem dritten Boden bedecken. 3/4 der restlichen Sahne rings um die Torte streichen und mit den Flocken bestreuen. Die übrige Sahne in den Spritzbeutel mit gezackter Tülle füllen und Rosetten spritzen. Himbeeren hineinsetzen und die Oberfläche mit Puderzucker bestauben. Ganz frisch, spätestens nach 2 bis 3 Stunden genießen, weil danach die Böden weich werden.

1 **Dünne Böden aufstreichen.** Backbleche einfetten, mit Mehl bestauben, Kreise mit 26 cm Ø darauf markieren. Je 1/5 des Teiges daraufgeben, mit dem Teigschaber glattstreichen.

2 **Flocken schneiden.** Die 3 schönsten Böden zum Füllen reservieren und die Ränder nachschneiden. Die beiden übrigen zuerst in feine Streifen schneiden, dann bündeln und würfeln.

3 **Torte füllen.** Die Himbeersahne auf 2 Böden glatt verstreichen, mit dem 3. Boden zusammensetzen. Statt Himbeeren auch andere aromatische Früchte wie Walderdbeeren nehmen.

Ein kleiner Rückblick: 1418 — das Wort Torte war zum erstenmal im deutschen Sprachraum aufgetaucht — gab es hinter Klostermauern zur Fastenzeit schon eine Apfeltorte. Gewürzt wurde sie mit Zimt, der so großartig mit Früchten harmoniert. Im Lauf der Jahrhunderte hat sich diese Apfeltorte sozusagen vermehrt. Es entstanden ungezählte Rezepte für Gebäck mit Äpfeln, aber dann auch mit anderen Früchten, die in Wald und Flur wachsen. Für Kuchen, Torten und Törtchen. Als Füllung und Belag. Gebacken in Formen, Förmchen oder auf dem Blech. Und genau die Blech- oder Plattenkuchen, die der Bayer Datschi nennt, sind die Favoriten der häuslichen Bäckerei. Denken wir nur an den Zwetschgen-Kuchen, der ein unbeschreiblicher Genuß ist, wenn die Früchte frisch am Markt sind. Da ist uneigennützig, wer sich nicht das größte Stück reserviert, wenn er den Kuchen schneidet. Oder er ist hoffnungslos ungeschickt. Wie auch immer: die frischesten Früchte, egal welche, sind gerade gut genug für unsere Bäckerei. Hocharomatisch nur dann, wenn sie Hochsaison haben. Aber diese Saison läßt sich auf wunderbare Weise verlängern.

GEBÄCK MIT OBST

Durchs Einfrieren nämlich. Ganze Blechkuchen sind dann noch im nächsten Frühjahr frisch. Wer die süßen Früchtchen allerdings als Tortenbelag verwenden möchte, sollte sie extra einfrieren. So kann Backen heute zum Hobby werden. Denn nie war es so leicht, einen Teig zu bereiten. Die Küchenmaschine macht's auf bequeme Art möglich.

GEBÄCK MIT OBST

BLECHKUCHEN sind beliebte Sonntagskuchen, die man mit den Früchten belegt, die gerade frisch und in guter Qualität zu haben sind. Die Rezepte auf diesen Seiten sind der beste Beweis dafür, daß man Blechkuchen mit neuen Ideen noch besser machen kann. Auch Kirschen, Stachelbeeren, Pflaumen und Äpfel sollten Sie nach diesen beispielhaften Rezepten in sommerliche Köstlichkeiten verwandeln.

HEIDELBEERKUCHEN

Hefeteig aus 300 g Mehl wie für Aprikosenkuchen

1 kg Heidelbeeren

350 g Mehl

200 g Zucker

1/2 TL Zimt

200 g geschmolzene Butter

Hefeteig ausrollen, auf ein gefettetes Backblech legen und mehrmals mit einer Gabel einstechen, damit sich beim Backen keine Blasen bilden. Heidelbeeren verlesen und auf dem Teig verteilen. Mehl, Zucker, Zimt und abgekühlte Butter in einer Schüssel mit den Fingern zu Streuseln verreiben und die Heidelbeeren damit bedecken. Den Kuchen gehen lassen und auf der mittleren Leiste in den vorgeheizten Ofen schieben. Bei 220° C etwa 30 Minuten backen.

RHABARBERKUCHEN

Mürbteig aus 380 g Mehl (Seite 164)

150 g geriebene Mandeln

75 g Semmelbrösel

2 kg Rhabarber

150 g Zucker

1/2 TL Zimt

4 Eiweiß

200 g Zucker

Mürbteig ausrollen, auf das Backblech legen und mehrmals mit einer Gabel einstechen, damit er sich beim Backen nicht wölbt. Bei 200° C in den vorgeheizten Backofen schieben und 10 Minuten backen. Mandeln in trockener Pfanne hell anrösten, mit den Semmelbröseln mischen und auf den Teig streuen. Rhabarber in zentimeterdicke Scheiben schneiden, auf dem Kuchen verteilen und mit Zucker und Zimt bestreuen. Auf der mittleren Schiebeleiste in den Backofen schieben und bei 200° C 30 Minuten backen. Herausnehmen und den Backofen auf 220° C schalten. Eiweiß zu Schnee schlagen, den Zucker nach und nach einrieseln lassen und weiterschlagen, bis der

Schnee ganz fest ist und seidig glänzt. Den Kuchen damit bestreichen oder den Eischnee mit Spritzbeutel und einer mittelgroßen Sterntülle als Gitter auf den Kuchen spritzen. Auf der oberen Leiste in den Backofen schieben, den Kuchen noch 10 Minuten backen und den Schnee hell bräunen lassen.

APRIKOSENKUCHEN

Für den Teig:
300 g Mehl, 20 g Hefe
1/8 l Milch, 40 g Butter
1 Eigelb, 40 g Zucker
1 Msp. Salz
1 TL abgeriebene Zitronenschale
Für die Creme:
1/2 l Milch
1 Vanilleschote
50 g Zucker, 2 Eigelb
45 g Speisestärke
200 g Marzipan-Rohmasse
Zum Belegen und Bestreichen:
1,2 kg Aprikosen
80 g abgezogene, geriebene Mandeln
150 g Aprikosenmarmelade

Den Teig wie in der Bildfolge auf Seite 168 zubereiten und wie hier gezeigt auf das Backblech legen. Für die Creme eine Vanillecreme (Seite 142) kochen. Die Marzipan-Rohmasse (Bild 3) damit verrühren und die Creme auf den Hefeteig streichen. Mit Aprikosen belegen, mit Mandeln bestreuen und backen. Dann Aprikosenmarmelade aufkochen, durch ein Sieb passieren und den Kuchen damit bestreichen.

1 **Den Teig ausrollen.** Arbeitsfläche und Rollholz mit etwas Mehl bestauben. Teigplatte so groß wie das Backblech auswellen und von der schmalen Seite her aufrollen.

2 **Das Backblech einfetten** mit wenig weicher Butter. Den Teig darauflegen und abrollen. Zum Rand hin drücken oder wellen, wenn das Blech noch nicht ganz bedeckt ist.

3 **Marzipan-Rohmasse** in der Rührschüssel der Bosch-Küchenmaschine langsam mit 2 EL Vanillecreme mischen. Dann beschleunigt arbeiten, übrige Creme löffelweise unterrühren.

4 **Die Creme auf den Teig streichen.** Am besten verwendet man dazu eine Palette oder einen Teigschaber. Die Oberfläche wird damit glatt und auch die Ecken werden erreicht.

5 **Mit Aprikosen belegen.** Die frischen Früchte kurz in kochendes Wasser tauchen, enthäuten, halbieren und entsteinen. Mit der Schnittfläche behutsam auf die Creme legen.

6 **Der fertige Kuchen** nach 25 Minuten Backzeit. Er wird bei 200° C im vorgeheizten Backofen auf der mittleren Schiebeleiste gebacken. Am besten schmeckt er frisch.

GEBÄCK MIT OBST

HIMBEERTÖRTCHEN

Mürbteig von 190 g Mehl (Seite 164)

Vanillecreme von 1/4 l Milch (Seite 142)

180 g Marzipan-Rohmasse

2 cl Himbeergeist

500 g Himbeeren

Puderzucker zum Bestauben

8 Törtchenformen (10 cm ∅)

Pergamentpapier, Hülsenfrüchte

Mürbteig wie in der Bildfolge gezeigt in Törtchenformen bei 190° C etwa 10 Minuten backen. 5 Minuten später aus den Förmchen lösen und abkühlen lassen. Vanillecreme mit Marzipan-Rohmasse (Bild 3, Seite 181) und Kirschwasser verrühren. Die Törtchen wie gezeigt füllen und statt der Himbeeren je nach Saison auch Brombeeren, Heidelbeeren, kleine Erdbeeren, Kiwis in Scheiben und Feigen in Segmente geschnitten hineingeben. Diese Früchte frisch und vollreif verwenden. Anderes Obst wie Aprikosen, Pfirsiche, Pflaumen, Kirschen, Stachelbeeren, Rhabarber, Äpfel und Birnen ihrer Art entsprechend vorbereiten, dünsten und abgekühlt in die Törtchen füllen. Mit ihrem sirupartig eingekochten Saft überglänzen.

1 **Mürbteig ausrollen.** Den kalten Teig in 50 g schwere Stückchen teilen, kurz geschmeidig kneten, zu Bällchen formen und auf bemehlter Fläche zu 15 cm großen Plätzchen ausrollen.

2 **Die Förmchen auslegen.** Die Plätzchen um das Nudelholz wickeln und über den Förmchen abrollen. Die Ränder mit dem Daumen andrücken, überstehenden Teig abschneiden.

3 **Hülsenfrüchte** in die Förmchen füllen, damit der Teigrand beim Backen nicht herunterrutscht. Den Boden vorher mehrmals einstechen und mit festem Pergamentpapier auslegen.

4 **Blindbacken** heißt es, wenn Teighüllen wie hier vor dem Füllen gebacken werden. Danach die Hülsenfrüchte herausschütten und das Papier mit einem spitzen Messer abziehen.

5 **Die Creme hineinstreichen.** Gleichmäßige Portionen in die Törtchen füllen und mit der Palette glätten. Auch den Rand bedecken, damit er durch die Früchte nicht aufweicht.

6 **Mit Himbeeren füllen.** Tagfrische, abgetrocknete Früchte dicht aneinander auf die Creme setzen. Mit Puderzucker übersieben, damit sie gleichmäßig davon bedeckt sind.

7 **Die fertigen Himbeertörtchen.** Die überzuckerten Törtchen einige Minuten unter dem Grill überbacken. Herausnehmen, sobald ein Teil des Puderzuckers karamelisiert ist.

ORANGENCREME-TÖRTCHEN

Mürbteig von 190 g Mehl (Seite 164)
8 Törtchenformen (10 cm ∅)
Pergamentpapier, Hülsenfrüchte
Für die Creme:
1 Limette
2 Orangen (zusammen 1/4 l Saft)
200 g Butter
120 g Zucker
4 Eigelb
1 EL Speisestärke
Für Baiser und zum Garnieren:
4 Eiweiß
120 g Zucker
50 g geröstete Mandelblättchen
1 große Orange

Die Törtchenformen wie nebenstehend mit Mürbteig auslegen und zum Blindbacken mit runden Pergamentpapierblättchen belegen und mit getrockneten Hülsenfrüchten füllen, die man für diesen Zweck immer wieder verwenden kann. Die Törtchen bei 190° C in etwa 10 Minuten hell bräunen, etwas abkühlen lassen, leeren und behutsam aus den Förmchen lösen. Die Creme in einer schweren Kasserolle mit abgerundeter Bodenkante rühren, weil sie leicht ansetzt und der Schneebesen auf dem gesamten Boden kreisen muß. Nach dem Aufkochen zum schnellen Abkühlen in Eiswasser setzen und in wenigen Minuten kaltrühren. So entsteht auch keine Haut. Die abgekühlten Törtchen mit der Creme ausstreichen. Eiweiß und Zucker wie auf Seite 162, Bild 1 bis 3 zu Baiser schlagen und über die Creme füllen oder mit einem Spritzbeutel mit Sterntülle besonders dekorativ in die Törtchen spritzen. Kurz überbacken, bis die Spitzen hell gebräunt sind. Am besten noch am gleichen Tag genießen. Nach Belieben auch eine Torte auf diese Art zaubern. Teig und Füllung reichen für eine Springform von 26 cm Durchmesser.

Mürbteig im Vorrat
Luftdicht in Folie verpackt, kann man ihn 8 bis 10 Tage im Kühlschrank frischhalten. Auch fachgerecht verpackt bis zu 3 Monaten einfrieren. Oder fertiges Gebäck hell gebacken einfrieren und im heißen Backofen wieder auftauen und backen, bis es leicht gebräunt ist und das Aroma der Butter sich erneut voll entfaltet.

1 **Für die Creme** die Schalen der Limette und Orangen hauchdünn abreiben. Die ungespritzten Früchte vorher gründlich und heiß waschen, statt der Limette auch eine Zitrone nehmen.

2 **Früchte entsaften** geht besonders schnell und bringt mehr Saft, wenn man eine maschinelle Zitruspresse dafür einsetzt. Hier ist es das Zusatzgerät zur Bosch-Küchenmaschine.

3 **Die Creme rühren.** Saft und Schale der Zitrusfrüchte, Butter, Zucker, Eigelb und Speisestärke mit dem Schneebesen über mäßiger Hitze rühren, aufkochen, dann kaltrühren.

4 **Baiser aufspritzen** oder -streichen, wenn die Törtchen wie nebenstehend mit Creme gefüllt sind. Bei größter Hitze oder im Grill überbacken, bis die Spitzen hell gebräunt sind.

5 **Die fertigen Törtchen** mit gerösteten Mandelblättchen und Orangenfilets schmücken. Orange ganz dick schälen und die so freigelegten Filets aus den Häutchen schneiden.

GEBÄCK MIT OBST

VIELE FRÜCHTE entwickeln erst beim Garen oder in der Wärme des Ofens ihr volles Aroma und schmecken so ganz anders als in frischem Zustand, nämlich sehr würzig und noch fruchtiger. Die besten Beispiele dafür sind die Kuchen auf dieser Seite.

JOHANNISBEER-BAISERTORTE

Mürbteig von 190 g Mehl (Seite 164)

Biskuitteig für Roulade (Seite 160)

2 Tortenbleche, 26 cm ∅

etwas Butter zum Einfetten

120 g Johannisbeermarmelade

500 g rote Johannisbeeren

6 Eiweiß

210 g Zucker

20 g geröstete Mandelblättchen

Mürbteig wie auf Seite 164 zubereiten, ausrollen, auf einem runden Tortenblech mehrmals einstechen und bei 190° C in 20 Minuten knusprig backen. Biskuitteig wie auf Seite 160 zubereiten, auf 2 gefettete Tortenbleche streichen und bei 230° C in 10 Minuten backen. Mürbteigboden mit Marmelade bestreichen, einen Biskuitboden darauflegen, ebenfalls mit Marmelade bestreichen und den zweiten Biskuitboden darüberlegen und festdrücken.
Johannisbeeren von den Stielen zupfen, 12 bis 16 schöne Trauben zum Garnieren beiseite legen. Eiweiß zu Schnee schlagen, Zucker nach und nach einrieseln lassen und weiterschlagen, bis die Masse schnittfest ist. Die Hälfte davon mit den Johannisbeeren mischen und auf den übereinanderliegenden Böden verteilen. Ringsum mit weißer Baisermasse bestreichen, den Rand mit einem Garnierkamm (Seite 159) hochziehen. Restliches Baiser in den Spritzbeutel füllen und die Oberfläche der Torte damit garnieren. Mit Mandelblättchen bestreuen und bei 250° C in den vorgeheizten Backofen schieben. Auf Sicht backen, bis die Baisermasse hellbraune Spitzen und Kanten hat. Abkühlen lassen, mit Johannisbeertrauben garnieren und frisch servieren.

ZWETSCHGEN-KUCHEN

Mürbteig von 190 g Mehl

Eine Springform, 24 cm ∅

500 g getrocknete Erbsen zum Blindbacken

6 Blatt Gelatine

100 g Zucker, 3 EL Wasser

1 kg entsteinte Zwetschgen

30 g Speisestärke

1/8 l Sahne

Mürbteig wie auf Seite 164, doch mit der Hälfte der Zutaten, zubereiten. Die Springform damit auslegen, den Teig mehrmals mit einer Gabel einstechen und mit trockenen Erbsen füllen. Boden auf der zweiten Schiebeleiste von unten in den vorgeheizten Backofen geben und 10 Minuten backen. Die Erbsen aus der Form schütten und den Boden noch weitere 10 Minuten backen, bis er hell gebräunt ist.
Die Gelatine in kaltem Wasser einweichen. Zucker, Wasser und Zwetschgen einmal aufkochen, so daß sie ihr Aroma voll entfalten. Speisestärke mit etwas Wasser verquirlen, zu den Zwetschgen rühren und kurz aufwallen lassen. Gelatine ausdrücken und hineinrühren. Die Zwetschgen auf Eiswasser setzen, damit sie schneller kalt werden. Dabei ab und zu umrühren, bis die Masse andickt. Dann auf den Mürbteigboden geben, glattstreichen und im Kühlschrank fest werden lassen. Sahne steif schlagen und den Kuchen damit garnieren.

TARTE TATIN

Französische Apfeltorte

Für den Teig:

150 g Mehl, 80 g Butter

2 TL Puderzucker

1 Eigelb, 1/2 TL Salz

3-4 EL Wasser

Für die Füllung:

80 g Butter

150 g Zucker

1,2 kg Äpfel wie Cox Orange, Reinetten oder Boskop

Eine runde Kuchenform, 24 cm ∅

Den Mürbteig wie auf Seite 164 zubereiten, kühlen, kurz verkneten und etwas größer als die Form ausrollen. Diese mit weicher Butter ausstreichen, Zucker hineinstreuen und so schwenken, daß der Zucker die Butter gleichmäßig bedeckt. Zum Festigen in den Kühlschrank stellen. Die Äpfel schälen, vierteln und das Kerngehäuse herausschneiden. Die Apfelstücke aufrecht und dicht nebeneinander in die Form setzen. Den Mürbteig auf ein bemehltes Rundholz wickeln und über den Äpfeln abrollen. Überhängenden Teig am Rand der Form festdrücken, so daß die Äpfel hermetisch abgeschlossen sind. Die Teigdecke mehrmals mit einer Gabel einstechen, damit beim Backen Dampf entweichen kann. Den Kuchen auf der zweiten Schiebeleiste von unten in den vorgeheizten Backofen geben und bei 210 bis 220° C 45 Minuten backen. Nicht sofort stürzen, damit kein Saft verloren geht. Aber auch nicht länger als 5 bis 8 Minuten damit warten, weil sonst der entstandene Karamel zu fest wird und an der Form hängen bleibt.

Juli ist Saison für rote Johannisbeeren, die so feinsäuerlich und erfrischend schmecken. Die glasklaren, roten Beeren verdienen es, in ein Prachtexemplar wie diese Torte verwandelt zu werden.

RHU

KLEINE PATISSERIE

Wer das wohlklingende französische Wort Patisserie übersetzen will, kommt auf Feingebäck, feine Backwaren, Konditorwaren. Aber irgendwie ist den Mohrenköpfen und Biskuitomelettes, den Baisers und Schillerlocken und wie all das zarte Gebäck noch heißt, der Charme genommen. Oder möchten Sie die Petits fours und die süßsanften Mohrenköpfe einfach als Konditorwaren bezeichnen? Nein. Genau betrachtet und geschmeckt, sind sie eine Offenbarung backhandwerklicher Kleinkunst. Gefüllt mit bester Buttercreme, durch Aprikotur vom Fondant-Überzug isoliert, auf fein ziselierte Weise garniert. So ausgestattet, sind sie zuallererst die Helle Freude fürs Auge und dann mit einem Biß das reine Vergnügen für den Gaumen. Dazu Kaffee oder Mokka — und die Welt des Schlemmers ist rundherum in Ordnung. — Seit das Biedermeier die gebackenen Verspieltheiten für sich entdeckt hat, sind sie immer mehr in den Mittelpunkt des Interesses von Genießern geraten. Und so ist es bis heute geblieben. Das Wort Eugen van Vaersts, 1851 in seiner »Lehre von den Freuden der Tafel« veröffentlicht, hat sich am Beispiel dieser kleinen Köstlichkeiten einmal mehr bewahrheitet: »Der Gastrosoph wählt aus dem Guten das Beste in schönster Form«. Voilà! Und das Beste in schönster Form ist auch das Kleingebäck in diesem Kapitel, wie wir es besonders in der Weihnachtszeit schätzen. Zum Beispiel schokoladenreiche Nußstangen oder Kringel, die ihren Schmelz von der frischen Butter beziehen. Damit, das steht fest, kann man Familie und Freunde — und sich selbst natürlich auch — ein ganzes Jahr lang immer neu verwöhnen. Mit den Sahne-Omelettes in diesem Kapitel sowieso. Nur der Baiser-Baumbehang ist ausschließlich für den Christbaum gedacht. Es sei denn, Sie backen aus der Grundmasse Eier und Hasen und schmücken damit ihren Osterstrauß.

KLEINE PATISSERIE

SAHNE-OMELETTES

Zutaten für 1 Biskuitroulade (Seite 160)

40 g lauwarme Butter

Pergament- oder Backtrennpapier

3 Backbleche mit Pergamentpapier belegen und mit dem Bleistift 18 bis 20 Kreise mit 12 cm ∅ markieren, die 2 cm voneinander entfernt sind. Den Backofen auf 220° C vorheizen. Biskuit wie auf Seite 160 zubereiten und zum Schluß die Butter behutsam unterheben. In den Spritzbeutel mit Lochtülle Nr. 7 füllen und die Kreise von der Mitte aus spiralenförmig ausfüllen. Die Omelettes in etwa 10 Minuten hell, ohne dunklen Rand backen, damit sie beim Füllen nicht brechen. Auf Pergamentpapier stürzen, mit feuchtem Tuch bedecken und abkühlen lassen. Das Papier abziehen und die Omelettes beliebig füllen und mit Puderzucker bestauben.

Für eine Füllung 300 g Früchte wie Himbeeren und Erdbeeren pürieren, mit 3 Blatt aufgelöster Gelatine verrühren, mit Zucker abschmecken und kühlen, bis das Püree andickt. Dann unter steife Sahne heben.

Kleine Sahne-Omelettes sind hier mit Vanille-Sahne und Erdbeersahne gefüllt. Die fruchtige Sahne kann man auch ohne Gelatine zubereiten, wenn kurzfristig serviert werden soll.

PETITS FOURS

Rezept für etwa 35 Stück:

Pergament- oder Backtrennpapier

80 g Marzipan-Rohmasse

6 Eigelb

1 TL abgeriebene Zitronenschale

120 g Zucker, 5 Eiweiß

120 g Mehl

150 g Aprikosenmarmelade

280 g Marzipan-Rohmasse

70 g Puderzucker

500 g Fondant, 1 EL Rum

Zwei Backbleche mit Pergamentpapier auslegen und den Backofen auf 220° C vorheizen. 80 g Marzipan-Rohmasse in die Rührschüssel der Bosch-Küchenmaschine geben, mit Eigelb, Zitronenschale und 60 g Zucker verrühren. Eiweiß zu Schnee schlagen, restlichen Zucker einrieseln lassen und den Schnee ganz steif schlagen. Die Eigelbcreme darunterheben, das Mehl nach und nach auf den Teig sieben und darunterziehen. Gleichmäßig auf die Backbleche streichen und nacheinander in 8 bis 10 Minuten hell backen. Noch heiß stürzen und wie in der Bildfolge weiter arbeiten. Verknetetes Marzipan auf gesiebtem Puderzucker ausrollen, damit es nicht klebt. Zum Beschweren ein großes Brett oder ein Blech mit Gewichten darauf verwenden, damit sich die Schichten gut miteinander verbinden. Fondant zum Überziehen nach Belieben mit Lebensmittelfarben oder dunklem Saft leicht färben, nach Wunsch mit Eiweißspritzglasur, bunten Perlen und kandierten Fruchtstückchen hübsch garnieren. So entsteht ein klassisches Feingebäck, das man auch mit Creme füllen und mit Likör aromatisieren kann.

1 **Mit Aprikotur bestreichen.** Den ersten Teigboden auf neues Pergamentpapier stürzen. Aprikosenmarmelade erwärmen, passieren und 1/3 davon auf dem Boden verstreichen.

2 **Den zweiten Teigboden** auf den ersten stürzen und das Papier abziehen. Auch mit 1/3 der Aprikotur bestreichen und den so gefüllten Kuchen auf ein sauberes Blech legen.

3 **Mit Marzipan belegen.** 280 g Marzipan-Rohmasse mit Puderzucker verkneten, in der Größe der Teigböden ausrollen. Auf ein Nudelholz wickeln und über den Böden ausrollen.

4 **Petits fours schneiden.** Den Kuchen mit Pergamentpapier zudecken und beschweren. Nach 24 Stunden in 4 cm breite Streifen und dann in Quadrate oder kleine Rechtecke schneiden.

Eiweiß-Spritzglasur. 1 Eiweiß, 2 TL Zitronensaft und 150 g gesiebten Puderzucker mit dem Schneebesen zu einer glatten, weißen Glasur rühren. Je nach Volumen der Masse mehr Puderzucker darübersieben und verrühren, bis sie ganz dick ist und einen zähen Faden bildet, der nicht abreißt. Bis zum Gebrauch die Glasur mit einem feuchten Tuch abdecken, damit sie nicht antrocknet.

5 **Die Oberfläche aprikotieren.** Die warme Aprikotur dünn aufstreichen und antrocknen lassen. Fondant im Wasserbad auflösen und nicht wärmer als 35° C werden lassen.

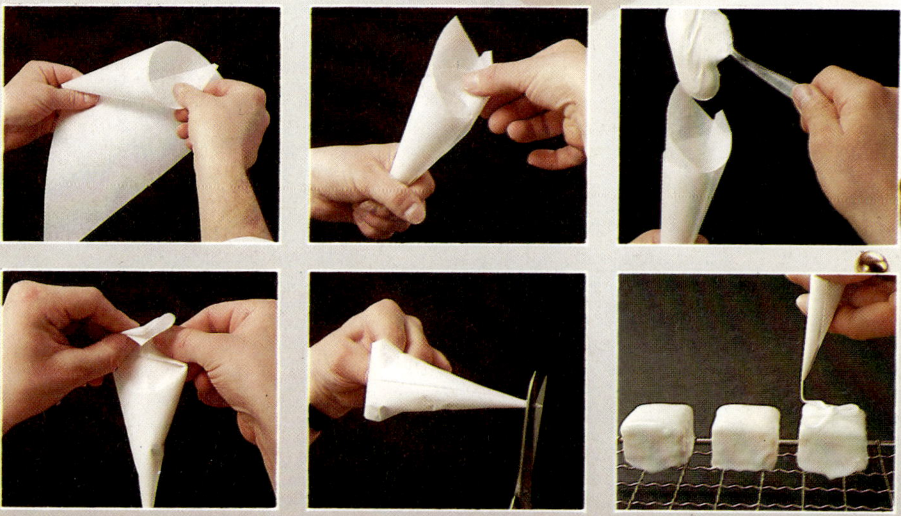

6 **Mit Fondant überziehen.** Rum in die Glasur rühren, bis sie dickflüssig ist. Die Petits fours mit der Oberseite hineintauchen, auf ein Gitter setzen und abtropfen lassen.

Garnieren mit der Spritztüte. Die Spritztüte aus Pergamentpapier drehen. Einen quadratischen Bogen diagonal durchschneiden. ① Das Dreieck in der Mitte der langen Seite mit Daumen und Zeigefinger der linken Hand festhalten und das Papier mit der rechten Hand nach links eindrehen. Weiter aufdrehen und dabei die Spitze der Tüte festhalten. ② Den überstehenden Papierzipfel nach innen falten und damit die Tüte fixieren. ③ Die Spritzglasur in kleinen Portionen hineingeben, damit der Rand der Tüte sauber bleibt. ④ Die Luft aus der Tüte drücken und die Tüte schließen, und zwar von der seitlichen Naht aus zur anderen Seite zusammenfalten. ⑤ Die Spitze der Tüte so weit abschneiden, daß der Spritzfaden die gewünschte Stärke bekommt. ⑥ Die Glasur mit der rechten Hand durch die Öffnung der Tüte drücken, die man mit der linken Hand führt. Petits fours und festliche Kuchen damit dekorieren und beschriften, zusätzlich mit farbigen Perlen und winzigen Stückchen kandierter Früchte garnieren.

NUSS-STANGEN MIT SCHOKOLADE

180 g weiche Butter
100 g gesiebter Puderzucker
1/2 TL Vanillemark
1 Ei, 80 g Kuvertüre
300 g Mehl
70 g feingemahlene Haselnüsse
Zum Garnieren:
200 g Kuvertüre
gehackte Nüsse und Pistazien

Butter, Puderzucker, Vanille und Ei mit dem Holzlöffel oder in der Küchenmaschine mit dem Knethaken gut verrühren. Kuvertüre handwarm dazugießen und verrühren, anschließend Mehl und Nüsse. Den weichen Teig in einen Spritzbeutel mit Sterntülle füllen und Stangen auf das Backblech spritzen. Leichter geht's mit dem Fleischwolf und Spritzgebäckvorsatz der Küchenmaschine. Nußstangen bei 190° C in 10 bis 12 Minuten hellbraun backen, kalt in aufgelöste Kuvertüre (35° C) tauchen und mit gehackten Nüssen bestreuen.

BUTTERKRINGEL

300 g weiche Butter
250 g Puderzucker
125 g Speisestärke
12 oder 20 cl Milch
1 TL feingeriebene Zitronenschale
1 Msp. Salz
500 g Mehl
Zum Garnieren:
200 g Kuvertüre
50 g Mandelblättchen

Butter und Puderzucker in der Rührschüssel mit einem Holzlöffel oder mit den Knethaken der Bosch-Küchenmaschine langsam verrühren. Die übrigen Zutaten wie genannt beifügen. Zum Formen mit dem Spritzbeutel die größere Menge Milch verwenden. Sonst den Teig mit der kleineren Menge zubereiten und durch den Fleischwolf mit dem Spritzgebäckvorsatz geben. Teigstreifen gleicher Länge in Kringeln auf das Backblech legen. Oder die Kringel mit dem Spritzbeutel direkt auf das Backblech spritzen. In 10 bis 12 Minuten bei 190° C hellgelb backen. Abkühlen lassen, in lauwarme Kuvertüre tauchen und mit gerösteten Mandelblättchen bestreuen.

KLEINGEBÄCK hat ab November Saison, wenn für Nikolaus und die Adventstage etwas zum Naschen gebacken wird. Die Auswahl international beliebter Plätzchen ist groß, wir beschränken uns auf einen kleinen Beitrag zu diesem Thema, das alle Jahre wieder aktuell wird. Die superzarten Kringel und Stangen machen sicher Appetit auf mehr Weihnachtliches mit Apfel, Nuß und Mandelkern. Und der Tannenbaum mag uns an die gute Tradition erinnern, rechtzeitig mit dem Backen für die Feiertage zu beginnen. Sein Schmuck strahlt hell und kündet schon von kommenden Tagen, die danach auch wieder länger werden.

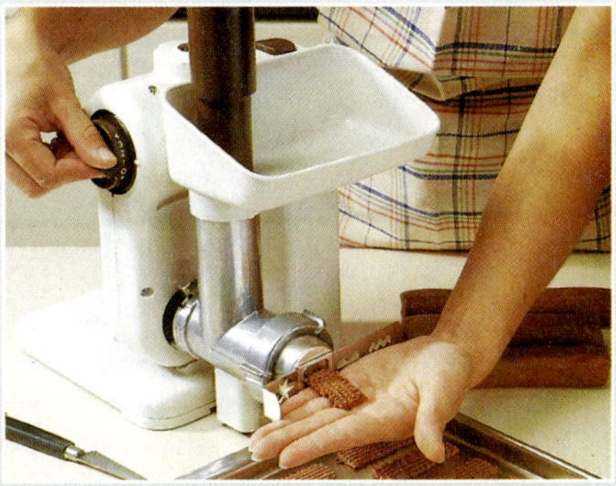

Streifen spritzen. Den Fleischwolf mit dem Spritzgebäckvorsatz an der Küchenmaschine ansetzen. Teig ohne Luftlöcher hineindrücken, Stufe 1 einschalten, gleich lange Stücke abnehmen.

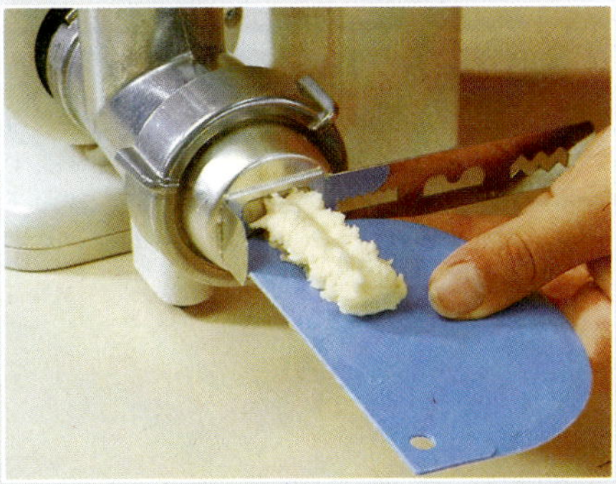

Für Kringel den Teig mit einem Teigschaber auffangen, abtrennen, darauf formen und auf das Backblech legen. Bei niedrigster Stufe arbeiten und die Maschine nach jedem Stück stoppen.

BAISER-BAUMBEHANG

150 g Eiweiß (von 5 Eiern)

200 g Puderzucker

je 2 Tropfen rote und gelbe Lebensmittelfarbe

Zum Garnieren:

bunte Zuckerstreusel

Zuckerblümchen

goldene Zuckerperlen

gehackte Pistazien

etwas aufgelöste Kuvertüre

Eiweiß in die Metallschüssel der Küchenmaschine geben, dazu den Puderzucker durch ein Sieb. Auf höchster Stufe 1 Minute durchrühren, dann in ein 60° C heißes Wasserbad setzen und mit dem Schneebesen schlagen, bis die Masse 45 bis 50° C heiß ist. Wieder an die Küchenmaschine setzen und den Schlagbesen bei mittlerer Geschwindigkeit kreisen lassen, bis die Baisermasse abgekühlt ist. Dann in 3 Portionen teilen, eine davon mit der roten, eine andere davon mit der gelben Farbe verrühren. Zwei Backbleche mit Pergamentpapier oder Backtrennpapier auslegen. Die Baisermassen nacheinander in den Spritzbeutel mit kleiner Sterntülle füllen und beliebige Figuren sowie Sterne, Herzen und Kringel auf die Bleche spritzen. Mit Zuckerzeug und gehackten Pistazien die Baisermasse verzieren. Beide Bleche übereinander in den Backofen schieben, 50° C einschalten und die Tür einen Spalt offen lassen. Den Baumschmuck über Nacht trocknen lassen, dann mit Tupfern aufgelöster Kuvertüre verzieren.

Christbaumschmuck aus eigener Küche ist leichter zu machen als es scheint. Den getrockneten Schmuck mit goldenen Fädchen an die Zweige hängen.

BACKEN PIKANT

»Santé, Salute, Prost«. Ob französisch, italienisch oder deutsch, hier haben wir das schönste herzhafte Gebäck Europas versammelt, zu dem ein guter Tropfen Wein — trocken und trotzdem blumig — gehört: Die würzige Quiche lorraine — natürlich aus Lothringen —, die Lauchtorte aus Deutschland, die Brioches aus Frankreich, die Pizza aus Italien. Und dann das Vollkornbrot und die Vollkornbrötchen aus unserem Land, wie sie anderswo in Europa kaum bekannt sind. Ähnliche Kuchen allerdings wie die Quiche lorraine gibt's in Form der Zwiebel- und Speckkuchen auch in deutschen Landen, vor allem in den Weinbaugebieten. Zu Weinfesten und auch mal an anderen Tagen des Jahres werden sie serviert. Heute übrigens auch oft als Begrüßungshappen in manchem Nobel-Restaurant. — Daß zu Brioches, Brot und Brötchen eher Kaffee oder Tee gereicht werden, ist altbekannt. Brandneu aber sind die Vollkornerzeugnisse aus dem eigenen Herd nun wirklich. Sie schwimmen sozusagen auf der Welle der gesunden Lebensführung ganz oben. Ihrer Vitamine, Mineral- und Ballaststoffe wegen, die bekanntlich das menschliche Innenleben auf Trab bringen. Mit frischer Butter, Käse oder Schinken belegt, sind sie zum Reinbeißen und sich Wohlfühlen. »Gute Götter, wieviele Menschen hält ein einziger Bauch in Trab.« Diese Erkenntnis stammt von Seneca, dem Rhetoriker der Jahrtausendwende. Sie gilt bis heute, wenn man bedenkt, wieviele Menschen uns zuarbeiten müssen, bis wir unser herzhaftes Gebäck frisch aus dem Ofen holen können. Gewiß ist das ein großes Dankeschön wert.

BACKEN PIKANT

BRIOCHES sind Gebäcke aus butterreichem Hefeteig mit vielen Eiern. Sie sind in Frankreich in verschiedenen Formen bekannt. Zum Beispiel Brioche Nanterre, für die 300 g Teig zu 4 Kugeln rundgeschliffen wird. Die Teigballen in eine 20 cm lang Kastenform legen, 90 Minuten gehen lassen, mit Eigelb bestreichen und mit einer in Wasser getauchten Schere längs der Kastenform einschneiden, damit sie beim Backen (20 Minuten bei 220°C) schön aufreißen. Am bekanntesten sind die kleinen Portions-Brioches, die in runden Förmchen mit gewelltem Rand gebacken werden. Es gibt dafür auch größere Formen mit 16 und 18 cm ∅, in die 300 bzw. 400 g Teig paßt. Größere Brioches in 20 Minuten goldbraun backen.

BRIOCHES

500 g Mehl

20 g Hefe

7 cl lauwarmes Wasser

6 Eier, 12 g Salz

50 g Zucker

300 g Butter

runde Förmchen mit 7 cm ∅

Eigelb zum Bestreichen

Den Teig schon am Vortrag mit der Bosch-Küchenmaschine zubereiten, am besten gleich die doppelte Menge, um einen Teil davon für später einzufrieren. Teig für den nächsten Tag zugedeckt im Kühlschrank 2 Stunden langsam gehen lassen, weil eine gebremste Gare für ein gutes Resultat sorgt. Danach kurz durchkneten, zu einer Kugel formen und in einer großen Schüssel zugedeckt über Nacht in den Kühlschrank stellen. Wieder durchkneten, dann wie bei den Bildern beschrieben formen und gehen lassen. Mit Eigelb bestrichen bei 230°C im vorgeheizten Backofen auf der mittleren Schiebeleiste in 12 Minuten goldbraun backen. Die Brioches schmecken frisch am besten.

1 **Den Hefeteig rühren.** Aus Mehl, Hefe, Wasser, Eiern, Salz und Zucker (Seite 168) einen Teig mischen. Auf Stufe 2 kneten, bis er Blasen wirft und sich vom Schüsselrand löst.

2 **Weiche Butter darunterwirken.** Fett in großen Stücken dazugeben, zuerst langsam und dann etwas schneller unter den Teig kneten, bis er ganz locker ist und seidig glänzt.

3 **Teigstücke rundschleifen.** Teigstücke zu je 35 g abwiegen, auf bemehlter Fläche unter der hohlen, bemehlten Hand mit kreisenden Bewegungen zu runden Kugeln rollen.

4 **Brioches formen.** Die Teigkugeln mit der Handkante rollen und 1/3 davon abtrennen. Den großen Teil ins Förmchen setzen, mit dem Finger eindrücken, dann das Köpfchen darauf.

5 **Mit Eigelb bestreichen.** Vorher zwischen Köpfchen und Rand mit dem Finger eindrücken, damit das Köpfchen tiefer sinkt. Bis zum Bestreichen 90 Minuten gehen lassen.

6 **Fertige Brioches** glänzen wie lackiert. Sie sind durch die Menge der Eier und der Butter ganz locker und zart. Die Franzosen schätzen Brioches morgens zum Milchkaffee.

VOLLKORNBRÖTCHEN bringen Abwechslung auf den Frühstückstisch. Wer eine Getreidemühle mit einem Mahlwerk aus Stein hat, kann das Korn frisch mahlen und so besonders nährstoffreiche Brötchen backen. Dazu sollte man erstklassiges Getreide aus zuverlässiger Quelle beziehen und nur bei einer Luftfeuchtigkeit bis 45% lagern. Korn muß zum Mahlen trocken sein. Weizen, Roggen, Hirse, Dinkel, Mais und geschälte Gerste bei Stufe 1 mahlen, Reis und geschälten Hafer bei Stufe 3, weil sie weicher sind. Vollkornbrötchen aus gekauftem Mehl mit höherer Typenbezeichnung als 405 und 550 backen. Mit zunehmender Typenzahl enthält es immer mehr wertvolle Mineralstoffe und Vitamine. Hefeteig immer mit 50% Weizen und mehr zubereiten und länger als üblich gehen lassen, damit die Brötchen schön locker werden. Den Teig beliebig variieren und würzen, auch über Nacht zugedeckt im Kühlschrank langsam gehen lassen.

VOLLKORNBRÖTCHEN

200 g Roggenmehl Type 1740

300 g Weizenmehl Type 1320

1 Päckchen Hefe (42 g)

1/4 l lauwarmes Wasser

1 TL Honig, 2 TL Meersalz

Den Hefeteig wie auf Seite 168 zubereiten, zudecken und mindetens 1 Stunde gehen lassen. Kurz kneten und wieder 1 Stunde gehen lassen. Wie Brötchen aus Dinkelmehl formen und auf bemehltem Backblech zugedeckt 30 Minuten gehen lassen. Die Brötchen einkerben, mit Wasser bestreichen, bei 220°C auf der mittleren Schiebeleiste im Ofen 25 Minuten backen. Dabei ein Schälchen mit Wasser auf den Boden des Backofens stellen, weil Vollkornbrötchen feuchte Hitze brauchen, um nicht hart zu werden.

BRÖTCHEN AUS DINKELMEHL

500 g Dinkelmehl

1 Päckchen Hefe (42 g)

1/4 l lauwarme Milch

1 TL Salz, 1 Eigelb

Kümmel und Sesam zum Bestreuen

Dinkel ist eng verwandt mit Weizen, das Mehl daraus ist im Reformhaus erhältlich. Den Teig mit Hefe, Milch und Salz wie auf Seite 168 beschrieben zubereiten und gehen lassen. Zu einer Rolle formen, in 10 bis 12 gleichmäßig große Stücke schneiden und mit bemehlten Händen zu runden Bällchen rollen. Auf ein bemehltes Backblech setzen und zugedeckt etwa 15 Minuten gehen lassen. Mit einem scharfen Messer kreuzweise einritzen, mit verqirltem Ei bestreichen, teils mit Kümmel, teils mit Sesam bestreuen. Wieder zugedeckt gehen lassen. Bei 200°C in den Backofen schieben und auf der mittleren Leiste in etwa 20 Minuten goldbraun backen. Am besten ganz frisch und noch warm mit Butter genießen. Die Brötchen mit einem Sägemesser aufschneiden, damit die Schnittflächen glatt werden.

QUICHE LORRAINE
Lothringer Specktorte

Für den Teig:
250 g Mehl, 1/2 TL Salz
100 g Schmalz, 3 EL Wasser
Für die Füllung:
750 g geschälte Zwiebeln
100 g durchwachsener Räucherspeck
100 g Crème fraîche
2 EL Semmelbrösel
3 Eier, 1 TL Mehl
1/2 Becher Joghurt, 2 EL Sahne
je 1/4 TL Salz und Paprika edelsüß
1 Msp. geriebene Muskatnuß

Mürbteig (Seite 164) zubereiten und eine klassische geschlossene Form oder eine Springform mit 26 cm ∅ damit auslegen. Zwiebeln im Durchlaufschnitzler in schöne Scheiben schneiden. Speck kleinwürfeln, in einer großen Pfanne über mäßiger Hitze glasig werden lassen, ebenso die Zwiebeln unter ständigem Wenden in etwa 2 Minuten. Anschließend abkühlen lassen. Crème fraîche auf den Tortenboden streichen und mit Semmelbröseln gleichmäßig bestreuen. Die Eier mit den restlichen Zutaten verquirlen und abschmecken. Die Zwiebeln auf dem Teig verteilen und mit der Eiermischung übergießen, dann die Oberfläche glattstreichen. Lothringer Specktorte bei 200°C auf der mittleren Leiste in den Ofen schieben und 45 Minuten backen. In den letzten 15 Minuten mit Alufolie oder Pergamentpapier zudecken, wenn sie schon braun genug ist. Dazu paßt trockener Rot- oder Weißwein.

Pikante Kuchen schmecken jederzeit. Man backt sie in einer sorgfältig ausgelegten Springform oder noch besser in einer geschlossenen Form wie die Lauchtorte rechts oben, damit die Eiermischung vor dem Stocken nicht weglaufen kann.

LAUCHTORTE

Für den Teig:
200 g Mehl, 100 g weiche Butter
1 Ei, 1/4 TL Salz
Für die Füllung:
200 g geschälte Zwiebeln
800 g Porree (Lauch)
65 g durchwachsener Räucherspeck
175 g gekochter Schinken, 1 EL Öl
1/4 l saure Sahne, 2 Eier
100 g geriebener Emmentaler
1 Msp. geriebene Muskatnuß
1/4 TL Currypulver
Salz und schwarzer Pfeffer

Mürbteig (Seite 164) zubereiten und eine Springform damit auslegen. Zwiebeln und Porree wie gezeigt schneiden, Speck und Schinken würfeln. Speck mit Öl in einer Pfanne glasig rühren, Schinken und Zwiebeln darin unter ständigem Wenden 1 Minute andünsten. Porree daruntérrühren, bis er nach etwa 2 Minuten glasig geworden ist. Auf einem großen Teller schnell abkühlen lassen. Danach auf dem Mürbteigboden verteilen. Sahne mit den übrigen Zutaten verrühren und abschmecken, auf die Torte gießen. Bei 200°C in den Ofen auf die mittlere Leiste schieben, 45 Minuten backen, heiß servieren.

Zwiebeln schneiden kostet weniger Tränen, wenn man sie durch den Durchlaufschnitzler mit dem Einsatz für grobe Scheiben drückt. Bei Stufe 1 bis 2 entstehen die schönsten Ringe.

Porree so bündeln, daß er gerade in den Schacht paßt. Zuerst mit der Hand, dann mit dem Stopfer hineindrücken, damit schöne Ringe entstehen. Wie Zwiebeln schneiden.

PIZZA ist das berühmteste Gericht der neapolitanischen Küche, die wir als klassische italienische Küche schätzen. Auswanderer haben sie in alle Welt hinausgetragen und die Pizza wurde überall beliebt. Daheim war sie inzwischen fast vergessen und kehrte erst zurück, als in den 50er Jahren viele Touristen ins Land kamen.

Pizza wird heute in allen beliebigen Größen und Formen gebacken. Im Haushalt geht es am besten auf dem rechteckigen Backblech, auf dem 4 Portionen zum Sattessen Platz haben. Den Teig nach Belieben auch mit Vollkornmehl zubereiten. Zuerst mit Tomaten belegen oder besser noch mit einer Tomatensauce bestreichen. Darauf kann man fast jede Art von Fisch und Schalentieren, von Fleisch und Gemüse legen, zum Beispiel Krabben und Anchovis, Wurst und Schinken, gehacktes Rindfleisch und Fleischklößchen, Paprikastreifen und Pilze. Einzeln oder beliebig kombiniert die Zutaten auf die Pizza legen und vor dem Backen immer mit Olivenöl beträufeln, damit nichts austrocknet oder verbrennt. Pizza auf der untersten Schiebeleiste im Backofen mit oder ohne Käse bestreut in kurzer Zeit knusprig backen. Vom Käse sind milde Sorten geeignet, die gut schmelzen, allen voran der zartwürzige italienische Mozzarella, der für eine schlichte Käse-Pizza feingewürfelt auf die Pizza gestreut wird, die man zusätzlich mit etwas feingeriebenem Parmesan bestreut.

PIZZATEIG

300 g Mehl
20 g Hefe
1/8 l lauwarmes Wasser
1/2 TL Salz
2 EL Olivenöl oder 20 g weiche Butter

Das Mehl in eine Schüssel sieben, in die Mitte eine Mulde drücken. Hefe hineinbröckeln und mit dem Wasser und etwas Mehl verrühren. Den so angerührten Vorteig mit Mehl bestauben und zugedeckt etwa 20 Minuten gehen lassen, bis das Mehl deutliche Risse zeigt. Salz und Fett dazugeben und den Teig wie auf Seite 168 kneten, bis er ganz elastisch und nicht mehr klebrig ist. Mit einem Tuch bedeckt in etwa 20 Minuten zu doppelter Größe aufgehen lassen.

PIZZA MARGHERITA

Pizzateig wie nebenstehend
800 g Tomaten aus der Dose
2 Kugeln Mozzarella
Salz und Pfeffer
16 Blättchen Basilikum
80 g geriebener Parmesan
1/8 l Olivenöl

Den Teig auf bemehlter Fläche dünn ausrollen und auf ein gefettetes Backblech legen. Wie in der Bildfolge einstechen, belegen, gehen lassen, mit Öl beträufeln und backen, bis die Pizza hell gebräunt ist.

1 **Den Teig einstechen.** Mit einer Gabel in geringen Abständen einstechen, damit sich beim Backen keine Blasen bilden. Tomaten aus der Dose in einem Sieb gut abtropfen lassen.

2 **Die Pizza belegen.** Tomaten mit einer Gabel etwas zerdrücken und gleichmäßig auf dem Teig verteilen. Den Käse in dünne Scheiben schneiden und auf die Tomaten legen.

3 **Basilikum** auf die Pizza legen, Salz, Pfeffer und Parmesan darüberstreuen. 15 Minuten gehen lassen, mit Olivenöl beträufeln und bei 220°C 18 bis 22 Minuten backen.

4 **Die fertige Pizza** ist hell gebräunt, wenn sie duftend aus dem Ofen kommt. Mit einem großen Messer vom Blech lösen, auf ein Brett schieben und in Portionsstücke schneiden.

Pizza mit Sardellen ist ein gutes Beispiel für ein Thema mit vielen Variationsmöglichkeiten. Für eine große Gästeschar können im Heißluft-Backofen mehrere Bleche übereinander gleichzeitig gebacken werden.

TOMATENSAUCE
für Pizza

2 EL Olivenöl
2 feingehackte Zwiebeln
1 TL feingehackter Knoblauch
1/1 Dose geschälte Tomaten
1 TL Oregano
1 TL Basilikum
1 Lorbeerblatt
1 TL Zucker
100 g Tomatenmark
Salz und Pfeffer

Olivenöl in einer tiefen Pfanne über mäßiger Hitze heiß werden lassen. Zwiebeln hineinstreuen, ab und zu umrühren und in etwa 5 Minuten weich und glasig dünsten, nicht bräunen. Knoblauch dazurühren und eine Minute dünsten. Tomaten in der Dose grob zerschneiden, mit dem Saft in die Pfanne geben. Gewürze und Zucker hinzufügen, die Sauce über schwacher Hitze etwa 20 Minuten dick einkochen. Tomatenmark hineinrühren, Lorbeerblatt entfernen und die Sauce mit Salz und Pfeffer abschmecken.

PIZZA
mit Sardellen

Pizzateig wie nebenstehend
500 g Tomaten
200 g Zwiebeln
1/8 l Olivenöl
12 Sardellenfilets
15 schwarze Oliven
2 Kugeln Mozzarella
12 Blättchen Basilikum
Salz, 1/2 TL Pfeffer

Den Teig auf bemehlter Fläche dünn ausrollen, auf ein gefettetes Backblech legen und einstechen. Tomaten in Scheiben darauflegen. Zwiebeln schälen, in dünne Ringe schneiden und in Olivenöl gelb und glasig dünsten. Sardellenfilets 10 Minuten in kaltes Wasser legen, mit Küchenkrepp abtrocknen, nach Wunsch noch zerkleinern. Oliven abtropfen lassen und Mozzarella in dünne Scheiben schneiden, Basilikum in kleine Stücke zupfen. Alle vorbereiteten Zutaten gleichmäßig über den Tomaten verteilen, mit wenig Salz und dem Pfeffer bestreuen. Die Pizza zehn Minuten gehen lassen, bei 220°C etwa 20 Minuten backen.

BACKEN PIKANT

VOLLKORNBROT

500 g Roggen, 1 TL Salz
1 TL Bienenhonig
1/2 l Wasser (35 bis 40° C)
500 g Weizen
1 EL Koriander
1 Päckchen Hefe (42 g)
20 cl Wasser (35 bis 40° C)
eine Kastenform, 35 cm lang
etwas Butter zum Einfetten

Das Korn für das Brot am besten aus dem Reformhaus beziehen. Das trockene Getreide — siehe auch Seite 195 — mittelfein bis grob bei Stufe 3 mahlen, weil dabei nicht so viel Reibung und Hitze entsteht. Je feiner das Mehl werden soll, um so langsamer müssen wir es mahlen. Durch die zunehmende Reibung entsteht immer mehr Hitze, die sich qualitätsmindernd auswirkt. Vorsicht bei feucht gewordenem Korn, es kann beim Feinmahlen klumpen und das Mahlwerk blockieren. Dann sofort auf grob umschalten, damit die Steine sich wieder freilaufen können. Notfalls mit einer Drahtbürste trocken reinigen.

Vollkornbrot wie in der Bildfolge zubereiten und backen. Das Korn dafür nach Belieben auch gröber mahlen, dann den Teig entsprechend länger gären und gehen lassen. Auch Nüsse und Mandeln beifügen oder mit eingeweichten Körnern wie Sesam, Leinsamen, Sonnenblumen- und Kürbiskernen anreichern. Nach eigenem Geschmack würzen, zum Beispiel mit Kümmel, Fenchel, Anis, Thymian, frischen Kräutern oder gerösteten Zwiebeln.
Das Brot vor dem Backen eventuell noch mit Wasser bestreichen, weil dann die Kruste nicht so hart wird. Beim Backen immer ein Schälchen mit Wasser darunterstellen, damit es besser aufgeht. 3 bis 4 Stunden nach dem Backen anschneiden und in den nächsten 2 Tagen verbrauchen oder einfrieren.

1 **Roggen schroten.** Das Korn im Mahlwerk aus Stein — Sonderzubehör der Bosch-Küchenmaschine — mittelfein schroten. Nicht schneller als bei Stufe 3, damit es nicht so warm wird.

2 **Wasser dazugießen,** in dem Honig und Salz aufgelöst wurden. Umrühren, zudecken und bei guter Zimmertemperatur über Nacht zum Gären bringen. Danach riecht es säuerlich.

3 **Weizenmischung mit Hefe** ansetzen. Korn und Koriander fein mahlen. In die Mitte eine Mulde drücken, Hefe und lauwarmes Wasser darin verrühren. Ansatz und übriges Mehl vermischen.

4 **Weizenmischung zum Roggenteig** geben. Zum Kneten die Küchenmaschine einsetzen. Die Schüssel am Fuß einhängen und den Knethaken mit Teigabweiser anstecken.

5 **Den Teig kneten.** Den Schläger auf niedriger Stufe kreisen lassen und den Teig 15 Minuten kneten. Dann zugedeckt etwa 1 Stunde gehen lassen, bis sich das Volumen verdoppelt hat.

6 **Wieder kneten.** Zuerst kurz mit dem Knethaken, dann mit bemehlten Händen auf einer bemehlten Fläche. Den fertigen Teig zu einem länglichen Laib formen.

8 **Brot einschneiden** und backen. Auf der unteren Leiste über dem Schälchen mit Wasser in den kalten Ofen schieben, 220° C einschalten. Das Brot 60 bis 70 Minuten backen.

7 **In die Form legen,** diese vorher gut einfetten. Auch andere Formen 3/4 mit Teig füllen oder den Brotlaib locker in einen Bratfolienschlauch stecken. Danach etwa 40 Minuten gehen lassen.

Vollkornbrot aus dem eigenen Ofen braucht zwar Zeit, aber kostet kaum Arbeit. Vor allem, wenn das Kneten des Teiges selbsttätig und perfekt von einem Gerät wie der Bosch-Küchenmaschine übernommen werden kann. Das Brot ist durchgebacken, wenn es hohl klingt, wenn man darauf klopft.

S

T

V

W

Z

Kochen können / Meisterküche

Lizenzausgabe	Manfred Pawlak Verlagsgesellschaft mbH
Copyright	© by Teubner Edition
	Postfach 1440 · D-8958 Füssen
Rezeptentwicklung und Rezepttext	Eike Linnich
Kapiteleinleitungen	Hannelore Blohm
Food-Styling	Christine Reuland, Walburga Streif
Fotos	Christian Teubner
Foto-Assistenz	Walter Pfisterer
Gestaltung	Wolfgang Steger
Umschlaggestaltung	Bine Cordes, Weyarn
Redaktion	Brunhilde Thauer, Barbara Horle

ISBN 3–88199–903–5